国际战略与国际关系理论青年论丛

国际体系转型与利益共同体构建

理论、路径与政策

THE INTERNATIONAL SYSTEM TRANSFORMATION AND
COMMUNITY OF INTERESTS CONSTRUCTION:
THEORY, PATH AND POLICY

刘 鸣 / 主 编
吴雪明 / 副主编

社会科学文献出版社
SOCIAL SCIENCES ACADEMIC PRESS (CHINA)

序　言

2008年爆发的全球金融危机影响十分深远，加速了21世纪以来国际力量消长的进程，国际政治与经济格局也由此出现了新的调整与变化。在这个过程中，中国国际地位与国际影响力的进一步提升十分引人注目。与此同时，中国发展面临的外部环境也日趋复杂，中国外交面临着许多新的形势与挑战，需要我们有较长远的外交思维和外交战略。特别是如何寻找中国与世界各国的利益汇合点，构建中国与世界各国相互依存的"利益共同体"，为中国和平发展创造有利的国际环境，争取未来十年乃至更长时期的战略机遇，是值得国际问题研究学者特别是青年学者深入思考与研究的重大问题。

鉴于此，上海社会科学院国际关系研究所与上海政法学院国际事务与公共管理学院于2012年10月24～25日在上海联合举办了第四届上海全球问题青年论坛："国际体系转型与利益共同体构建：理论·路径·政策"。来自北京、上海、天津、山东、河南、云南等全国各地的40余位青年学者从理论、路径和政策的角度，就如何在国际体系转型过程中构建中国与世界各国相互依存的"利益共同体"，为中国和平发展创造有利的国际环境等议题展开了热烈讨论。在这次论坛上，学术氛围异常热烈，互动交流十分频繁，尽显青年学者风范，在思想碰撞中启迪智慧。为了更好地体现这次会议的成果，会议主办方将与会学者提交的论文集结成册，以飨读者。

根据这次论坛的主题和提交论文的情况，论文集分为三个部分。第一部分为国际体系转型和利益共同体的基本概念与理论探讨，从多个视角对国际体系转型的态势与特征以及国际规范、权势转移、治理范式等进行深入分析。第二部分为中国与主要国家的竞合关系和利益共同体构建思路，包括中美新型大国关系与构建利益共同体的可能性、中国与东盟利益共同体构建的可行性以及中亚南亚地区的治理动向与中国的战略选择等。第三部分为全球性问题的挑战与全球共同利益的维护，包括北极利益共同体构想与评估思路等。

上海全球问题青年论坛是由上海社会科学院国际关系研究所发起的学术论坛，旨在聚焦经典学术，展现青年才俊风采，为青年学者提供学术交流平台。论坛自举办以来，已经获得中国国际关系学界广大青年学者的广泛认可和大力支持，正在向一个规范化的常设学术交流平台发展。我们将继续推动办好该论坛，在主题设计、论文征集、学者交流、深化合作等方面着力提升，并以此为纽带，积极推进构建国际关系研究领域青年学者学术共同体。

CONTENTS 目录

一 国际体系转型与利益共同体：概念范畴与理论探讨

国际体系转型与中国的战略选择 ················· 刘　丰／3
管理中美权势转移：历史经验与创新思路 ············ 张　春／20
当前国际体系转型的动向、趋势与特点 ·············· 孙　逊／38
全球治理的欧洲范式
　　——规范内化进程中的民事力量建构 ············ 周秋君／53

二 中国与主要国家利益共同体：战略分析与政策设计

定位中美关系：模式与进程
　　——构建中美"利益共同体"的现实路径 ······· 张晓通　刘振宁／67
"超越接触"：美国战略调整背景下的对华政策辨析 ··· 王伟男　周建明／80
中美"新型大国关系"：从"互利合作"到"共同演进" ········ 董春岭／97

单惠主义的迷思：日本民主党对华战略的解析及批判 ………… 蔡　亮 / 112
构建"中国—东盟利益共同体"的可行性分析 ……………… 孙西辉 / 125
中亚南亚地区治理新动向与中国的战略选择 ……………… 张屹峰 / 137

三　全球性问题与全球共同利益：主要挑战与应对思路

全球化背景下的国家与社会：兼论中国发展模式选择 ………… 朱铁城 / 149
北极变迁视角下中国北极利益共同体的构建 ………………… 孙　凯 / 169
北极治理评估体系构建思路探析 ……………………………… 吴雪明 / 179
加拿大主导的"北极共同体"构想的效能分析 ………………… 赵雅丹 / 196
日印海上安全合作转向及前景探析 …………………………… 赵朝龙 / 206

一
国际体系转型与利益共同体：
概念范畴与理论探讨

国际体系转型与中国的战略选择

刘 丰*

摘 要：当前，国际体系处于加速变动和调整时期，学界和政界对国际体系的基本格局存在"单极""多极/多极化""两极/两极化"乃至"无极"等截然不同的认识。国际体系由实力结构、利益格局和观念分布等三项基本要素构成，这些要素的认定为我们提供了一个更全面和完整的国际体系面貌。实力结构变化是国际体系转型的起点和基础，它带来了利益格局和观念分布的改变，而利益格局和观念分布的调整方式是国际体系实现和平变迁的关键。中国国力持续提升给既有实力结构带来改变，同时，中国需要与其他新兴国家一起，共同推动和促成国际体系的利益格局与观念分布的适度变革，从而为国际体系和平变迁创造条件。

关键词：国际体系 实力结构 利益格局 观念分布

国际体系的调整深刻影响着国际关系的基本面貌。进入 21 世纪以来，由于新兴国家的崛起以及传统力量中心的衰落，国际体系处于加速变动之中。2008 年爆发的全球金融危机加快了这种调整的势头，全球经济衰退

---

* 刘丰，副教授、博士，南开大学周恩来政府管理学院国际关系系副主任。

加剧了国际力量的对比和变化。这场危机给国际体系带来的冲击仍然存在，而且将进一步影响新兴力量与传统力量各自的行为和彼此的互动。在这一背景下，有必要探讨国际结构调整与国际体系变革的动向、趋势与特点，在此基础上为中国在崛起过程中参与和推动国际体系的和平变革提出政策建议。

一 国际体系调整的既有判断及其评估

国际关系学界在讨论国际体系时一般从体系的格局或结构入手，而判断国际结构的标准通常是"极"（polarity）的数量。冷战结束至今，中外政界和学界就国际体系结构的判断进行过长期的争论，出现了"单极""多极""一超多强"等多种有代表性的观点，至今并未在这一基本问题上达成共识。在国际体系加速变动的背景下，原有的判断也在做出调整。在此，我们有必要梳理和评估目前有关国际格局调整的基本判断。

（一）单极、弱化的单极与国际体系的延续

在国际学术界，尤其是在美国学术界，一种主流认识是，冷战后的国际结构始终是美国主导的单极体系。这一体系的基本特征是，美国处于国际权力结构的顶端，没有任何大国能够单独或联合起来与之对抗。美国新保守派专栏作家、"单极时刻"一词的创造者查尔斯·克劳塞默（Charles Krauthammer）在冷战结束时就明确提出了这种观点。美国学者威廉·沃尔福思（William Wohlforth）的"单极稳定论"则对这种观点做了系统的论证和辩护，他认为单极状态不仅是一个现实，而且与人们以往的认识相反，它比多极或两极状态更具稳定性和持久性。[1]

---

[1] Charles Krauthammer, "The Unipolar Moment," *Foreign Affairs*, Vol. 70, No. 1, 1990/1991, pp. 23 – 33；William Wohlforth, "The Stability of a Unipolar World," *International Security*, Vol. 29, No. 1, Summer 1999, pp. 5 – 41. 贾庆国：《机遇与挑战：单极世界与中国的和平发展》，《国际政治研究》2007 年第 4 期，第 51 ~ 64 页；宋伟：《国际金融危机与美国的单极地位》，《世界经济与政治》2010 年第 5 期，第 31 ~ 39 页。

不过，2008年全球金融危机爆发以来，有关美国衰落的讨论持续不断，一直是备受争议的话题。① 尽管有许多学者认为当前的国际体系是美国主导的单极体系这一基本性质并未改变，但是对于这一体系的未来走向却有不同的看法，比较突出表现为"单极维持论"与"单极弱化论"两种观点。主张"单极维持论"的学者认为，单极体系并未发生显著变化，甚至还在强化之中。持这种看法的学者的论据有：①美国的经济实力和军事威力仍然无可匹敌，政治影响力和文化吸引力继续稳固，以中国为代表的新兴国家的崛起也未从根本上改变国际体系的实力分布；②在"9·11"事件之后，美国通过几场战争强化了其在全球各个地区的存在，在战略上处于优势，更有能力防止地区挑战者的出现；③与传统上认为美国霸权会遭到制衡的观点相反，针对美国的制衡力量并没有形成，而且目前也没有出现的迹象。② 主张"单极弱化论"的学者则认为，尽管单极体系的现实在短时期内无法改变，但这一体系正在弱化，并且会在某个时间向两极或多极体系转化。③ "单极弱化论"实际上为多极/多极化的论点提供了理论上的支持。

（二）多极/多极化与国际体系的再平衡

20世纪90年代以来，"多极/多极化"和"一超多强"等观点在中国学界比较盛行，也构成中国政府对总体国际格局的基本判断。实际上，不仅是在中国，而且在法国、德国和俄罗斯等许多国家的政界，多极或多极化都是一种很受欢迎的观点。前法国外长于贝·韦德里纳（Hubert Védrine）对"超级强权"（hyperpower）的批判颇具代表性，被广为引用。他说道："我们无法接受一个政治上单极、文化上同质的世界。我们也不能接受美国这个唯一的超级强权的

---

① 两种不同的观点可参见 Josef Joffe, "The Default Power: The False Prophecy of America's Decline," *Foreign Affairs*, Vol. 88, No. 5, September/October 2009, pp. 21 – 35; Gideon Rachman, "American Decline: This Time It's for Real," *Foreign Policy*, No. 184, January/February 2011, pp. 59 – 65.

② Stephen G. Brooks and William C. Wohlforth, *World Out of Balance: International Relations and the Challenge of American Primacy*, Princeton: Princeton University Press, 2008.

③ Christopher Layne, "The Unipolar Illusion: Why New Great Powers Will Rise," *International Security*, Vol. 17, No. 4, Spring 1993, pp. 5 – 51.

单边主义行径。正因为此，我们要为一个多极、多元和多边的世界而奋斗。"①一些著名的国际关系学者也主张，冷战后的国际格局并不是单纯的单极，而是一种复合体，比如，亨廷顿提出了"单—多极"（uni - multipolar）体系的看法，约瑟夫·奈（Joseph S. Nye, Jr.）则认为国际体系在军事、经济和跨国关系三个维度中存在不同的"极数"。②

根据这种观点，国际体系已经或正在成为一个多极体系，体系中有多个潜在的力量中心，它们的发展使得美国无法实现单极独霸，使国际体系的实力分布重新向相对平衡的方向回归。实际上，这种观点与"单极时刻论"几乎出现在同一时期，并且始终对"单极稳定论"进行激烈的批评。比如，克里斯托弗·莱恩（Christopher Layne）将那种主张美国单极能够维持国际体系稳定且可以长久维持下去的观点称为"单极幻想"。他指出，国际体系中的实力分布是一个持续变动的过程，在大国竞争的压力和不平衡发展的动力作用下，次等大国必然会重新回到强国行列，因此美国单极无法长久维持。③

不过，对于哪些国家或国家集团能够成为多极世界中的"极国家"，学术界仍然存在不同认识。约瑟夫·奈将国际体系中的力量分布比作一个复杂的三维棋盘：在军事维度上是单极，在经济维度上是美国、欧洲、日本和中国构成的多极，而在跨国关系维度上存在着权力分散化、无法确定"极数"的状况。④ 巴里·布赞（Barry Buzan）认为，西欧、俄罗斯、日本、中国构成了美国之外的力量中心；⑤ 一些中国学者则强调，包括"金砖国家"在内的新兴大

---

① Hubert Védrine, "Into the Twenty - First," Speech at the Opening of the IFRI Conference, Paris, November 3, 1999.
② Samuel P. Huntington, "The Lonely Superpower," *Foreign Affairs*, Vol. 78, No. 2, March/April 1999, pp. 35 - 49; 约瑟夫·奈：《理解国际冲突：理论与历史》，张小明译，上海人民出版社，2005，第 305~307 页。
③ Christopher Layne, "The Unipolar Illusion Revisited: The Coming End of the United States' Unipolar Moment," *International Security*, Vol. 31, No. 2, Fall 2006, p. 7.
④ Joseph S. Nye, Jr., "What New World Order?" *Foreign Affairs*, Vol. 71, No. 2, Spring 1992, pp. 83 - 96; Joseph S. Nye, Jr., *Power in the Global Information Age: From Realism to Globalization*, London: Routledge, 2004, pp. 6, 38, 98.
⑤ 巴里·布赞：《美国和诸大国——21 世纪的世界政治》，刘永涛译，上海人民出版社，2007。

国崛起正成为世界多极化趋势中的重要支撑。①

（三）走向两极？

介于单极与多极之间，还存在一种两极状态，以冷战时期的美苏两极为代表。一部分学者认为，当前国际体系正在向两极方向发展，而美国和中国将构成未来世界中的两极，这是因为中国崛起的强劲势头以及西欧、日本在过去十多年的明显衰落。比如，阎学通认为，随着欧洲和日本的持续衰落，一超多强的格局已经无法维持，国际体系发展的趋势是由美国与中国两个超级大国主导。②

"两国集团"（G2）和"中美共同体"（Chimerica）等提法是对国际体系走向两极/两极化的一种认可。"两国集团"的概念源于著名国际经济学家 C. 弗雷德·伯格斯滕（C. Fred Bergsten）。③ 伯格斯滕认为，美国和中国是世界上最大的两个经济体，互为最大贸易伙伴以及最大温室气体排放国，分别代表最大的高收入工业国家与最大的新兴市场国家，而中国目前在国际事务中所扮演的角色与其经济地位是不相称的。鉴于这种情况，美国应该以更加务实、开放和积极的态度促使中国在全球经济中扮演更加重要的角色，与其组成两国集团，共享全球经济领导权。④ "中美共同体"的概念则是由历史学家尼尔·弗格森（Niall Ferguson）和经济学家莫里茨·舒拉瑞克（Moritz Schularick）共同发明的，其含义是中国的出口导向型经济发展与美国的过度消费结合在一起塑造了世界经济秩序，中美两国在经济上是共生的利益共同体。⑤

---

① 金灿荣、刘世强：《告别西方中心主义——对当前国际格局及其走向的反思》，《国际观察》2010年第2期；张建新：《大国崛起与世界体系变革——世界体系理论的视角》，《国际观察》2011年第2期；俞邃：《当今世界格局仍呈多极化》，《中国社会科学报》2012年8月17日，A7版。

② 阎学通：《一超多强走向中美两超，多极化式微》，《环球时报》2011年12月30日；《中国崛起缔造"两极多强世界"新格局》，http://www.guancha.cn/multiple-pattern-super-country/2012_01_13_64307.shtml。

③ 褚国飞、陈文鑫：《中美"两国集团"构想的由来及可行性分析》，《现代国际关系》2009年第6期。

④ C. Fred Bergsten, "A Partnership of Equals: How Washington Should Respond to China's Economic Challenge?" *Foreign Affairs*, Vol. 87, No. 4, July 2008, pp. 57–69.

⑤ Niall Ferguson and Moritz Schularick, "Chimerical? Think Again," *The Wall Street Journal*, February 5, 2007, A17; Niall Ferguson and Moritz Schularick, "'Chimerica' and the Global Asset Market Boom," *International Finance*, Volume 10, Issue 3, 2007, pp. 215–239; Niall Ferguson1, Moritz Schularick, "The End of Chimerica," *International Finance*, Vol. 14, No. 1, Spring 2011, pp. 1–26.

不过,"两国集团"、"中美共治"和"中美共同体"等概念提出后在政界和学界都引起了不小的争议。尤其是在2008年全球金融危机之后,中美两国在全球经济体系改革、全球气候变化治理、防止大规模杀伤性武器扩散,以及双边贸易和货币问题上都存在激烈的矛盾和斗争,表明这些理念与现实之间存在鸿沟。

(四) 无极世界?

除了从"极"的数量及其变化趋势角度对国际体系进行探讨之外,也有少数学者试图超越"极"的分析,从根本上否定"极"对于理解国际结构变化的意义。①

从这一角度描绘国际结构变化的代表性观点是理查德·哈斯(Richard N. Haass)的"无极时代"(the age of nonpolarity)概念。哈斯认为,21世纪国际关系的主要特征将转变为"无极",即世界不再由一两个或者多个国家主导,而是由诸多掌握和行使各种权力的行为体主导。在美国衰落的背景下,未来的国际权力结构将变得更加分散,没有明确的力量中心,多个世界大国、地区大国以及非国家行为体共同作用和相互影响。② 正如一位学者所说,"无极时代"的基本特征是,由于急剧增多的、具有各不相同却都行之有效的杠杆作用的权力中心,国际体系呈现分散状的多极格局。③ 一些中国学者也支持这种观点,认为国家与非国家行为体共同在全球治理中发挥作用,没有哪一种力量中心可以主导国际政治的议事日程。④

从上述梳理可以发现,尽管"极"是分析国际结构的一个基本概念,但

---

① Randall L. Schweller, "Entropy and the Trajectory of World Politics: Why Polarity Has Become Less Meaningful," *Cambridge Review of International Affairs*, Vol. 23, No. 1, March 2010, pp. 145 – 163.
② Richard N. Haass, "The Age of Nonpolarity: What Will Follow U. S. Dominance", *Foreign Affairs*, Vol. 87, No. 3, May/June 2008, pp. 44 – 56. 与之类似的概念则是尼尔·弗格森的"非极时代"(apolarity)的概念,参见 Niall Ferguson, "A World Without Power," *Foreign Policy*, No. 143, July/August 2004, pp. 32 – 39。
③ I. 赫里普诺:《正在形成的权力均衡:尚存的单极、不稳定的多极和未经检验的无极》,《俄罗斯研究》2008年第6期。
④ 刘建飞:《论世界格局中的"非极化"趋势》,《现代国际关系》2008年第4期;叶江:《有待深入研究的"无极化"》,《世界知识》2008年第11期;叶江:《试论无极多元国际格局对全球危情与治理的影响》,《国际观察》2012年第1期。

是对当前国际体系中"极"的认定却存在非常大的差异。造成这种差异的原因有很多，其中最重要的原因可能是学者们在分析中没有区分现状与趋势、实然状态与理想状态。从国际关系理论角度看，"极"就是指体系中的主要大国，而"极数"是根据主要大国数量来确定的。由于目前学界对国际格局认识上的分歧，更由于"极"的含义明确、边界清晰，单纯考察"极"的数量并不能完整准确地概括国际体系的基本状态，也难以理解其变迁方向。因此，本文试图突破关于"极"的讨论，从国际体系基本构成要素的角度探讨当前国际格局的特征及其正在发生的变化。

二　国际体系基本要素的变化及其特点

国际体系是在以主权国家为基本单位的行为体之间发生交往和互动的基础上形成的。主权国家成为国际关系中的主要行为体，这是17世纪欧洲民族国家形成之后的产物。在此之前出现过部落、城邦、封建诸侯国、帝国等不同的政治实体，它们之间也有与今天的国际关系类似的互动①。当前，国家仍然是国际体系的主要构成单位，因为它是武力的合法垄断者、安全的提供者，也是个人忠诚的归属。实力地位不同的国家之间的互动构成了国际体系的基本格局，而在一定时期内相对稳定的国际格局确定了国家以及非国家行为体的行为方式和互动模式。

不同的国际关系理论流派对国际体系格局的界定各不相同：现实主义将其定义为大国之间的实力分布结构②；自由主义则将其定义为实力结构与互动过程两个方面，而互动过程尤其受到相互依赖和国际制度的影响③；建构主义从文化结构和共享知识的角度定义结构④；在马克思主义理论看来，国际结构的

---

① Robert G. Gilpin, "The Richness of the Tradition of Political Realism," in Robert O. Keohane, ed., *Neorealism and Its Critics*, New York: Columbia University Press, 1986, pp. 304 – 305.
② Kenneth N. Waltz, *Theory of International Politics*, Addison – Wesley, 1979, pp. 99 – 101.
③ Joseph S. Nye, Jr., "Neorealism and Neoliberalism," *World Politics*, Vol. 40, No. 2, Jan. 1988, pp. 235 – 251.
④ Alexander Wendt, *Social Theory of International Politics*, Cambridge: Cambridge University Press, 1999, pp. 189 – 190.

核心是生产资料所有制和国际分工结构①；英国学派则从国际社会的角度看待国际体系，其核心是一套共享的利益、规则、规范和价值观②。

显然，出于理论建构的需要以及各自的关注焦点，这些理论对国际体系做了高度的抽象和简化，试图从复杂的现实中抽取某一种据称是最为核心的要素进行理论推理，以便获得理论结构上的简约性和解释力上的普遍性。当我们回到国际关系的现实时，比如看待国际体系在某一具体历史时段的呈现时，仅仅看到其中一种因素显然不够全面。然而，将这些理论所提到的众多因素简单叠加在一起也不能让我们获得对国际体系的整体认知。因此，我们需要进行必要的提炼和类型化，将一些核心要素有机地组合在一起，以便在国际体系的基本坐标系上将其基本形态和特征描绘出来，从而让我们能够将某一具体时段的国际体系放到坐标系的某一象限。

实际上，已有一些研究试图对既有理论进行一定程度的综合。比如，秦亚青将国际体系的要素界定为体系结构、体系制度和体系文化三个方面③；而陈寒溪和肖欢容则试图从权力分配、国际制度和共有观念三个维度理解国际结构④。显然，这些对国际体系的认识综合了现实主义、自由主义和建构主义三种主流体系层次理论的核心内容。不过，这样的概括仍然存在不足之处，主要体现在自由主义的国际制度和建构主义的体系文化/共有观念这两项要素并不能构成国际体系的基本构成要素。就国际制度而言，这一概念涵盖的内容过于宽泛，可以指国际组织、国际规则和国际惯例，其自身可能是国际关系中的一类行为者，也可能只是约束国家行为的一套规则和原则。而且，国际体系的制度化程度提升也是近几十年的现象，并不能反映国际体系的历史形态。就共有观念和体系文化而言，建构主义尤其是温特的体系建构主义的界定过于抽象，是一种"大文化类属"⑤。这并不符合国际关系现实，因为国家在互动时考虑的观念因素并不是霍布斯文化、洛克文化和康德文化等抽象内容，而是对方国

---

① 伊曼纽尔·沃勒斯坦：《现代世界体系》，高等教育出版社，1998。
② Hedley Bull, *The Anarchical Society: A Study of Order in World Politics*, New York: Columbia University Press, 1977, Ch. 1.
③ 秦亚青：《国际体系的延续与变革》，《外交评论》2010 年第 1 期。
④ 陈寒溪、肖欢容：《国际政治结构：概念的批判》，《外交评论》2009 年第 4 期。
⑤ 秦亚青：《国际体系的延续与变革》，《外交评论》2010 年第 1 期，第 5 页。

家具体的意识形态和价值观。

结合国际关系理论与现实，我们从三个维度界定国际体系的基本要素：实力结构、利益格局和观念分布。

第一，实力结构指国际体系中的力量分布和力量对比，它构成了国际体系的物质基础。

在现实主义尤其是结构现实主义理论中，实力结构是国际体系最为重要的核心要素，它决定了国际体系的基本状态以及国际行为体的互动模式。实力结构有两个基本维度：一是由"极"的数量所确定的力量分布，二是主要大国之间的力量对比和差距。前者对实力的判断主要是静态的，因为"极"的数量（单极、两极和多极）在一段时期内是相对稳定的；后者对实力的判断更具动态性，因为某一具体的结构中，大国之间的力量对比可能存在着量的变动，而正是这种量变积累导致质变（即"极"的变化）。

第二，利益格局则指国际关系行为体之间就国际政治、经济和安全等领域的利益分配和调整的基本规则做出的安排，这套安排确定下来构成了特定的国际秩序。

利益格局是国际体系的又一重要维度。实力结构的变化必然要求利益格局随之做出调整，然而，利益的调整并非自然而然发生的，而是斗争和博弈的结果。利益格局主要体现在政治、安全和经济等领域。在安全领域，核心是领土的安排、武力的使用、核武器的拥有、国际争端和冲突的调解等；在政治领域，核心是大国地位、在联合国的投票权；在经济领域，核心则是在国际分工中的地位，在国际经济治理架构中拥有的权力和扮演的角色等。

从历史上看，失势大国不愿意放弃在原有的利益分配格局中的优势地位，从而造成体系中的实力分布与利益分配不一致，这是导致国际冲突甚至发生战争的重要原因[1]。由于国际体系的调整都是重大战争的结果，战后利益的重新分配通常决定了此后几十年间主要大国之间的利益格局。国际制度可以被视为利益格局的外在表现形式，尤其是国家在国际制度中的权重和影响是利益分配

---

[1] Robert Powell, "Stability and the Distribution of Power," *World Politics*, Vol. 48, No. 2, January 1996, pp. 239 – 267.

的一个重要维度。不过，通过制度形式将利益安排确定下来是二战之后形成的经验。自1648年民族国家体系建立以来，国际体系的利益分配调整主要是通过大战之后的国际会议和大国协调的方式完成的，只有在二战后美国主导的国际体系中，利益分配和秩序的建立才诉诸正式的国际制度①。

第三，观念分布指国际体系中的意识形态和价值观之间的影响力对比，是国际体系上层建筑的集中体现。

随着建构主义的兴起，越来越多的学者开始重视文化、规范等因素在国际关系中的影响。实际上，在国际体系的构成要素中，这些因素一直存在，并且发挥着重要影响。观念分布也有两个基本维度：一是国际社会的基本意识形态之间的力量对比，尤其是主导意识形态的性质和内容；二是国际社会的主导行为规范与准则。前者支配国际社会的意识，决定国际社会中诸多国家的政治经济体制；后者主要调整国际行为体的行为，是利益分配在观念形态的深层体现。

主导观念是伴随着实力结构的确立而生成的，也会随着实力结构的变动而演化。然而，当某种主导观念生成之后，其变动也像利益格局一样不会自然发生，从而会显现一定的滞后性。不过，不同观念之间的竞争和争夺主导权的过程也会导致或强化发生国际冲突和危机的可能性。19世纪欧洲的保守主义与自由主义之间以及冷战时期自由主义与共产主义之间的斗争清楚地表明了这一点②。

综上所述，国际体系的基本要素具体体现在实力结构、利益格局和观念分布三个维度。与以往研究相比，我们在以下方面有了新的推进：①明确了实力结构是由力量分布和力量对比两个方面构成的，从而弥补了单纯从"极"的角度讨论国际结构的缺陷；②明确了不能把国际制度作为体系本身的要素之一，国际制度至多只是利益分配的一种表现形式（并非唯一或特有的）；③对

---

① G. John Ikenberry, *After Victory: Institutions, Strategic Restraint, and the Rebuilding of Order after Major Wars*, Princeton, N. J.: Princeton University Press, 2000.
② Robert Kagan, *The World America Made*, New York: Alfred A. Knopf, 2012, p. 74；梅尔文·莱夫勒：《冷战是如何开始的?》，载李丹慧主编《国际冷战史研究》（第1辑），华东师范大学出版社，2004，第105页。

观念的界定超越了建构主义较为抽象、略显狭隘的表述，更符合国际关系现实。就三者之间的关系而言，实力结构的变化是国际体系转型的起点，这一变化决定了利益分配格局调整的必要性，只有当利益分配与实力结构的配置相一致时，国际体系才能保持稳定，调整才会告一段落。主导价值的变化更加缓慢，却为体系的维系和稳定提供了深层的基础。主导价值部分确认了利益分配，使国家的国际行为符合实力结构的基本状况。

上文对国际体系的三个基本要素进行了论述，在此基础上，我们可以对当前国际体系在这三个方面表现的基本特点进行概括，从而把握其动向和趋势。

首先，从实力结构看，我们可以从力量对比（"极"的数量）和力量差距两个方面进行考察。一方面，从"极"的数量来看，美国仍然处于国际体系实力结构的顶端，没有任何国家或国家集团能够挑战其优势地位，但国际体系在较长时期内仍将维持单极状态，尽管单极有趋于弱化的倾向。另一方面，主要大国的实力排序和实力差距发生了明显的改变，一些次等大国与美国之间的实力鸿沟在缩小，另一些则在扩大。在次等大国中，以往排序靠前的国家被排序靠后的赶超。中国在实力结构中的位置明显上升，经济总量逐渐超越英、德、日等发达国家，军事实力也在逐年提升。不过，中国的崛起并没有改变实力结构的基本性质。只有当中国的实力与美国能够相提并论时，体系的调整才会有实质性变化。

其次，由于实力结构的第二维度（大国之间的实力差距）发生了显著变化，国际体系的利益格局也有调整的必要性，集中体现为实力上升的国家要求在国际体系中拥有更多的利益，同时拥有更大的话语权和决定权。然而，由于利益格局的调整本身是斗争的结果，而不是既得利益者自愿让与的，因此原有的利益格局只是出现了微调，而没有实质性变化。比如，实力地位下降的西欧国家仍然在国际经济治理、国际安全架构中扮演重要角色，中国等新兴国家在国际经济制度中的投票权比重仍然低于某些实力地位较低的国家。在利益分配格局中，中国的位置显然没有与其实力地位相匹配。这集中表现为中国在全球经济治理架构中所拥有的权力与所承担的责任不对等，在地区安全议题的处理和解决中不能占据主导地位。利益格局调整一方面取决于崛起国的实力和意志，另一方面取决于与主导国进行博弈的策略。

最后，就国际体系的观念分布而言，当前存在西方意识形态与非西方意识形态之间的对立，西方意识形态由于其实力上的强势而占据了一定的上风。西方意识形态的核心是民主、人权和自由，这些意识形态和价值观念的内容是根据美国的标准界定的，而且在冷战结束之后，得到了美国军事力量的强力推行。另外，在行为规范领域，以美国和欧洲国家为代表的西方国家与非西方国家在主权、武力使用等领域都存在着规范上的竞争与对立。

三 国际体系和平转型与中国的战略选择

从冷战到后冷战时代，国际体系经历了一次重大和平转型，在后冷战时代，从美国主导到后美国世界，国际体系是否还能经历和平转型？中国和平崛起与国际体系和平转型之间有着密不可分的关系，这是因为，尽管大国崛起或衰落的根本原因在于其内部发展，但是既有权力结构的性质、特征及发展趋势也在很大程度上影响着大国崛起的方向和路径。国际体系和平转型需要哪些条件？在国际体系转型的过程中，中国如何准确界定自己的身份、地位并据此调整战略，参与和推动国际体系的和平转型？

（一）大国崛起面临的体系压力与约束

从根本上说，大国崛起是一个内生发展过程，其动力源自内部发展，由增长的可持续性、政治经济体制的效率以及社会秩序的稳定性等内部因素主导。但是，大国崛起的方向、路径乃至结果，在很大程度上也受到国际结构的性质、特征和发展趋势的强有力制约。这主要是因为，大国崛起必然意味着对既有权力结构的挑战、改变甚至是颠覆，而既有权力结构的变更会改变崛起国与主导国之间的利益分配。因此，不同结构下大国崛起所面临的基本约束条件和机遇可能是不一样的。

从崛起的规模、阻力、手段等方面考虑，我们可以确定崛起国在不同结构下面临的五个方面的约束和机遇。一是崛起所需要的实力基础。一个国家需要在国际体系的实力分布中占据多大比重才能构成崛起，到怎样的程度才算得上成功崛起为一个体系性大国或者说一个主导国家，在不同体系下的要求是不一样的。二是崛起国和主导国之间利益的兼容性。崛起国的崛起在多大程度上符合主导国的利益，尤其是维持自身在格局中的地位这一根本利益，这一点对于崛起国和主导国之间的互动具有很大的影响。三是主导国对崛起国的制约能力。在不同的结构下，主导国在多大程度上可以限制、控制甚至是扼杀崛起国的崛起。四是崛起国的结盟模式。崛起国在多大程度上可以通过与别的国家结成联盟的方式来提升自己的地位，来改变既有的国际格局中不利于自己发展的方面。五是暴力崛起的可能性。崛起国在多大程度上可以通过武力手段改变既有的权力格局。

在确定了上述五个指标之后，我们可以简单比较一下多极、两极和单极体系下大国崛起面临的约束和机遇到底有怎样的差异。

一是崛起国顺利崛起所需的实力基础。从权力转移理论的视角看，只有当一个国家的发展达到主导国实力的80%左右时，才能算得上顺利崛起或者说成功崛起，在40%～80%之间时，只是崛起的一个过程。中国现在还处在崛起的过程之中，还没有顺利地实现国家崛起。在不同的结构下，对国家成功崛起需要在体系中占有的实力比重要求是不同的。总体而言，在多极体系下对成功崛起的实力基础要求是比较低的，多极体系下每个主导国的国家实力最多占到体系中实力总量的10%左右。按照主导国实力总量的80%左右估算，当崛起国占到体系内实力分布的8%～10%时，我们就可以认为它顺利崛起了。但是，两极体系下，两个"极"国家分别占有体系中实力总量的10%～20%，只有当一国实力达到体系中实力总量的8%～16%之间的时候，才能算得上顺利崛起。单极体系下各国的实力差距更加明显，对崛起国实力基础的要求也更高。因为单极体系中的主导国基本控制着体系的实力资源的20%以上甚至更高，就是在20%～30%之间，这对一个国家的顺利崛起提出了更高要求。

二是崛起国与主导国的利益兼容性。在多极体系下，一个崛起的国家可能与一个或者多个主导国的利益是兼容的，抑或与它们有共同利益，而与另外一个或者几个主导国的利益发生冲突。尽管它的崛起不可避免地会冲击一些国家的权力和地位，但是在多强并立的格局下，它的崛起可以帮助某些主导国在权力斗争中维持自身的地位。在两极体系下，国际格局是以两个"极"国家划线的，在两极之下崛起的国家与其中一个主导国的利益是兼容的，它们在很大程度上依附于一个主导国崛起，必然与另一个主导国的利益存在冲突。在单极体系下，崛起国与主导国的利益肯定会发生冲突，因为主导国以维持自己的霸权地位为根本目标，崛起国的崛起会对这一根本利益构成挑战。

三是主导国对崛起国的制约能力。在多极体系下，由于一个主导国在体系实力总量中占据的份额相对较低，崛起国与主导国的实力差距相对较小，主导国对崛起国的制约能力相对较弱。在两极体系下，主导国制约崛起国的能力明显增强，不过，崛起国可以依附于某一主导国以缓解来自另一主导国的制约。这种选择的悖论在于，由于崛起国过于受制于所依附的主导国，无法从依附性崛起转化为自主性崛起，崛起进程可能半途而废。在单极体系下，唯一的"极"国家或者主导国对崛起国的制约能力是最强的。

四是崛起国的结盟模式。结盟是崛起国在崛起过程中寻求外部支持的重要方式，因为获得盟友的支持可以联合对抗主导国，缓解崛起压力。在多极体系下，由于崛起本身与一些主导国的利益是兼容的，崛起国很容易找到一些主导国来对抗其他主导国，而且结盟对象也很容易进行转换。在两极体系下，崛起国主要是与某一主导国结盟对抗另一主导国。在单极体系下，由于双方的实力差距悬殊，而唯一的"极"国家以霸权护持为目标，会巩固和强化自己的结盟，所以崛起国不仅很难找到结盟对象，而且很可能遭到主导国联盟的遏制。

五是暴力崛起或者是使用武力崛起的可能性。多极体系下，崛起国与主导国发生战争的可能性比较大，而且霸权转移战争通常是崛起国使用战争手段挑战主导国。在两极体系下，由于两个"极"国家相互制约，"极"国家会避免被拖入盟友的战争，暴力崛起的可能性有所降低。在单极体系下，崛起国使用暴力手段崛起的可能性降到了最低，即使崛起国与主导国之间爆发暴力冲突，一般也是主导国对崛起国发动遏制性（预防性）战争。

根据以上论证，我们可以发现，不同权力结构下大国崛起的条件和路径存在很大差异，理解这些差异为我们今天看待中国以及其他新兴国家的崛起提供了基本的参照。

上文已经指出，从实力结构来看，当前的国际体系仍然是单极结构，尽管单极正在走向弱化，但仍然不利于新兴大国的崛起。在这种状态下，霸权国以霸权护持为基本目标，对次等大国崛起的态度是"保持最高的敏感度、最低的容忍度和最强的制约能力"①。所以，中国要顺利实现崛起，最终还是取决于与美国的竞争，需要我们维持和延续崛起的规模、强度和持久性。

第一，在单极结构下，对崛起的规模、强度和持续性的要求更高。在过去半个多世纪的时间里，许多大国都曾试图挑战美国的霸权地位，比如苏联、西欧、日本。尽管它们都一度有追赶上美国的趋势，但最终都没有改变力量对比格局。无政府状态下的竞争压力和大国政治经济的不平衡发展是推动单极结构弱化的主要动力。其他国家只有继续维持甚至提升崛起的速度与规模，才可能与美国进行持续的竞争。

第二，在单极结构下，实力提升与地位提升可能是脱节的。即使实力地位提升了，但由于国际秩序是由既有主导国塑造的，在这一体系下提升自身的社会地位存在很大的难度，而塑造新的地位体系又相当困难。正因为单极体系的物质性结构，导致霸权国的国内政治及其社会性因素对国际政治的影响要大于其他体系。即使中国和新兴大国在实力上缩小与主导国的差距，但是实现在国际社会中地位的提升还有漫长的道路要走。

（二）中国参与和推动国际体系和平转型的路径

从国际关系理论角度看，权力和平转移和体系和平变革是一个难题。因为在许多理论看来，这种和平转移的前景都很悲观，比如奥根斯基（A. F. K. Organski）的权力转移理论②、罗伯特·吉尔平（Robert Gilpin）的霸权战争理论③、乔治·莫德尔斯基（Geroge Modelski）的霸权周期理论④、约翰·米尔斯海默（John Mearsheimer）的进攻性现实主义理论⑤，都预测了国际体系的权力急剧变动会提高爆发战争和冲突的可能性，它们的区别在于对战争和冲突的主要的责任方是现有大国还是崛起大国的认定不同。即使自由主义、建构主义和英国学派等为和平变革提供了理论上的可能性，但这也要以崛起国接受和服从主导

---

① 贾庆国：《机遇与挑战：单极世界与中国的和平发展》，《国际政治研究》2007 年第 4 期，第 57 页。
② A. F. K. Organski and Jacek Kugler, *The War Ledger*, Chicago: University of Chicago Press, 1980.
③ 罗伯特·吉尔平：《世界政治中的战争与变革》，宋新宁译，上海人民出版社，2007。
④ George Modelski, *Long Cycles in World Politics*, Seattle: University of Washington Press, 1987.
⑤ 约翰·米尔斯海默：《大国政治的悲剧》，王义桅、唐小松译，上海人民出版社，2008。

国确立的制度、规范为前提。①

在国际关系史上，国际体系实现和平变革的案例实在少得可怜，即便有一些疑似案例，也是值得怀疑的或存在疑问的，并非真正的和平权力转移。比如，欧美学者津津乐道的英美权力和平转移发生在两次世界大战前后，尽管英美两国没有发生直接的武装冲突，但是，两场大战已经将英国从世界强国削弱到二流国家之列，二战结束后英国已经无力再与美国争夺霸权地位。② 再比如，冷战结束带来了美苏之间的权力转移，苏联的瓦解将美国送上了唯一超级大国的位置，但这次转移的代价是一个超级大国土崩瓦解、退出强国行列，而这种情况的发生只能说是例外而非常态。简言之，在这些案例中，有一个明显的胜利者和一个明显的失败者，霸权国与崛起国并没有分享权力和利益，也没有实行观念上的和平相处。

中国政府奉行和平发展战略，坚持走和平发展道路，试图实现自身的和平崛起以及国际体系的和平变革。③ 但是，在国际关系中，一个国家实现其战略，并不完全取决于自身愿望和战略，还取决于其他国家的战略以及双方的互动。从这个角度看，中国自身的和平发展只是和平崛起以及和平变革的一部分，另一部分则取决于现有大国尤其是美国对待中国崛起的态度。

正如上文所指出的，和平转移的主要难题并不在于实力结构的变化，而是实力结构变化后所带来的利益格局和观念分布的变化。也就是说，实力变化后，崛起国的利益要求必然扩大，而这些扩大的利益中必然存在与主导国的利益发生冲撞的成分。在意识形态和价值观上，崛起国与主导国的分歧也会存在，这些不同的观念间也必然会发生较量。因此，国际体系和平变革的关键在于缓和崛起国

---

① G. John Ikenberry, "The Rise of China and the Future of the West: Can the Liberal System Survive?" *Foreign Affairs*, Vol. 87, No. 1, January/February 2008, pp. 23 – 37; Jeffrey W. Legro, "What China Will Want: The Future Intentions of a Rising," *Perspectives on Politics*, Vol. 5, No. 3, September 2007, pp. 515 – 534; Barry Buzan, "China in International Society: Is 'Peaceful Rise' Possible?" *The Chinese Journal of International Politics*, Vol. 3, No. 1, 2010, pp. 5 – 36.

② 一些研究试图从建构主义的文化认同角度理解英美权力的和平变迁，但这样的解释明显忽略了权力政治的逻辑。这类研究可参见封永平《认同变迁：英美权力的和平转移》，《国际政治科学》2005 年第 3 期。

③ 《中国的和平发展》白皮书是对这一点的明确主张，参见中华人民共和国国务院新闻办公室《中国的和平发展》，2011 年 9 月，http：//www.gov.cn/jrzg/2011 – 09/06/content_ 1941204.htm。

在实力上升之后的利益需求以及容纳崛起国的意识形态和价值观。从这个角度看,中国推动国际体系和平变革的路径主要体现在以下两个方面。

第一,推动国际体系利益分配格局的适度调整,使之容纳新兴大国的基本要求,同时避免对既有大国的利益进行直接挑战。

中国的发展必然要求中国在国际经济、政治和安全体制中享有更大的决定权。但是,为了限制中国的利益诉求,保障其主导地位,美国要求中国做一个负责任的大国,实质是要求中国服从美国的要求,不挑战美国主导的利益格局。为了避免在众多议题领域直接与美国发生利益冲突,中国在加快自身发展的同时,也要推动新兴国家的群体性崛起,缓解单个国家崛起对国际体系中既得利益者的冲击,防止自己成为单一的防范目标和打击对象。在此基础上,中国要与其他新兴国家一道协调利益分歧,设定共同目标,在主要议题领域结成广泛的联合阵线,促成政策议程的实现。

第二,推动国际体系主导观念的积极变革,使之容纳非西方意识形态和价值观,同时倡导包容性的价值观念,争取国际社会中弱势观念群体的支持,抵制主导观念群体强加其意识形态的做法。

在当今的国际体系中,美国所倡导的一套自由主义意识形态占据主导,这并非国际社会的自然选择,而是以美国为首的西方国家从冷战时期至今一直利用强权施加的结果。然而,这种自由主义意识形态本质上是排他性的,将其他意识形态和价值观念视为异己,因此我们可以看到冷战结束之后美国打着"人道主义干涉""保护的责任"等幌子进行了一系列军事干涉,试图向全世界输出美国的意识形态,包括人权、民主和市场资本主义等。不过,并非所有国家和地区的人们都认同美国的这套意识形态并甘愿按照美国的意志做出改变。在这种情况下,中国可以在国际社会倡导包容性的多元共存的观念,从而赢得更多国家在意识形态上的认同和支持。

国际体系的变迁首先开始于实力结构的变化,随之而来的是利益格局和观念分布的调整。这种实力、利益和观念的多重转移注定不是和谐的,而是充满竞争和冲突的过程。实现国际体系的和平变迁,意味着这些维度上的变化既不对既有大国的利益造成直接的损害,也能够容纳新兴大国的利益诉求。这种前景完全取决于既有大国与新兴大国的互动,而不取决于其中一方的行为。

管理中美权势转移：历史经验与创新思路*

张 春**

摘 要：美国与亚太战略再平衡相联系的战略东移，本质上是对中美权势转移的预防性管理。本文建议中国应采取有效的战略应对，避免被动式管理、反应式管理和个案式管理。一方面，美国的管理本身存在着重大的前提假设性错误，为中国主动应对进而有效管理中美权势转移创造了机遇；另一方面，作为历史上少有的成功实现和平权势转移的国家，美国在19世纪末20世纪初对美英权势转移的管理经验，也为中国有效管理中美权势转移提供了重要参考。中国对中美权势转移的管理战略应确立精细的阶段性战略和阶段间衔接战略，实现从"坚持韬光养晦"到"部分积极有所作为"再到"全面积极有所作为"的平稳过渡，最终达致中美权势转移的和平实现。

关键词：中国 美国 权势转移管理

进入21世纪第二个十年后，中国外交面临的内外环境变得更加复杂：一方面，中国未来十年将经历一个实力增长的黄金期和问题多发的脆弱期；另一

---

* 本文发表于《世界经济与政治》2013年第7期。
** 张春，研究员、博士，上海国际问题研究院外交政策研究所所长。

方面，中国与世界的关系将处于一个重新调适和相互建构的过程，彼此的战略疑虑和认知差距将大为加剧①。有学者甚至认为，21世纪第二个十年到来的同时也开启了中国的战略挑战期②。这一战略挑战期的最明显特征是各种涉华的争端或负面事件将集中爆发。目前已有的例子包括如2008年围绕北京奥运会发生的一系列事件、大约同一时期的关于中国"毒产品"的一系列纠纷、涉华的多轮贸易争端，以及自2010年起日益升级的东亚各国间的领土领海争端的集中爆发，包括中国周边邻国相互之间的争端③。缘何涉华的各类争端会在同一个时间段集中爆发？尽管原因可能有很多，但在作者看来，其根源仍在于美国对中美权势转移进程的管理及其他国家对这一管理努力的"搭车"尝试。鉴于中美权势转移进程仍将持续相当长时间，因此在可预见的未来，美国对中美权势转移进程的管理将导致诸多的涉华争端甚或冲突的集中爆发，特别是军备竞赛、经贸摩擦、文化或历史遗留问题、海上安全，以及领土领海争端等。这就要求中国必须发展出系统的应对美国管理中美权势转移进程的战略措施，即中国需要主动、前瞻和合理地管理中美权势转移，在借鉴美国19世纪末崛起时应对国际权势转移的经验的基础上，提出中国管理中美权势转移的创新思路。

一　美国管理中美权势转移的努力

中国的崛起和美国的权势相对衰落已经成为21世纪最引人瞩目的国际关系事态之一，由此产生的普遍担忧之一是中国未来的国际行为。尽管中国已经多次宣示自身走和平发展道路的决心和信心，但并没有真正获得国际社会的理解和支持。作为现存的霸权国，美国对中国未来行为的不确定性最为担忧，且相信中美未来的危机将会更大且更危险，由此它根据对历史上权势转移理论的简单化地总结，对中国展开一系列的战略部署。这种部署可概括为对中美权势

---

① 金灿荣、刘世强：《未来十年的世界与中国：国际政治视角》，《现代国际关系》2010年庆典特刊，第26页。
② 俞正樑：《中国进入战略挑战期的思考》，《国际观察》2011年第6期，第2~4页。
③ 有关这一东亚领土领海争端集中性爆发的讨论，可参见王鸿谅《国际权势转移中的东亚格局》，《三联生活周刊》2012年9月18日。

转移的管理战略。

　　无论美国乃至西方认为这些措施多么合理，这显然都是基于权势转移的一系列错误假设，因为中美权势转移进程尚未真正成为现实。对国际权势转移进程的管理，很大程度上是实力仍占重大优势的美国担忧其霸权衰落而采取的预防性措施。事实上，权势转移的真正危险不在于崛起国的挑战，而在于霸权国的预防性打击冲动。美国的这种措施给中国如何管理中美权势转移进程提出了严峻的挑战，这也是未来十至二十年中国国家战略中的核心任务之一。

　　美国启动对中美权势转移的管理进程的根本动因是，对中国崛起后的行为模式的根本不信任。有美国学者指出，中国未来实施霸权战略的可能选择包括孤立的霸权、等级制的霸权、合作性的霸权和强制性的霸权，但中国不会对亚洲行使霸权，因为上述四种情景都不可能实现。"中国既不拥有这样做的意愿，也没有能力。任何这样做的尝试……都可能遭到地区内各国和大国的强力抵制。"① 因此，按照美国学者的想法，中国未来在亚洲的霸权更有可能是四种形式的复杂结合。对中国未来的国际战略和行为的不确定性的担忧，使得美国担心未来的中美关系将出现更多、更大的危机。中美关系未来的危机可能远超冷战结束头二十年所经历的危机，因此人们的注意力必须从讨论如何控制中美军事冲突升级，转移到对危机升级为军事冲突的控制。② 具体而言，这些危机可能包括以下几个方面：第一是中国台湾的问题，尽管中美围绕中国台湾的问题发生军事冲突的可能性在下降；第二是中美经贸投资等双边关系问题；第三是自 2010 年以来日益升温的海上安全问题；第四是美国介入中国与周边国家的领土领海争端问题；第五是防止核扩散问题，特别是美国及其盟友的预防性打击冲动诱发的中美危机；第六是围绕国际体系的改革产生的中美摩擦；等等。

---

① David Shambaugh, "Chinese Hegemony Over East Asia by 2015?" For the "Future Visions" conference convened by the National Intelligence Council, pp. 12–26.
② 有关中美军事冲突的升级控制的全面讨论，可参见 Thomas J. Christensen, "Posing Problems without Catching Up: China's Rise and Challenges for U. S. Security Policy," *International Security*, Vol. 25, No. 4, 2001, pp. 5–40；而对中美非军事冲突的危机管理的全面讨论则可参见张沱生、史文主编《对抗·博弈·合作：中美安全危机管理案例分析》，世界知识出版社，2007；杨洁勉等：《国际危机泛化与中美共同应对》，时事出版社，2010。

出于对中美关系陷入更多、更大和更危险的危机的担忧，美国事实上已启动对中美霸权战争的预防性管理，或者说是对中美权势转移进程的管理。这一努力最为明显和集中地体现在美国的"亚太再平衡"战略上。

第一，再平衡战略标志着对华战略的根本性转变，中国现在已经成为美国战略关注的最核心对象之一。奥巴马政府对亚洲战略的其中一个核心要素是，一方面，在美国全球战略中对欧亚大陆的关注重点逐渐从欧洲移向亚太地区；另一方面，美国正设法尽快体面地从伊拉克和阿富汗撤军，并在亚太地区实现战略能力和军事能力的重新配置。美国的战略再平衡是在恐怖主义威胁有所缓解、逐渐从阿富汗和伊拉克战争中撤出、面临国内经济恢复的严峻形势和中国崛起挑战下的对中美权势转移加以管理的战略构想，因为美国在2009～2010年对中国的战略发生了根本性的变化，从原来鼓吹"中美共治"到目前集中维持美国的主导地位和制衡中国的权势与影响。[1]

第二，战略再平衡是针对中国的总体性战略，而不是如同美国政府和学界所声称的并非针对中国的单个和独立的政策措施。自2009年年底开始，奥巴马政府便加大了对亚太地区的关注，诸多高级别官员集中到该地区访问，美国还加大了对东海和南海争端的参与力度。在2011年秋，各种政策因素被整合到精心设计且协调的战略框架即所谓"枢纽"或"再平衡"之中，并在奥巴马总统于该年11月高调的亚洲之行——所谓的"十一月攻势"——中得以体现。[2] 在奥巴马"十一月攻势"之后，美国新的国防战略指导方针便出台，与美国政府日益关注亚太地区（及中东）一样，将中国当作美国实力和权势投射的挑战者。[3] 战略再平衡的总体性首先体现在其战略内涵的拓展上：军事上，美国拓展了与澳大利亚、日本、韩国甚至与印度、泰国和越南的防务合作；外交上，奥巴马政府积极介入南海问题和钓鱼岛争端，还启动了对缅甸甚至柬埔寨的外交攻势；经济上，奥巴马宣布了有关《跨太平洋伙伴关系协定》（TPF）的蓝

---

[1] 朱锋：《美亚太战略调整对中国冲击明显》，《中国国防报》2012年2月28日，第21版；吴心伯：《论奥巴马政府的亚太战略》，《国际问题研究》2012年第2期，第74页。

[2] Michael Swaine, "Chinese Leadership and Elite Responses to the U.S. Pacific Pivot," *China Leadership Monitor*, No. 38, Summer 2012, p. 3.

[3] U.S. Department of Defense, *Sustaining U.S. Global Leadership: Priorities for 21st Century Defense*, January 2012, http://www.defense.gov/news/Defense_Strategic_Guidance.pdf.

图。尽管单独地看这些措施未必完全针对中国,但是这些措施是在美国大肆强调中美权势转移的背景下集中出台的,它是良好的内部协调的产物,也真实地反映了奥巴马政府的战略意图,即集中针对快速崛起的中国。因此,美国政府当前的战略再平衡的核心便是美国对中美权势转移进程的管理。①

第三,美国加大参与中国与周边国家领土领海争端的力度。自2010年以来集中爆发的东亚领土领海争端中,美国扮演的角色并不积极;相反,很大程度上还是消极的,暴露了其管理中美权势转移进程的真实战略目标。美国一贯声称,在东亚地区的领土争端上坚持中立,不选边,仅关注维持"航海自由、开放亚洲海上公共产品并尊重国际法等国家利益"②。但很明显的是,美国正利用其影响力煽风点火,支持其他国家与中国对抗。例如,美国选择在非常敏感的时间为菲律宾、越南及日本等提供防务合作或承诺。又如,在中国宣布正式建立三沙市之后,美国国务院不恰当地予以评论。正如中国外交部新闻发言人秦刚所说,"美国为什么对有的国家在南海划出大批油气区块、出台将中国的岛礁和海域划为己有的国内立法视而不见;为什么对有的国家出动军舰威胁中国渔民,对无争议的中国岛礁无理提出主权要求避而不谈,却对中方应对这些挑衅行为的合理、适度反应提出无端指责?又为什么在地区有关国家加强对话沟通、努力化解矛盾、平息事态之际突兀发声,拨弄是非?这种选择性视盲和发声有悖其所声称的对争议'不持立场'、'不介入'的态度,不利于地区国家的团结合作与和平稳定"③。

必须指出的是,美国对中美权势转移的管理很大程度上是基于权势转移理论本身的一些错误,④并在此基础上犯下新的错误。当然这也为中国主动管理中美权势进程提供了战略机遇。美国管理中美权势转移的错误主要体现在以下方面。首先,美国相信,在中美权势转移过程中,发生霸权战争的必然性是真

---

① 周方银:《美国的亚太战略调整与中国的应对》,《当代世界》2011年第12期,第69页;刘卿:《美国在亚太战略部署的新变化》,《当代国际关系》2011年第5期,第17页。
② Hillary Clinton, "Remarks at Press Availability," National Convention Center, Hanoi, Vietnam, July 23, 2010, http://www.state.gov/secretary/rm/2010/07/145095.htm.
③ 《外交部发言人秦刚就美国务院发表所谓南海问题声明阐明中方严正立场》,外交部网站,2012年8月4日,http://www.fmprc.gov.cn/chn/gxh/tyb/fyrbt/dhdw/t958213.htm。
④ 参见张春《权势和平转移与中国对美战略选择》,《教学与研究》2007年第3期,第66~69页。

实的。换言之，中美权势转移过程中爆发霸权战争的可能性非常高。其次，美国相信权势转移理论对物质能力的错误假设，即物质能力的统治地位会自然而然转化为对国际秩序的统治能力。最后，美国对中美权势转移管理事实上是一种预防性管理。依据经典权势转移理论，国际权势转移有三个阶段，以崛起国的综合国力占霸权国综合国力的比例划分：低于40%时不会产生权势转移的问题；40%～80%的区间为权势转移的准备期，即崛起国的权势快速增长时期；80%～120%的区间为权势转移的过渡期，也是崛起国与霸权国实力势均力敌的时期；在崛起国实力超过霸权国实力的120%之后，是权势转移的成熟期，崛起国与霸权国的攻防地位将发生转换，崛起国占据主导地位，拥有重大优势。霸权战争最有可能发生在权势转移的过渡期或成熟期。[1] 如果考察中美的实力对比，即使不排除人民币升值等因素，中国的实力也远未达到美国的80%，中美权势转移至多仍处于准备期（见图1）。因此可以说，美国对中美权势转移的管理本身并不成立，中美权势转移尚未真正发生，这种管理更多是种预防性措施，根本目的在于迟滞中国的崛起、延续美国的霸权，可能的话有效遏制中国的崛起。

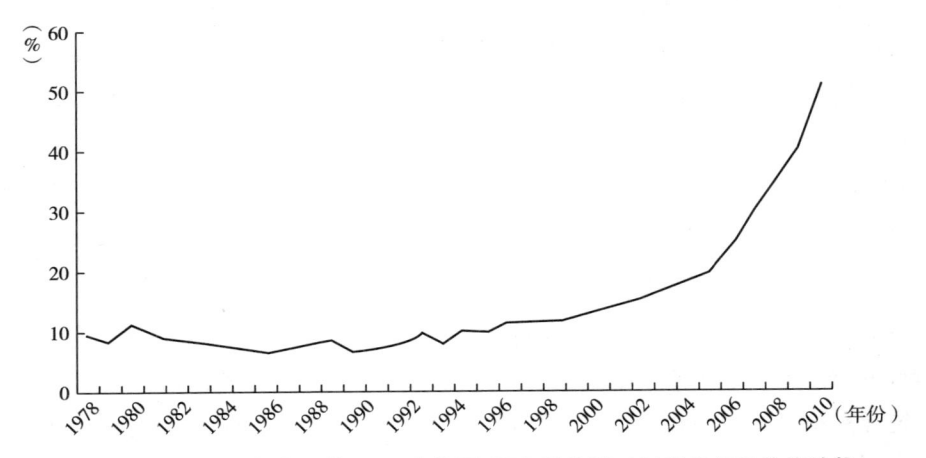

图1　1978～2011年中国的GDP占美国GDP的比重（以当年美元价格计算）
资料来源：笔者整理制作。

---

[1] Ronald L. Tammen et. al. (eds.), *Power Transitions: Strategies for the 21st Century*, New York: Seven Bridges Press, 2000, p. 21.

二 美国管理美英权势转移的经验

美国管理中美权势转移所犯的错误,为中国主动管理提供了机会。同时,美国在19世纪末20世纪初管理美英权势转移的经验也为中国提供了有益参考。尽管存在不同意见,但迄今为止的人类历史上的和平权势转移仍只能从英美权势转移的历史中寻找。作为摆脱英国殖民统治而新建立的国家,美国与英国的关系原本就不被人看好。但经过第一次世界大战和第二次世界大战之后,英美发展了特殊的关系,这是美国在独立之初完全无法想象的。事实上,直到20世纪初,英国仍视美国为其最大的潜在对手。要寻找英美特殊关系的源头,或许应该返回英美权势和平转移的历史,特别是考察美国如何管理权势转移的进程,如何避免遭到英国的预防性打击。

要考察美国的管理战略,首先需要确定这种战略的阶段划分,即美英相对权势的发展阶段。考虑到不同的计算方式会得出不同结论,本文主要借用两种国力比较法加以讨论。第一种方法是以战争相关性指数(correlates of war)为代表的综合性指数,该指数综合了一国的国内生产总值(GDP)、总人口、城市人口、钢铁使用量、能源消耗量和军队人数6个指标,依据一定的定量原则计算出一国的总体国力指数。根据这一指数,美国在1860年首次超过英国国力的40%,于1888年首次超过英国国力的80%,随后于1902年首次超过英国国力的120%(见图2)。根据这一指数,英美权势转移的管理可分为三个阶段,即1860~1887年为准备期,1888~1901年为过渡期,1902年以后进入成熟期。

第二种方法是直接比较美英的国内生产总值。根据著名历史学家安古斯·麦迪逊(Angus Maddison)以1990年国际元(吉尔里-哈米斯元,Geary - Khamis Dollar)为基准,对自公元1年至2008年的全世界各国国民生产总值加以统计的结果,美国在1830年达到英国GDP的43%,1860年为英国的85%,1878年为英国的111%,但到1879年迅速增长为英国的125%(见图3)。根据这一指数,英美权势转移管理的阶段可划分为:1830~1860年的准备期,1860~1878年的过渡期,1879年以后的成熟期。

由两种方法得出的权势转移管理阶段划分在时间上有某种叠合性,尽管两

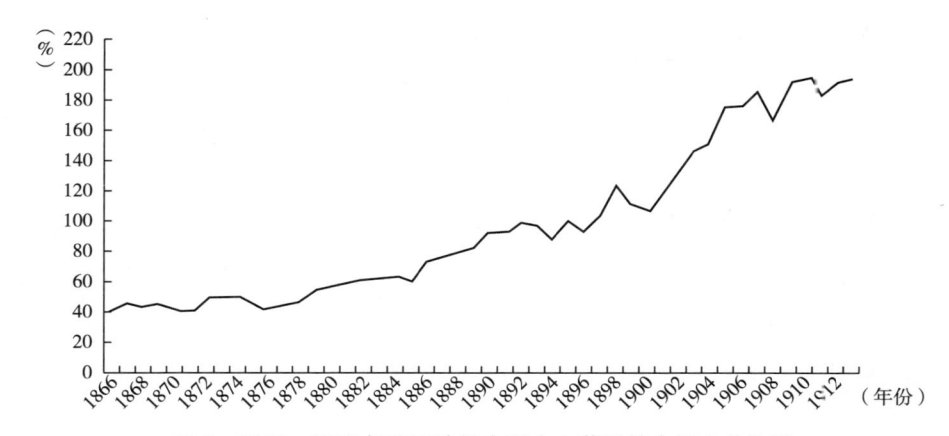

图 2　1866～1913 年美国的综合国力占英国综合国力的比重

资料来源：Correlates of War,"National Material Capabilities（v3.02），"2005，http：//hdl.handle.net/1902.1/10170。

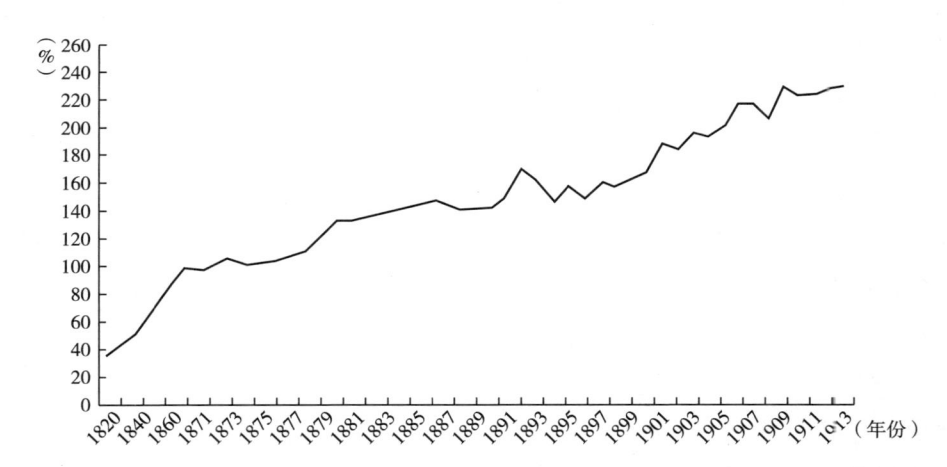

图 3　1820～1913 年美国的 GDP 占英国 GDP 的比重（以 1990 年国际元为基准）

资料来源：Angus Maddison, *Statistics on World Population, GDP and Per Capita GDP, 1 – 2008 AD*, http：//www.ggdc.net/MADDISON/oriindex.htm。

种方法导致的同一时期的性质存在差异。作者并不试图对此进行性质或优劣判断，而是综合两种阶段划分，进而确定美国管理美英权势转移的阶段：第一阶段是 1830～1860 年，此时期美国权势快速上升，但实质性的英美权势转移尚未发生；第二阶段是 1865 年至 19 世纪 80 年代末，在此期间美国的关注核心是内战结束后的重建；第三阶段是进入 19 世纪 90 年代后直至一战，美国开始追求海外权势扩张，美英权势转移迅速迈向成熟期。

1830年至美国内战爆发期间，美国的物质生产能力快速提高，其GDP迅速从1830年占英国GDP的43%增长到1860年的85%。尽管从战争相关性指数的数据看，英美权势转移尚未进入国力准备期，但这一时期英美关系已经出现了令人关注的重要变化。在美国独立战争和1812年的第二次英美战争期间，英美之间的相互敌视已经发展到非常尖锐的程度。第二次英美战争结束后的第二年，即1816年，约翰·亚当斯曾预言说：" 英国永远不会成为我们的朋友，直到我们成为它的主人为止。" 而英国人也同样讨厌美国人，嘲笑其自命不凡，有人指出，"美国在科学、艺术、文学领域，甚至在国务活动家之类的政治学和政治经济学领域，绝对是一无所成"。在1837年金融恐慌中，美国人对大量外国人持有的债券未兑付，使得英国人认为，美国人"再也无权同诚实人一起就餐了，正如麻风病患者不能与正常人同桌吃饭那样"①。在这种相互敌视加剧的气氛下，如果美国没有很好地管理其物质能力迅速增加所带来的各种反应，那么美英权势转移能否和平实现将成大问题。

尽管争端似乎持续不断，但美国在这一时期的确有意地克制了自身因物质性增长所带来的各种冲动。如同一位美国外交史学家所指出的，进入19世纪20年代后，美国人毅然决定不再与欧洲争权夺利，"除了极个别的例外，美国与欧洲国家之间的纷争，只是集中在一些眼前得益上，集中在邻近地区的领土和势力上，或集中在内战这场民族考验时期所产生的问题上"②。尽管奥利沙文在1845年提出了 "天定命运论"，③但幸运的是美国从未有过征服加拿大的想法。当1837年加拿大爆发一场很不成功的叛乱时，华盛顿小心翼翼地避免卷入其中；相反，美国人期望在经济上实现与加拿大的相互依赖，建立一种非正式的、不完全的联盟。④ 更为重要的是，美国满足于享受英国所带来的"免费安全"，进而可集中精力发展自身。

---

① 转引自孔华润主编《剑桥美国对外关系史》（上），新华出版社，2004，第211~212页。
② 孔华润主编《剑桥美国对外关系史》（上），新华出版社，2004，第206页。
③ 有关美国"天定命运论"思潮的论述，可参见王玮、戴超武《美国外交思想史（1775~2005年）》，人民出版社，2007，第159~163页。
④ 孔华润主编《剑桥美国对外关系史》（上），新华出版社，2004，第214~215页。

尽管在美国内战时期，英国所扮演的角色并不正面且美英关系多次陷入危机，但自内战后直到19世纪80年代末，美国维持着内向政策，集中力量在国内进行发展，与英国少有纠纷。这种孤立主义直接使英美和平进行权势转移的可能大为增加。换言之，无论是以战争相关性指数确定的权势转移准备期，还是以 GDP 对比视角定位的权势转移过渡期，美国致力于国内重建的政策没有发生变化，这不同于当前中国崛起过程中所受到的美国的高度关注和两国关系时不时陷入危机的情况。

进入19世纪90年代后，美英权势转移逐渐走到国际舞台中央，相应的管理战略也发生变化。在19世纪90年代至第一次世界大战爆发期间，英美权势转移的管理主要有三方面特征：一是美国的对外扩张或者说挑战英国霸权的姿态正日益彰显；二是美国的挑战姿态很大程度上被门户开放政策所缓解；三是德国逐渐取代美国成为真正挑战英国霸权的国家。

进入19世纪90年代，伴随着美国国力的全面提高——无论是从纯粹的GDP指标还是从战争相关性指数的综合指标看，美国对外扩张的激情大为上涨，并采取了实际措施。1893年，年轻的历史学家弗雷德里克·杰克逊·特纳提出了"边疆论"，认为美国需要不断扩张。同期，美国历史上著名的扩张主义军事战略家艾尔弗雷德·马汉也提出了著名的"海权论"，以海军、商船队、殖民地和海军基地来实现美国的制海权，从而建立美国霸权。作为这一系列扩张主义思潮的实践，美国政府特别是麦金莱政府大力践行海外扩张，其标志是1898年的美西战争。在这一过程中，1894～1896年美国与英国爆发了三次严重的危机，分别在巴西、尼加拉瓜和委内瑞拉。如果用权势转移理论来诠释的话，这三次危机都极可能引发霸权战争。由于英国在很大程度上采取了退让政策，特别是在第三次危机后，美国的强权事实上了英国的承认。[①] 换句话说，在此期间英美权势转移事实上已经和平地实现了。

当然，英美真正和平实现权势转移是在第二次世界大战之后，尽管这时已

[①] 有关英美这三次危机的详细讨论可参见孔华润主编《剑桥美国对外关系史》（上），新华出版社，2004，第399~404页。

经显露端倪。这一时期，保证英美权势转移和平展开的还有两大要素。一个要素是美国事实上并没有试图完全推翻英国所主导的体系，而是试图以一种开放性的体系来促进美国的得益，同时也某种程度上维护英国的得益。特纳的"边疆论"本身追求门户开放式的经济扩张，因为这种扩张不必承担政治义务，其所指的边疆也并非领土边疆而是商业边疆。[①] 同样，马汉的"海权论"强调的也并非领土扩张，而是试图建立一个网络状的霸权体系，这也是同英国的霸权体系相一致的。另一个要素是德国的同期崛起。与今天美国所面临的局势略有相似，英国在19世纪末霸权衰落时期也面临着新兴大国群体性崛起的局面，包括如美国、德国以及尽管衰落但仍可能复兴的法国（见图4、图5）。其中，一向被英国视为友好伙伴的德国，在进入19世纪90年代后对英国霸权的挑战姿态更甚于美国和法国，特别是其于1905年出台的"无敌舰队"计划更是直接挑战英国的海上霸权。

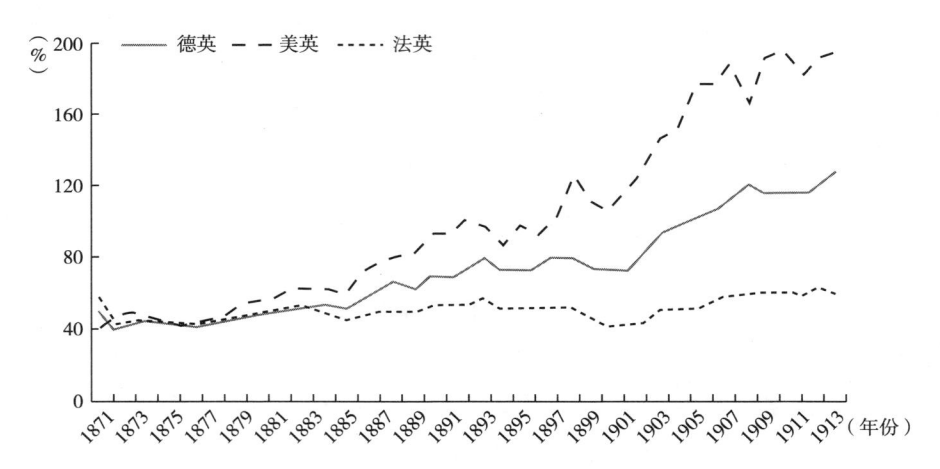

图4 1871～1913年德国、美国和法国的综合国力占英国综合国力的比重

资料来源：Correlates of War, "National Material Capabilities (v3.02)," 2005, http://hdl.handle.net/1902.1/10170。

可以认为，美国管理英美权势转移并最终于第二次世界大战后和平实现权

---

① Frederick Jackson Turner, *The Frontier in American History*, New York: Henry Holt and Company, 1947, pp. 219 - 220.

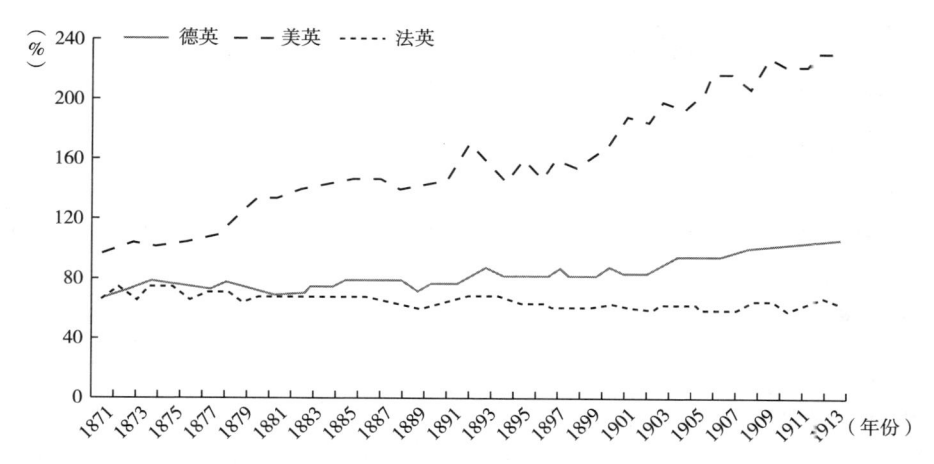

图 5 1871～1913 年德国、美国和法国的 GDP 占英国 GDP 的比重
（以 1990 年国际元为基准）

资料来源：Angus Maddison, *Statistics on World Population, GDP and Per Capita GDP, 1 - 2008 AD*, http://www.ggdc.net/MADDISON/oriindex.htm。

势转移，主要有以下经验：在权势转移的准备期，美国更多的是保持低调，坚持自身发展，特别是如果视美国内战结束后的二十年仍为英美权势转移的准备期的话；在权势转移的过渡期，尽管美国也挑战英国的霸权，但更多地旨在构建一个包容性和开放性的体系来实现自身得益，同时尽可能维护衰落霸权的既得利益；在权势转移的成熟期，特别是第一次世界大战及之后的时期，美国更多的是站在维护现存体系一面，与英国一起在第一次和第二次世界大战中并肩作战，并最终实现了权势的和平转移。这些经验对于中国的权势转移管理战略有着重要的参考意义。

三 中国的权势转移管理战略

当前美国对中美权势转移的预防性管理，不仅直接导致中美关系陷入困境，而且引发了其他中小国家的"搭车"努力，使中国外部环境特别是周边环境进一步恶化。因此，中国不仅需要避免被动式管理，也需要避免反应式管理，更需要避免个案式管理，应发展一套系统和长期的、主动与全面的中美权势转移管理战略。具体而言，这一管理战略应包括四个部分，即对权势转移准备期的管理，对权势转移过渡期的管理，对权势转移成熟期的管理，以及这三个时期的相互衔接阶段的战略设计。

（一）权势转移准备期的管理战略

无论以何种计算方式，当前热议的中美权势转移都仍处于准备期，中国实力远未达到美国80%的水平。基于美国管理美英权势转移的历史经验、中美权势转移引发的高关注度和美国目前对中美权势转移的管理，中国在这一时期的管理战略应当是重点强调"坚持韬光养晦"，尽管与此同时也要强调适度地积极有所作为。

第一，要始终坚持"发展才是硬道理"，致力于培育中美的权势转移的实力基础。中美的实力对比显示，中美权势转移仍处于准备期。要真正实现中美权势转移，其核心基础是继续提高中国国家实力，这是中国仍需"坚持韬光养晦"的根本原因。

第二，要强调新兴大国的群体性崛起，实现对国际权势转移成本的集体承担。从美国管理美英权势转移的经验可以看出，同时存在的其他的崛起大国可有效分担霸权国对权势转移的关注。当前的中美权势转移，其实只是约瑟夫·奈所强调的两大权势转移进程中的一个组成部分，即国际体系内西方向非西方转移与全球体系内主权国家向非国家行为体的转移①。中国不能独自承担整个权势转移进程的所有成本，更不应代替其他新兴大国乃至非国家行为体承担权势转移的成本。

第三，要妥善处理与现有霸权国——美国的关系，避免挑战其霸权地位。权势转移进程中最重要的关系是崛起国与霸权国的关系。在整个美英权势转移准备期，尽管纠纷重重，但美国从未实质性地挑战英国霸权。就中国而言，迄今为止中国从美国所主导的现存体系中获得了重大收益，特别是中国的崛起正是在这一体系内实现的。因此，或许既有体系对崛起后的中国不够公平与合理，但革命明显不是合理选项。

---

① 有关这两大权势转移进程的讨论，可参见 Joseph S. Nye, Jr., *The Future of Power*, New York: Public Affairs, 2011。

第四，处理好与中间国家的关系，限制美国的软、硬同盟给中国带来的桎梏。这一策略的逻辑类似于第二条，但其目的是缓解中间国家在中美间被迫选边的压力，进而既可缓解因美国管理中美权势转移而给中国带来的战略压力，也可通过为中间国家创造更好的生存环境而拓展中国的政策空间。

第五，要积极提供国际公共产品，缓解甚至消除中国崛起"威胁论"。中国的快速崛起给国际社会带来了大量的稀缺问题，包括物质性稀缺、安全性稀缺和思想性稀缺。① 在中美权势转移的准备期，最为突出的稀缺问题仍是物质性稀缺。因此，中国在这一时期应更多地提供国际物质性公共产品，特别是缓解其他国家因中国崛起而产生的发展资源压力。

第六，要提升中国的国际危机管理能力。随着中美权势转移逐渐展开，围绕中国崛起的各种国际危机可能会集中地、大规模地爆发，未来的中美危机可能会更多、更大且更危险。中国需要围绕国际危机强化三类能力：一是危机的管理能力，重点包括危机稳定能力和危机化解能力；二是危机的塑造能力，重点包括化危为机能力和危机联系性能力；三是危机处理能力，即做好危机"斗而可能破"的应对准备。

（二）权势转移过渡期的管理战略

中美权势转移过渡期可能在未来 10～20 年内到来，如果中美大致保持当前的增长速度的话。这一时期中国对中美权势转移的管理战略仍应以发展自身国力为根本，同时争取"部分积极有所作为"。

第一，继续坚持"韬光养晦"，在埋头发展的同时提升舆论塑造能力，避免产生激进民族主义。随着中美国力进入大致势均力敌时期，再加上中美权势对比相对快速变化导致的不适心理反应，极可能导致中美双方产生激进民族主义：中美都不能容忍对另一方的"绥靖"，同时美国更有"时不我待"抓住"最后的机会之窗"的冲动。因此，中国仍需大力强调"坚持韬光养晦"的重要性，引导国内公众的民族主义情绪，同时采取一定的措施缓解国际社会特别是美国的焦虑感。

---

① 张春：《试论中国特色外交理论建构的三大使命》，《国际展望》2012 年第 2 期，第 11～12 页。

第二，争取部分地积极有所作为但不挑战现有国际体系，特别是坚持对既有国际体系的合理化改革，使其朝向更公正、公平和合理的方向发展。在这一过程中，中国必须始终和其他新兴大国及现有国际体系的弱势群体，特别是以南方国家命名的群体站在一起，保持观念、政策和行动上的总体一致性，代表南方国家呼吁国际体系的改革，进而做到推动国际体系的改革但不挑战国际体系。

第三，与美国合作共同推动"后美国体系"的建设，构建一个全球开放性体系，强化自身对地区和全球秩序的塑造能力。当前国际社会的发展已经超越了主权国家体系而进入了一个全球体系的时代，[①] 这对中美权势转移实现后的世界来说或许更为真实。因此，"后美国时代"的全球体系应当是开放的，国际社会应对全球体系的目标、原则和框架机制进行全面、深入的讨论，达成广泛共识。

第四，要提高中国提供国际公共产品的能力和扩大范畴。中国应在坚持提供更多物质性公共产品的同时，强化安全性公共产品的提供能力，主要包括三个层次：一是要尝试提供和谐世界理论指导下的全球安全问题应对理念；二是要为全球安全挑战的有效应对做出实质性贡献；三是尝试通过与他国分享中国的发展成果与经验，提供应对"发展—安全关联"的国际公共产品。

（三）权势转移成熟期的管理战略

对中美权势转移成熟期的管理的核心任务是实现中国的"全面有所作为"。尽管发展始终是最为核心的任务，但在全面改革现存体系而非推翻现存体系的同时，中国对中美权势转移的管理重点还应包括以下几个方面。

第一，要有效维护衰落霸权即美国的体面，或者说帮助美国实现"体面衰落"。如果说当前美国对中美权势转移的管理是一种以攻为守的"体面衰落"战略，那么进入中美权势转移成熟期后，美国的"体面衰落"战略将进入全面守势。作为一个崛起国，中国没有必要以一种"痛打落水狗"的姿态全面改造以美国霸权为基础建立的国际体系，进而全面取代美国霸权。恰好相反，中国需要思考如何与美国合作，帮助美国实现"体面衰落"或"衰落得

---

① 张春：《当前全球安全需求的增生与变异》，《国际论坛》2011 年第 6 期，第 17~18 页。

体面",因为这将极大有助于实现国际体系的稳定转型和中美权势的和平转移。

第二,继续坚持南方国家身份,坚持站在国际体系的弱势群体一方,促进国际体系的改革和发展。如同对待衰落霸权一样,中国对待现存国际体系的根本态度是继承和发展,而非革命和颠覆。基于建设和谐世界的远大理想,中国需要始终站在国际体系中的弱势群体一方,即使是在中国成为国际体系的新领导之后也不能改变。

第三,为国际社会提供新的思想性国际公共产品,特别是新的发展理念和发展动力。当前的全球经济危机已经证明,基于西方历史经验的新自由主义发展模式很大程度上无法为未来的国际发展提供值得期待的解决方案。随着中国日益迈向国际体系的领导地位,中国所提供的国际公共产品应当逐渐从可见的物质性和安全性公共产品向不可见的思想文化性公共产品发展,其中最为重要的便是提供保证整个国际社会实现可持续性的、包容性的发展的观念,或者说是有中国特色的发展理念。

(四) 各时期的衔接战略

最后,还需要思考中国如何实现上述三个阶段的平稳和顺利过渡,避免因为突然的、断裂性的政策改变导致中美权势转移的和平实现被逆转。其中最为重要的是以下三个环节。

第一,如何合理引导国内民族主义情绪。随着中国快速发展,中国人正变得日益自信,且某些时候甚至表现得自大。与此同时,对于自1840年起一百年内所遭受的外辱,中国人一方面念念不忘,另一方面也颇为自卑,总试图以某种方式"一洗耻辱"。这就形成了中国人当前"自大+自卑"的民族主义情绪。这种民族主义情绪与特定的事件,特别是与外交危机相结合,可能爆发出惊人的力量——包括积极的和消极的。

第二,如何实现从"坚持韬光养晦"到"部分积极有所作为"再到"全面有所作为"的平稳过渡。尽管发展自身力量永远都是最为重要的,但随着中国国力的快速增长和中美权势转移进程的不断深入,中国发挥越来越大的国际作用的需求和呼声都必然持续增长。中国应当结合对国际危机的管理和塑造、与新兴大国和南方国家的集体努力、对国际领导权的分享机制的设计与优化等要素，寻求在越来越多的领域和区域发挥领导作用，避免突然声称对特定问题或地区拥有领导权或要求发挥积极作用。换句话说，要通过潜移默化和循序渐进的方式实现更为积极和全面的有所作为，而非突然性的权力声称。

第三，与前一点相关，如何实现从提供物质性公共产品向安全性，再向思想文化性的公共产品的平稳过渡。尽管国际社会都希望中国提供更多的公共产品，但在中美权势转移的不同阶段这种要求或许会有所不同。更为重要的是，无论中国多么强大，美国及西方国家都更多地希望中国提供物质性公共产品，而尽量少地甚至无须中国提供安全性和思想文化性的公共产品。就此而言，中国提供安全性和思想文化性公共产品本身就意味着对美国霸权的一种突破甚或挑战，它是中美权势转移的一个有机组成部分。中国提升在提供国际公共产品上的作用应当注重三大问题：一是如何强化自身的能力建设，唯有中国有能力提供这样的公共产品，才能在真正的机遇产生时抓住机遇；二是如何有效抓住机遇，这种机遇往往来自霸权国美国的心有余而力不足以及其他国家对公共产品的需求与供应之间的矛盾的相互结合；三是如何塑造对中国的安全性和思想文化性公共产品的国际需求的舆论导向，缓解甚至消除对中国提供更多国际公共产品的担忧和疑虑。

四　结语

当前中国外交面临的战略压力主要来自美国启动的对中美权势转移的预防性管理。这一管理不仅基于权势转移本身的诸多错误性理论假设，更基于对中国实力和中美实力对比的夸大。当然，上述错误也为中国积极主动地介入中美权势转移的管理创造了条件。中国需要避免被动式管理、反应式管理和个案式管理，创新性地实现对中美权势转移的有效管理。当然，这就需要在某种程度上借鉴历史经验，而唯一的经验恰好来自当前的霸权国美国。从19世纪中后期到20世纪前半期的约一个世纪里，美国通过有效的权势转移管理措施，从根本上扭转了美英关系，实现了从独立之初的美英敌对到第二次世界大战结束后的美英特殊关系的历史性转型，进而也和平实现了美英间的权势转移。当前中美间的权势转移很大程度上刚刚启动，距离其最终完成尚有很长的路要走。

因此，中国需要根据美国在管理中美权势转移上的错误和其管理美英权势转移的历史经验，设计出中美权势转移管理的阶段性战略和阶段间衔接战略，推动中国外交实现从"坚持韬光养晦"到"部分积极有所作为"再到"全面积极有所作为"的平稳过渡，通过从提供物质性公共产品逐渐向提供战略性、安全性乃至思想文化性公共产品的迈进，建立开放性的全球体系，最终达致和平实现中美权势转移的。

当前国际体系转型的动向、趋势与特点

孙 逊*

摘 要：当前的国际战略与安全形势发生了自冷战结束以来最为深刻复杂的变化，世界加速进入大变革、大调整、大应对的新阶段，国际体系转型出现了一系列新特点、新趋势。世界范围内的战略力量对比不断地发展、变化和调整，传统西方强国的力量相对下降，以"金砖国家"为代表的新兴力量群体性地崛起，世界权力分配趋向扁平化，亚太地区成为大国角逐的重点，国际军备控制形势严峻，世界面临新的不稳定因素。

关键词：国际体系 国际安全 力量对比

英国著名历史学家埃里克·霍布斯鲍姆于2010年指出，未来世界历史发展趋势受五个因素的影响。一是世界经济重心从北大西洋转移到亚太地区，这是从二十世纪七八十年代的日本开始的，此后中国的崛起产生了更大反响；二是席卷全球的资本主义危机；三是2001年后美国谋求建立世界单极霸权体系梦想的破灭；四是发展中国家作为新兴政治体崭露头角；五是在世界大部分地区，也包括单一民族国家，国家权力在逐渐丧失，威权系统的职权也在减

---

* 孙逊，教授、博士，解放军外国语学院国际战略教研室主任。

弱。① 美欧在世界战略力量格局、国际体系和国际秩序中的传统优势地位受到冲击，其根本原因在于中国的迅速崛起与美国霸权地位的萎靡不振，西方国家内部危机感加深。国际力量对比产生新的变化，大国关系出现新的变动，国际体系孕育新的变革。处于转型中的国际体系呈现一些新的动向、趋势与特点。

一　传统强国战略收缩，整体实力相对下降

"一超"实力相对下降，"多强"趋势愈加明显。在2008年国际金融危机中，美国经济陷入衰退，美国五大投资银行中有三家破产或重组，三大汽车公司中有两家一度濒临破产，失业率高达10%。同时，反恐战争的胜利遥遥无期，美国政府面临的国内外压力与日俱增。奥巴马总统上台后，逐渐调整美国的全球战略。对内，将经济发展作为第一要务，着手整顿金融体系，推动经济转型；对外，在中东实行战略收缩，将重心转向亚太地区，倡导"无核世界"，强调以"巧实力"为特征的多边外交。然而，奥巴马政府的"新政"面临重重困难：国内失业率居高不下，金融改革和医疗改革步履维艰；伊拉克局势在美军撤出后未见好转，阿富汗战争前景黯淡，"无核世界"的理想意义远大于现实意义。

2011年以来，欧美主权债务危机进一步蔓延和深化，日本遭受地震、海啸与核泄漏三重灾难，欧美日作为世界经济的主要引擎失灵。危机中，西方政治制度与发展模式的弊端充分显露。作为这次金融危机的罪魁祸首，美式自由资本主义受到严重质疑。全球金融危机使强调小政府、解除监管、私有化和低税率的自由市场或新自由主义模式面临考验。围绕债务上限谈判和标普降级事件，美国舆论对华盛顿的"政治两极化"和党派利益凌驾于国家整体利益之上的决策机制深感失望。继茶党运动之后，美国又出现"占领华尔街"运动，运动抗议的焦点是华尔街金融机构的贪婪、权钱交易、社会财富分配不公及贫富分化等背后深层次制度性问题。总之，美国在世界范围内呈现明显的颓势

---

① 张春颖、张卫红：《霍布斯鲍姆论当前世界趋势》，《国外理论动态》2012年第4期，第3~5页。

（*malaise*），其国内也出现了"美国衰退主义"的思潮。① 为此，美国在战略路径上回归多边主义，采取了守中有攻的态势，提出了与大国建立"多元合作伙伴关系"的概念，以便在多边合作中维护其全球"领导地位"。

欧洲是金融危机重灾区。2008年金融危机后，欧洲金融机构的流动性出现严重不足，欧洲主要股票市场指数大幅下滑，民众对经济前景感到悲观，严重抑制了企业生产和公众消费，使原本不景气的欧洲经济"雪上加霜"。此后，欧盟内部发生了债务危机，从希腊蔓延至西班牙、意大利、塞浦路斯等国，冰岛甚至陷于国家破产境地，欧元地位大幅下降。欧债危机对世界经济造成巨大冲击。欧洲问题的根本不是债务问题，而是其经济竞争力下降的问题。欧洲人口只占世界人口的7%，但福利开支却占到世界的50%。② 债务危机使欧洲长期引以为豪的发展模式风光不再。在经济与社会危机面前，欧洲轮流上台执政的左右两翼均拿不出有效应对危机的办法，在结构性问题面前难有大作为。

俄罗斯经济增长明显放缓，军事改革稳步推进。"梅普组合"延续了普京时期的发展战略，俄罗斯整体实力快速提升。但是，国际金融危机、世界范围内的清洁能源革命和气候变化压力，使俄罗斯以能源出口为代表的经济受到极大影响，经济增长势头明显减弱，失业人数增加。美国大力推进北约东扩，在东欧的波兰和捷克部署反导系统，在中亚的乌兹别克斯坦和阿富汗驻有重兵，围绕伊朗核问题大做文章，参与北极地区的主权角逐，这些都使俄罗斯的战略空间不断受到挤压。为此，俄罗斯增加了对军队建设的投入，推动军备升级换代。2009年5月12日，俄罗斯出台了《2020年前俄罗斯联邦国家安全战略》，提出了综合手段（政治、军事、外交、经济、信息等）并举的新俄罗斯军事战略方针，③ 并以"非对称平衡"手段来制衡美国，确保俄罗斯的国家安全利益。

日本经济发展经历了"失去的20年"，国内政治右倾化趋势更为明显。受国际金融危机的影响，加上社会老龄化和经济结构问题，日本经济在出现短

---

① Robert O. Keohane, "Hegemony and After: Knowns and Unknowns in the Debate over Decline," *Foreign Affairs*, July/August 2012, p.114.
② 杨洁勉：《美国实力变化和国际体系重组》，《国际问题研究》2012年第2期。
③ 沈鹏：《美国的极地资源开发政策考察》，《国际政治研究》2012年第1期。

暂的恢复增长之后，重新陷入低迷状态。近年来日本推行社会经济改革，取得了一些成效，但其中长期发展前景仍不乐观。外交方面，日本把日美同盟作为外交基轴的同时，也在追求日美同盟"对等化"，包括重新谈判美军驻军等问题。新上台的安倍政府右倾化倾向明显，与东亚邻国的关系恶化。军事方面，日本自卫队通过为美军提供服务和参与索马里护航行动走向世界。日本2011年年度《防卫白皮书》提出宇宙开发利用和海洋战略，体现了日本政府试图通过拓展海洋空间，提升整体战略实力的考虑。《防卫白皮书》强调了驻日美军的重要性，对日本西南岛屿防卫情况、朝鲜半岛局势等问题进行了详细分析，并大力渲染中国军事发展的"不透明"。同时，日本通过调整部队编成和部署，积极参加美国主导的各类军事演习，加大向海外派兵的力度等方式，朝着军事大国化的目标加快前进。①

总体上看，虽然美、俄、日等传统强国在金融危机的影响下实力被削弱，影响力相对下降，但它们仍是世界主要战略力量，在世界格局中扮演着十分重要的角色。并且，它们正试图通过各种各样的手段，解决因金融危机带来的问题。它们在国际体系中的主导地位，短期内仍难以根本改变。

二 新兴力量群体性崛起，战略影响日益增强

新兴力量的战略影响不断增强，首先源于经济的快速增长。2008年的国际金融危机爆发以来，世界经济增长速度显著下降，尤其是作为危机源头和重灾区的发达国家，经济一度陷入衰退。在此背景下，以"金砖国家"为代表的新兴力量却仍然保持较高的经济增长速度，经济总量的规模在世界整体经济规模中所占的比例日益增长。据推算，到2013年，新兴经济体的规模将占据世界的半壁江山。就经济拉动力而言，仅2008年全球经济增幅的约78%来自新兴经济体，其中"金砖四国"对全球经济增幅的贡献率超过了45%。② 在

---

① 杨洁篪：《大变革、大调整、大发展——2009年的国际形势和中国外交》，《求是》2010年第1期，第57页。
② 金灿荣、刘强：《国际形势的深刻变动及其对中国的影响》，《现代国际关系》2009年第12期，第5页。

2010年第二季度，中国已经超过日本成为世界第二大经济体。可以说，新兴经济体已经成为推动世界经济增长的重要引擎，使世界经济力量对比发生了巨大变化。其中，以中国、东盟为代表的亚洲新兴力量的经济增长势头强劲，最为引人关注。

世界性经济危机爆发后，国际体系中出现了两股具有代表性的政治力量：第一股力量是西方发达国家集团俱乐部（如"八国集团"），曾经主宰世界经济议程和国际事务；第二股力量是代表发展中国家的"金砖国家"，现在"金砖国家"这个概念已经成为讨论权力从发达的"八国集团"向发展中世界转移的同义词。① 新兴经济体经济实力的增强相应地提高了其在世界经济和国际政治中的地位，它们在国际和地区层面的影响力开始显现，成为改变和塑造现有国际秩序的重要力量。② 新兴大国群体性崛起，主要包括两个方面的含义，一是经济上的崛起，二是在国际经济、政治舞台上影响力的上升，新兴大国成为推动国际体系多极化、全球治理体系民主化的重要力量。

新兴力量的战略影响不断增强，凸显其在非传统安全领域的关键作用，应对恐怖主义、环境安全、气候变化、能源安全等全球性问题都迫切需要它们的积极参与。在哥本哈根全球气候大会上，新兴力量彼此协调立场，增强了与美国等西方发达国家谈判的实力，争取了较为有利的谈判立场。总之，新兴大国继续保持崛起势头，日益成为全球需求和消费增长的重要引擎、解决全球性问题的利益攸关方。新兴大国群体性崛起作为当今世界最重要的发展趋势之一，有利于推动国际力量对比朝着相对均衡的方向发展，必然会给国际体系带来新的价值观和理念。其成功的发展模式、道路也将为其他发展中国家提供非西方模式的参考。

三 国际组织作用上升，世界权力分配趋向扁平化

转型中的国际体系面临许多全球性问题和挑战，由此形成了"全球意识"

---

① 张建新：《后西方国际体系与东方的兴起》，《世界经济与政治》2012年第5期，第8页。
② 金灿荣、刘强：《国际形势的深刻变动及其对中国的影响》，《现代国际关系》2009年第12期，第5页。

和"全球价值"等新的文化现象。全球性问题和全球性威胁与全球化进程相伴随行,包括恐怖主义、贩毒、有组织犯罪等非传统安全威胁,SARS、疯牛病、禽流感等流行疾病,环境污染、温室效应等环境问题,能源危机、国际金融危机引起的连锁消极影响等。由于在这些问题面前,任何国家都难以独善其身或独自应对,所以"全球命运共同体"观念和意识应运而生,法律的国际化和各国政策的全球协调得到加强。各国在政治心理、政治观念、政治态度上相互理解、相互渗透、相互认同的程度逐步加深,政治文化共同性因素日益增多。

国际组织的影响日益扩大。新兴力量战略影响不断增强,表现为对国际机制的参与日益深化。随着经济地位的提升,新兴力量的政治影响也日益扩大,在各种国际性和地区性机制中发挥了巨大作用,提升了其在国际事务中的话语权。为了应对2008年金融危机爆发以来世界面临的诸多问题,新兴大国积极协调,扩大在国际规则制定等方面的合作。2009年以来,"金砖四国"先后在G20伦敦峰会和叶卡捷琳堡"金砖四国"峰会等峰会上发表声明,称将增进合作、共同发展。中国、印度和巴西等国还积极与发达国家进行协调沟通,在提高新兴市场和发展中国家在国际货币基金组织中的投票权,加大发展中国家在国际机构中的影响等问题上争取话语权。在由发达国家主导的传统国际机制中,新旧力量在不同议题上形成了众多的排列组合,时而强调合作,时而相互竞争,对世界范围内的战略力量对比变化产生了重要影响。

联合国的作用在2008年金融危机之后得到新的重视,美国逐步回归联合国主导下的多边合作机制。欧洲联盟、亚太经合组织、东南亚国家联盟、上海合作组织等区域合作组织的作用增强,他们不仅在经济上整合,有的组织还试图在安全和防务等"高级政治"议题上发出自己的声音,使世界范围内的力量多极格局更加明显。在欧洲,2009年10月欧盟内部整合取得突破性进展,27个欧盟成员国批准《里斯本条约》,欧盟在外交和安全领域的整合迈出重要一步。根据该条约,欧盟选举了自己的"总统"和"外长","用一个声音说话",向着整体协调的方向迈出了重要步伐。在亚洲,中国、日本、韩国、印度等国都增强了对东盟的重视程度,先后与东盟签署多种合作条约,积极参与由东盟主导的各种对话机制。2010年1月1日,"中国—东盟自由贸易区"正式生效。2010年和2012年,东盟与韩国和日本的自由贸易区协议也陆续生效。美国奥巴马政府高度重视与东盟的关系,国务卿、国防部部长等高官先后出访东盟,并签署了《东南亚友好合作条约》(TAC),使东盟的影响进一步扩大。亚太经合组织日益完善,职能从经济领域向政治领域和安全领域拓展,成为环太平洋地区政府间合作、进行整合的最重要平台。

国际制度面临新的调整和转型。冷战结束以来,国际制度的刚性力量有所增强,对各国的战略约束愈加突出。然而,既有国际制度主要体现西方大国的利益,它们既是后起国家的利益增长点,也是约束其利益的重要因素。随着发展中大国的兴起,既有国际制度框架的公正性和效用受到越来越多的质疑。德国发展研究所预测,未来25年国际政治经济中的主要变化将与中国、印度、巴西、南非等新兴大国的崛起有关。尤其是像中国、印度这样的发展中大国,由于其规模巨大,将对全球的生产和消费模式及其他国家的发展产生重大影响,并对全球治理体系及发展产生强烈影响。德国发展研究所在一份研究文件中宣称,既有国际组织必须为这些新兴大国腾出空间,否则将无法成为治理国际政治经济的有效组织。[①] 各国对国际制度制定权的争夺更加激烈,纷纷提出自己的战略理念和目标。西方大国极力维持并强化对国际体系的主导权和新规则的制定权,而新兴大国则艰难地争取更大的主动权。美国总统奥巴马一上任就提出"无核世界"的理念,寻求改善与伊斯兰世界的关系,发展"低碳经济",以便继续在国际金融与经济体系改革、应对气候变化、"反恐"及核裁军等领域掌握主导权,维护其全球"领导地位"。

随着一体化进入新阶段,欧盟不断增强其在政治事务上的整体性和在安全事务上的独立性,在全球性议题设置和国际制度制定上强势发力。哥本哈根全球气候大会,成为继《里斯本条约》之后,欧盟第一次作为整体参与制定重要国际规则的会议。欧盟还积极争取与新兴大国的合作。时任德国外长施泰因迈尔指出:"我们只有在成功地使新兴工业国家承担全球责任和可信赖地把它们纳入新秩序的情况下才能解决人类的中心问题。只有在它们平等地坐在会议桌旁时,才会愿意接受世界性的规则。"[②] 新兴大国则以制度安排和巩固现有

---

① Lauren M. Philips, "International Relations in 2030: The Transformative Power of Large Developing Countries, Bonn 3/2008," *German Development Institute Discussion Paper*, pp. 1 – 2.
② 冯仲平:《欧洲借金融危机推动国际制度变革》,《现代国际关系》2009年第4期,第35页。

及未来的权益为重点，继续加强对其群体内的机制性和常态性关系的协调。①新兴大国参与的 G20 取代 G8 成为全球主要的政治经济对话平台；"金砖四国"成功举行了首脑会议，随着南非的加入，金砖国家开始构建常态化协调机制；按照 G20 批准的方案，新兴国家在国际货币基金组织和世界银行的投票权将得到提升。目前，由于美国国会设置障碍，所以该方案还没有实现。总之，重要新兴大国正努力在积极参与国际体系的过程中逐步地影响各种规则和制度。

"软实力"得到高度重视。处于转型中的国际体系呈出一些新的特点，其中最为突出的就是以文化为核心的软实力因素日益凸显。这不仅反映在国际关系理论研究中文化因素愈加受到关注，也表现在新兴国家群体崛起带来的各种文化的复兴正在改变国际文化态势不平衡的现象。"软实力"竞争成为国家综合国力竞争的重要组成部分，也成为构建新的国际体系的重要支柱和基础。中国正在以前所未有的深度和广度融入国际体系，并对国际体系的构建和发展方向产生越来越深刻的影响。为了争夺国际规则制定的主动权，各国纷纷提出自己的议题设想和指导理念。欧盟十分强调国际制度规范性力量。日本民主党政府提出了"东亚共同体"设想。美国则直接提出"巧实力"外交攻策，倡导基于多边主义的国际对话与合作。美国在这一理念指导下，倡议建立无核世界，大谈环境气候变化，高举低碳经济旗帜，以此重塑美国的道德形象，恢复其一度受损的软实力。②"软实力"影响力的增强反映了世界范围为战略力量的整合和大国博弈的牵制更加明显。这种状态高度发展的结果之一就是使国际格局的权力分配逐步走向扁平化。各国无论大小强弱，都高度依赖全球性的国际体系，都是全球体系的利益攸关方，都试图不断增强其"软实力"，而国际组织和制度则因此获得了相应的权力和地位。小国和新兴国家也通过建立各种区域或跨区域国际联盟、增强自身话语权，在制度建构和国际对话中分享和消解了大国权力。另外，由于国际关系变得更加多样和复杂，权力不仅从传统大国向新兴大国转移，也向个人和非国家行为体转移。现代信息和通信技术在空前的程度上赋予个人和社会团体权力。互联网和社会媒体使个人和组织的覆盖

---

① 林利民：《世界地缘政治新变局与中国的战略选择》，《现代国际关系》2010 年第 4 期，第 2~3 页。
② 金灿荣、刘世强：《国际形势的深刻变动及其对中国的影响》，《现代国际关系》2009 年第 12 期，第 2 页。

面与影响力得到扩大,使他们能够直接参与国际事务。

四 全球战略中心向亚太转移,大国关系凸显"合作与竞争"

(一) 霸权将逐渐从国际舞台上隐退

西方在国际体系中的主导地位正在削弱,并且将继续削弱,国际体系正出现权力东移的趋向。经济上,除了美国、欧洲和日本三大传统经济体外,还有中国、印度、东盟等新兴经济体;政治上,中国、美国、俄罗斯是联合国的常任理事国,日本、韩国、印度的影响力也不断上升,还有亚太经济合作组织、东南亚国家联盟等具有重要影响的国际组织;军事上,有美国、俄罗斯两个军事超级大国,拥有世界上最大的核武库,日本、印度、韩国的军事力量也不容小觑。

一段时期以来,亚太地区成为全球经济最为活跃的地区。在 2008 年金融危机中,以中国、印度为代表的亚太新兴经济体,仍然保持 7% 以上的较好经济成长,综合国力快速提升,成为推动全球经济走出低谷的关键力量。美国国家情报委员会 2008 年发布的《2025 年全球趋势》评估报告断言,由于中国、印度、巴西、俄罗斯等新兴大国的崛起以及经济全球化的加速,全球财富与经济权力正在由西方转向东方,2025 年的国际体系将与现在全然不同,将是一个发达国家与发展中国家国力差距日益缩小,中国、印度等国影响力显著增强的多极体系。该评估报告还指出,"在未来 15~20 年里,更多的发展中国家可能转向北京的国家中心(发展)模式,而非市场和民主政治体制,来增加快速发展的机会和政治稳定。"① 一体化进程促进了东盟整体经济的发展,其实力明显增强。因此,亚太地区是世界上大国关系最复杂、新旧交织最密集、经济发展最活跃的地区。各主要战略力量互相竞争和相互共存合作,形成亚太地区特色鲜明的战略格局。

---

① US National Intelligence Council, *Global Trends 2025: A Transformed World*, Washington D. C.: US Government Printing Office, 2008, pp. 1-14.

(二) 国际战略中心向亚太转移

国际关系的重心正在从大西洋向太平洋转移，这可能是过去 400 年来国际关系最大的变化。尽管这个转移的过程还远远没有结束，然而 2009 年的国际形势已显示亚太地区正在成为全球新格局中的一个关键地区。过去几百年，世界的中心一直在欧美，亚太地区长期被边缘化。当今的情况逐渐出现了变化，亚太地区在全球的地位在上升。① 伴随这一变化的是，国际社会尤其是美欧战略界近年热炒"权力东移"说，提出世界权力中心和地缘政治中心由欧洲—大西洋地区东移至以东亚为核心的亚洲—太平洋地区。前美国国务卿基辛格就明确指出，世界重心将从大西洋向太平洋转移。②

奥巴马政府提出"美国是一个亚太国家"的论断，宣布要"重回亚洲"。2010 年 1 月，希拉里发表演说，宣称"亚太是全球政治、经济支轴"，是解决全世界众多挑战的"枢纽区"，并表示美国将"进一步强化与亚太的经济和战略伙伴关系"以及进一步强化在该地区的"领导地位"。③ 在"再平衡战略"（Rebalancing Strategy）的指导下，奥巴马政府在政治、经济、军事、外交等方面加大了对亚太地区的投入：政治上，美国继续巩固与日本、韩国、菲律宾等传统盟友的关系，并进一步发展了与印度、新加坡、印度尼西亚等国新的伙伴关系；经济上，美国主动参与本区域内国家发展自由贸易区，积极推动《跨太平洋伙伴关系协议》（Trans-Pacific Partnership Agreement, TPP）的谈判，力求主导本区域经济发展走向；军事上，美国继续保持前沿存在，加大与亚太国家举行联合军事演习的频度和力度，与澳大利亚签订新的军事基地使用协定，增加最先进军事武器在本区域的部署，等等；外交上，美国积极推动"前沿部署外交"（forward-deployed diplomacy），即美国将向亚太地区的每一个国家及每一个角落部署其外交资源，其中包括最高级别的官员、外交人员、开发专家，以及美国的固定资产，同时充分践行其"巧实力"外交理念，积极拓展与"敌对"政权接触的机会（如希拉里 2011 年 11 月 30 日对缅甸的历

---

① 吴建民：《2009 年国际形势回顾与思考：新国际格局的轮廓呈现》，中国网，2009 年 12 月 1 日。
② Henry Kissinger, "The Three Revolutions," *The Washington Post*, April 7, 2008.
③ 林利民：《世界地缘政治新变局与中国的战略选择》，《现代国际关系》2010 年第 4 期，第 2~3 页。

史性访问）。这些战略性举措表明，美国在为实现"21世纪是美国的太平洋世纪"而谋篇布局。

（三）俄、印、澳等大国亦加大对亚太的关注力度

日本发生"3·11"灾害后，俄罗斯立即宣布增加对日本的油气供应，以缓和因南千岛群岛问题而冷淡的两国关系。俄罗斯还与朝鲜达成修建跨朝鲜半岛的油气管道的协议。印度加快"东进"步伐。印度与日本签署自贸协定，两国还就推进核能协定的谈判达成一致。印度、越南领导人举行会晤，签署石油开发协议并启动安全对话机制。澳大利亚在加强与日本、韩国的关系的同时，加大对印度的外交力度。俄罗斯、印度、澳大利亚加大对亚太事务的参与力度，使传统以美国与东亚国家互动为核心的亚太外交内涵与外延不断扩大，亚太作为全球政治与经济重心的特征更加明显。

（四）主要战略力量在亚太既合作又竞争

亚太地区的国际大环境有利于大国间加深合作。各国经济联系和交往更加密切，包括环境治理、生态保护、流行病预防、打击毒品走私和跨国犯罪等非传统安全威胁要求各国加强合作。在世界经济还没有完全走出危机的情况下，美、日、中、印等国携手应对成为唯一正确的选择。各国积极参加亚太经合组织和东盟的各种多边合作机制框架，展开对话和磋商，效果明显。然而，大国间的矛盾不可能消除，亚太各国在领土归属、资源分割、地区形势等方面存在诸多不同的观点和看法，相互竞争的态势十分明显。美日两国相互借重，推动双边同盟向全球型与全方位发展。美俄两国在部署导弹防御系统、格鲁吉亚等多个问题上存在许多争议，美国不断挤压俄罗斯的战略空间。中美关系在奥巴马政府上台后得到进一步发展，但美国持续在人民币汇率、气候变化等问题上向中国施压，并坚持对台军售，企图使南海问题国际化。中日关系一波三折，在东海划界问题上的分歧难以弥合，日本无理地提出钓鱼岛"国有化"后，两国关系陷入困境。总之，在亚太地区，大国关系新一轮调整互动的主线是既竞争又合作，大国之间的协调明显增多，相互关系的务实性和稳定性有所上升，但利益差异不会消失，矛盾与摩擦也不可避免。

1600年以来，西方国家实现了群体性崛起，而东方国家则出现了群体性衰落。可以说，现代国际体系几乎所有的特征都是由这个变革过程塑造而成的。因此，当代国际体系的真正变革有赖于出现相反的趋势，即东方国家的群体性崛起和西方世界的普遍衰落，因为任何国家的单独崛起都无法根本改变现存国际体系的权力结构和运行方式。主要大国的战略调整导致大国关系在多个层面同时展开新一轮调适和重组。从全球范围看，传统发达国家加大对新兴大国的借重，推动新兴大国在国际体系中发挥更大的作用；同时，又对新兴大国可能对其构成的挑战加以防范和牵制，这已经构成新一轮大国关系重组的主线。中国和美国分别作为新兴大国和西方发达国家的代表，两国关系变化既体现出新兴大国和西方发达国家两大板块的变化，也将牵动新一轮大国关系重新组合。各种层面战略关系的变化并行交织，大国关系的对抗性、竞争性与合作性同时存在，而以良性互动与合作为主。

五　国际军备控制形势严峻，全球治理体系面临新挑战

各国对军事力量建设的投入未受2008年金融危机的影响。首先，加大军费投入。据公开数据显示，2009年各国的军费投入分别为：美国，6120亿美元；法国，788亿美元；俄国，667亿美元；日本，580亿美元；英国，430亿美元；印度，290亿美元。值得一提的是，印度虽然军费总额排名较靠后，但增幅达到24%。2009年12月16日，美国通过了6360亿美元的2010财年国防拨款法案，再次刷新了历史纪录。日本2010年的军事预算总额为41846万亿日元，比2009年的预算增长3%，主要用于更新军事装备，增加潜艇等武器的数量。其次，军事活动频仍。2009年，世界范围内的大型军事演习达到21场，且大多数军演在亚太和欧洲地区举行。① 其中，在中国周边举行的演习数量呈快速上升态势。这些演习具有大国主导、规模日益扩大、针对敏感区域等特征，有明显的检验军事变革成效、针对新兴大国的目的。

最后，针对太空、极地、海洋、网络的争夺日益激烈。美、俄、日等加紧制

---

① 曲星：《从当前国际形势看西方社会深层次结构性矛盾》，《国际问题研究》201 年第5期。

定新的发展战略,大力开展太空武器平台的研究。近几年,美国先后发射了"WGS-2"军事通信卫星、"战术星"-3 卫星和"战神 1 号-X"新型火箭,再次奠定了美国在外太空的领先地位。针对网络战争形态,美国成立了网络司令部,积极构建网络威慑战略。2009 年,俄罗斯出台了新国家安全战略,积极寻求与主要战略对手美国的平衡,确保俄罗斯的国家安全利益。2009 年,俄罗斯发射了 1 颗"子午线-2"军事卫星,还成功发射了 3 颗新型军用通信卫星和 3 颗"格洛纳斯-M"全球导航系统卫星,使得这一系统的在轨卫星总数达到了 22 颗。日本先后出台两版《防卫白皮书》,拓展了自卫队的职能,对周边事态的态度趋于敏感。日本还计划建立由 2 颗光学卫星和 2 颗雷达卫星组成的全球情报处理系统①。随着北极地区成为新的战略要道,俄罗斯、加拿大、美国等围绕北极地区的主权归属和军事潜力展开了激烈交锋。

主要国家继续推进战略核力量和常规力量建设,加快争夺外层空间优势、网络空间优势,积极研发和列装新型武器装备,加强战备训练,进一步调整军事部署,加强战略预置。在新一轮的全球性强军浪潮中,主要国家更加强调军事安全在国家安全中的关键地位,新的地区军备竞赛初见端倪,以信息化为核心的国际军事竞争将在更深程度、更广领域、更高起点上展开,国际军备控制形势日益恶化。"新边疆"的角逐则围绕海洋、太空与网络等所谓"全球公地"的战略优势展开。世界主要大国关于海权的竞争升温,包括不断提升海洋在国家发展与安全战略中的地位,积极推进海洋战略实施和提高海洋综合开发能力,围绕专属经济区和外大陆架划界以及战略通道安全保障问题加紧文攻武备。发达国家借助网络优势谋求在国际体系重构中的主导权,发展中国家大力缩小"数字鸿沟"、维护信息安全,网络领域的攻与防、控制与反控制、渗透与反渗透的较量逐渐激化。

中国周边面临着复杂的安全形势。美国将其战略关注重心放到亚太之后,给中国造成了巨大的战略压力。美国的"亚太再平衡"战略使中国面临很重的外部压力,中国的周边环境更加复杂。奥巴马政府对华战略的一个重要特征是"软制衡"或"制度制衡",即利用国际制度达到分散中国力量的目的,这

---

① 《全球战略角逐加剧:军事专家盘点 2009 年世界军事安全形势》,新华网,2009 年 12 月 29 日。

也是美国推行责任分担战略的一个重要体现。美国新军事战略的实施将恢复其在亚太地区的制度塑造力作为主要目标,从而对中国在亚太地区的影响力构成挑战。由于地区格局转换、大国战略转型、部分国家体制转轨等原因,中国周边地区不稳定、不安定、不确定现象日益增多,形势日益严峻。

国际力量格局的大分化、大改组和大调整所产生的各种矛盾,引发新的社会政治动荡,产生大量新的不稳定、不确定因素,对地区乃至全球秩序的未来走向将产生深远影响。

西亚北非动荡短期内难以平息且有外溢的可能。突尼斯、埃及、利比亚、也门等国政权发生更迭,叙利亚巴沙尔政权岌岌可危。埃及、突尼斯和摩洛哥三国的伊斯兰政党通过选举和平取得执政权,而阿拉伯半岛"基地"组织和马格里布"基地"组织在剧变中采取加入政治反对派或挑起教派冲突等手段,影响也有所扩大。阿拉伯民族主义抬头,地区国家反对以色列、反对西方干预本国和地区事务的情绪上升。上述因素使西亚北非形势短期内难以平稳,部分国家形势在外部干扰下有可能失控;地区国家关系面临分化重组,旧有矛盾可能会被重新激化。西亚北非动荡的影响将超出地区范围,向邻近的中亚、南亚、非洲蔓延,伊斯兰势力的兴起将使地区乃至全球稳定面临新的考验。

地区热点面临新的不确定性。"阿拉伯之春"一度使伊朗的地位增强,伊朗的"拥核"信心更加坚定,伊朗核问题再度升温。美国、英国、加拿大、欧盟、日本等加大对伊朗的制裁力度。阿富汗与巴基斯坦反恐形势并未因美国击毙本·拉登而好转。随着美国与巴基斯坦的关系恶化,美国从阿富汗撤军,阿富汗、巴基斯坦反恐面临新的挑战,地区恐怖活动可能出现反弹。巴基斯坦将面临更大的内政、外交困境,而阿富汗可能重新陷入各派力量的混战之中。朝鲜半岛逐渐走出"天安号"事件与延坪岛炮击事件留下的阴影,但韩朝互动并未全面恢复,朝核问题依然僵持。朝鲜步入"后金正日时代"使半岛形势和朝核问题的解决面临新的变数。

全球治理将面临领导缺失的困境。债务危机与国内政治两极化使美国无力继续发挥全球领导作用。根据美国未来10年削减开支的计划,国防、外交预算将被大幅削减,美国干预地区事务的能力将受到限制。在利比亚事件中,美国领导意愿下降已初露端倪。深陷债务危机的欧盟自顾不暇,在英、法、德就进一步提高欧盟的治理达成妥协前,很难在一些涉及全球治理的重大问题上达成共识。中国、俄罗斯、印度、巴西等虽在经济危机中独善其身并对世界经济增长做出重要贡献,但对解决西方的债务危机能力有限,在全球治理问题上尚不具备领导世界的实力和条件。由于缺乏强有力的领导和能够提供更多公共产品的国家,世界将进入"零国集团"时代,国际治理真空将成为世界所面临的短期乃至中期危险。

当前不断演变的国际体系表现为两大特点:权力转移带来的多元化国际秩序及国家间不断深化的相互依存;所有大小国家都面临着经济增长、能源安全和环境的可持续发展方面的挑战,这些挑战都是密切联系的,没有任何国家只靠自己的力量能够成功地加以应对。这两大发展趋势为有效的全球治理带来了难题。如今的全球治理本质上是一种全球危机处理,只有在存在全球性危机的情况下,各国才有意愿制定协调一致的多边政策。

全球治理的欧洲范式

——规范内化进程中的民事力量建构

周秋君[*]

摘　要：欧盟作为全球治理理论与实践的积极推广者，在后冷战时代的国际体系转型过程中，通过规范内化的方式构筑自身在国际社会中的民事力量，由联盟内部逐渐向国际社会释放欧洲的价值观与治理理念，使其价值理念不仅被内部成员国所消化，而且被外部国家接受并内化，以此构成了欧盟的国际规范内化路径，在适应国际体系转型的同时，提升自身在全球治理过程中的优势地位。

关键词：全球治理　欧盟　规范内化　民事力量

全球治理概念的出现，主要源自全球化使国际社会在两个方面所出现的内涵更新：一是行为体的多元化取代了传统的单一国家行为体体系，二是国际协调机制的多样化取代了以霸权主义和强权政治为特征的国际社会管理模式。这一背景凸显了那些善于运用游戏规则来实现自身目标的新型国际行为体在当今全球治理理论与实践中的重要地位。从很大程度上说，欧洲联盟（欧盟）的价值正体现于此。

冷战结束后，国际体系经历了从解构到渐进式重构的转型历程，作为体系

---

[*] 周秋君，博士，上海政法学院国际事务与公共管理学院。

单元的欧盟与其他国际行为体一样,也积极调整战略以适应新的体系特征:一方面,它通过内部改革与外部扩大来增强自身实力,应对上升中的新兴经济体对传统的实力强权所构成的挑战;另一方面,它通过内化国际规范体系的方式来塑造新的国际身份,进而争取更高的国际地位。后者虽隐藏在硬实力背后,不易被感知及衡量,却深刻地反映了新型国际体系的一大特征,即国际规范体系在调节国家关系中的价值正在快速上升。因此,探寻欧盟在新的国际背景下内化国际规范的路径,对于我们认知其在当今国际社会中的自我定位与发展前景,以及把握中欧在全球治理过程中的合作方式均有着重要的指导意义。

一 全球治理的规范内化视角

从社会学的视角来看,一个人遵守社会规范是其学习并内化这一规范的结果。在此过程中,遵守者或是受到外力强迫,或是意识到遵守规则能为自己带来实际利益,或是认同规则本身所承载的价值。国际关系中的建构主义和英国学派等社会理论借用这一视角来考察国家内化国际规范的进程,并认为国家在一个以洛克文化为主导的国际体系里遵守某种国际规则同样取决于它们对于规范的内化程度。按照由低到高的顺序,规范内化可分为三个阶段:强迫接受、权衡利弊与观念认同。这也是亚历山大·温特(Alexander Wendt)为霍布斯文化的实现途径划分的三个等级——武力(force)、代价(price)与合法性(legitimacy)——的具体含义。①

在第一阶段,国家知晓规范的意义,但遵守意愿不足。国家遵守规范是因为受到外力(主要是别国的物质力量)胁迫,而非真正认同规范的价值。国家参与规范只是一种短期的合作性行为,一旦失去外力刺激,参与者就会立即停止对规范的遵守。② 欧盟成立之初,以法国为首的西欧六国正是为了从源头上阻断德国重新武装,再掀战事的可能性,才合作设计了欧洲煤钢联营的策

---

① Alexander Wendt, *Social Theory of International Politics*, Cambridge: Cambridge University Press, 1999, p. 268.

② Alexander Wendt, *Social Theory of International Politics*, Cambridge: Cambridge University Press, 1999, p. 271.

略，企图控制战争所需的武器原料的生产。尽管统一欧洲的思想可追溯至中世纪，但就欧洲煤钢联营的目的而言，在当时是极其务实和利己的。试想如果不是发生在欧洲大陆，也没有欧洲文化所特有的深厚底蕴作为支撑，欧洲煤钢联营能否演变成今天这样的一体化局面，恐未可知。

同样，这一理论可以帮助我们理解朝鲜在《核不扩散条约》（Treaty on the Non-Proliferation of Nuclear Weapons，NPT）上的态度。事实上，朝鲜在20世纪80年代决定加入NPT的主要原因是为了消除来自美国的核威胁，并解决其核电电力不足的问题。就后者而言，当时常见的运用核能的途径是建立以低浓缩铀为燃料的轻水反应堆（Light Water Reactor，LWR）核电站。朝鲜当时未掌握该技术，需要购买，而有两个卖家摆在它面前：掌握LWR先进技术的西方国家（如加拿大、瑞士、法国等）受制于巴黎统筹委员会（Committee for Multilateral Export Controls，CoCom）而无法与其交易，可出售技术的东方卖主苏联则强迫其签署NPT。考虑到该技术事关切身利益，因此朝鲜参与了当时的国际核合作，于1985年12月12日加入了NPT。但后来朝鲜感觉到来自苏联方面的压力日益消退，而它对于美国的恐惧却丝毫未减，在这种情况下，朝鲜在发表两次声明后，最终于2003年1月11日正式退出了NPT。

在第二阶段，国家遵守规范是出于利己主义的考量，因为对规范采取合作态度能为它带来安全、贸易等实际利益。① 由于对规范的服从是工具性质的，所以只有当国家认为其自身利益没有受到外部威胁时才会遵守；而预计遵守成本高于获利时，就会自动放弃合作行为。欧洲从由松散个体组成的聚合体发展成为高度一体化的联盟，在很大程度上也是成员国权衡过"以欧洲的名义"所产生的效益后所做出的理性选择。在欧洲一体化的进程中，贸易政策往往更容易吸引个体国家让渡主权，因为前者带来的是可量化的直接利益。即便是2009年年底爆发的希腊主权债务危机冲击了整个欧元区，但欧元区的领袖们仍然相信，统一的货币和经济客观上为他们带来的价值要远远大于各自散去的结果。而与经济相比，外交与安全领域的政策却因为成员国不愿让渡权力给集

---

① Alexander Wendt, *Social Theory of International Politics*, Cambridge: Cambridge University Press, 1999, p. 271.

体行动而仍然停留在某种国家间政策的水平上。

相同的理论还可以帮助我们解释美国在国际环境合作领域的"两面派"作风。一方面,美国是国际环保组织的主要倡导者及创始者,积极推动着全球范围内的环保事业向前发展;另一方面,它又是当前全球环境治理行动的主要障碍,代表这一集体行动的《京都议定书》要求签署国减少导致全球变暖的温室气体排放,而因为担心议定书要求的气体排放量的标准会给美国工业造成高昂的代价,美国参议院在1997年7月25日通过了伯瑞德-海格尔决议（Byrd-Hagel Resolution）,警告政府不要签署《京都议定书》,否则将"严重损害美国经济,包括大量失业、贸易劣势、能源与消费成本增长,或是它们的任意组合……"① 尽管时任美国副总统阿尔·戈尔（Al Gore）在1998年签署了议定书,但政府一直未将它提交国会批准,使其签名形同虚设。

在第三阶段,国家遵守规范是因其接受规范所承载的价值观,此时国家的身份和利益都是内生于规范的,或者说是被规范所建构起来的。行为体与他人的期望认同,把自我作为他者的一部分或是他者的映射。② 此时国家分享一种合作文化,它在国家间建构起积极的身份认同,因此国家是在集体身份的基础上进行合作的。每一个成员都视自我的利益为"它们的"共同利益的一部分,并且相信有益于自己的事情也同样有益于"它们的"利益。在这种情况下,国家被信心和信任维系在一起。在当今世界范围内,欧盟仍是最好的例子。虽然欧盟成立之初是受功能主义观念的驱动,成员国既惧怕德国重整军备,再酿祸端,也急于从战争中恢复过来,就像《舒曼宣言》里所描绘的那样："集中煤炭和钢铁的生产应当立即为经济发展提供共同基础,以作为欧洲联盟的第一步,它将改变那些长期致力于军火生产且受害于这类生产的地区命运。"③ 然而一体化的推进逐渐使成员国感觉到,如果按照共同的原则和标准办事,可能会更好地解决国内和跨国问题;而如果将它们的利益内化到一个更深的层次,将比独自行动更容易实现目标,即使这意味着必须将自己的部分主权让渡给共

---

① Byrd-Hagel Resolution（S. RES. 98）, http://www.nationalcenter.org/KyotoSenate.html.
② Alexander Wendt, *Social Theory of International Politics*, Cambridge: Cambridge University Press, 1999, p. 273.
③ Declaration of 9 May 1950, http://europa.eu/abc/symbols/9-may/decl_en.html.

同体。因此，它们选择建立一个共同行动的政策框架，使所有成员国未来的行动都在这个更加一致与一体化的框架内进行。从共同市场到单一货币，从移民政策到学生交流项目，刺激国家合作的显然已不仅是物质因素，还有越来越多的合作文化，包括个别国家的偏好，以及对它们共有规范的忠诚与认同。

由此可见，对国际规范的内化程度越低，国家在合作时的自我意识便越弱，合作也就越不稳定；相反，内化程度越高，则规范遵守国的自我意识也就越强，合作行动也会越稳定、越持久。当今国际社会中，主权、市场、国际组织和国际条约等基本制度的作用正随着日益突出的人口、环境、恐怖主义等非传统安全问题而变得越来越重要，作为规范体系的参与者，欧盟所呈现出来的绝不只是简单的合作行为，更多的是利用其"民事强权"的优势，在国际规制的构建与推广中释放自身的价值观和治理理念。

二 欧盟从联合自强到民事强权

冷战后，欧盟应对国际体系转型的方式是致力于欧洲一体化的深化与扩大。欧盟通过联合自强掌握了国际经济领域中的话语主导权，同时通过实践与推广善治理念在国际社会中为自己构筑了强大的"民事力量"（civilian power），使欧洲在与其他国际强权的竞争中占据更大的优势。

自成立伊始，欧盟就一直致力于欧洲一体化的双重建设：在外部扩大方面，欧盟从20世纪70年代开始先后经历了六次扩大，从最初的6个国家发展为一个涵盖27个国家，拥有超过4.8亿人口、12万亿美元国民生产总值的当今世界经济实力最强、一体化程度最高的区域合作组织。在内部深化方面，它的目标是推动欧洲政治一体化进程。与经济领域所取得的巨大成就相比，政治整合的过程明显要艰难得多。纵观欧盟的发展历史，政治整合的动力源除了政治精英的推动外，通常还与三个因素有关：一是经济一体化的推动。欧洲经济共同体在20世纪60年代就统合了成员国的农业政策和对外贸易政策，逐步取消了成员国之间的关税，使欧盟取得了巨大的经济成就。经济利益共享的事实为政治整合奠定了基础。二是解决"扩容后遗症"的需要。随着成员国数量的不断增加，欧盟内部的集体决策过程也变得日益复杂和低效，而要解决这个瓶颈问题，也必须推动政治一体化的发展。三是来自外部环境的压力。尤其是当经济危机到来的时候，成员国投入经济一体化的积极性就会受挫，而在经济合作动力不足的情况下要确保自身的战略安全和国际地位，就更需要提倡经济以外的各项合作，协调共同外交与安全政策，以抵制可能化解联盟的外部力量。在20世纪70年代初的石油危机、80年代初的世界经济危机等世界经济衰退期，欧盟在政治上的合作反而进行了一定的强化，一种现实主义的解释是，70年代兴起的民族独立运动在1973年的石油危机中冲击了国际经济旧秩序，震动了与前殖民地有密切联系的西欧国家。为了同以石油生产国和原料供应国为主的发展中国家达成妥协和保持密切关系，西欧必须在对外政策领域加强协调，从而促使其在当时采取一致行动。[①]从20世纪70年代开始，欧盟相继推出了一系列条约，为深化内部整合配置法律框架，并最终于1991年成立了真正的"欧洲联盟"。欧盟的经验是通过整合资源形成合力，提高国际竞争力。

当然，经济成就只是构成欧盟国际地位的一个部分，更重要的部分来自这个独特实体的民事力量。尽管谈及欧盟的"民事强权"身份，多少有反衬其军事软弱的意思，但一个无可争辩的事实是，"布鲁塞尔正在成为世界的规制之都"[②]。欧盟治理模式中的法律性、规范性和集体认同等软实力要素，不仅是欧盟这座大厦得以存在的基础，而且是其发展为一个更紧密的国际行为体的内在动力，更是欧洲影响国际社会形成新的全球治理观的独特方式。

欧盟究竟如何凭借其在规范领域内的作为来构建有别于其他国际行为体的力量，这一点在学界对"欧盟"的各种解读中已有不同程度的体现。较早研究欧盟对外事务的英国学者布莱恩·怀特（Brian White）在其《理解欧洲对外政策》（*Understanding European Foreign Policy*）一书中揭示了这样一个事实：冷战后欧洲越来越表现出与美国分道扬镳的姿态，不仅在贸易问题上与后者发生冲突，更重要的是在自我身份的定位上有了明显的变化，似乎要向外界证明自己不仅是"全球政治中的强大出拳者"，而且是"争取同美国平等的地位的

[①] 房乐宪：《欧洲政治一体化：理论与实践》，中国人民大学出版社，2009，第93页。

[②] "Brussels Rules OK: How the European Union Is Becoming the World's Chief Regulator," *The Economist*, September 20, 2007.

强劲竞争者"①。这种竞争力正是来自拥有法治传统的欧洲对规制力量的培植与使用。

在许多人眼里,欧盟这个独一无二的国际行为体意味着"成套的隐性或显性的协商一致的原则、规范、规则、程序和方案,用以管理行为体在具体问题领域里的互动"②。联盟的诞生实际上就是欧洲人用条约(煤钢联营)的方式在欧洲内部消解德国威胁的实践。表面上条约限制了德国,实际上却是在以共同内化规范的方式与德国一起践行欧洲精神与价值理念,用克里斯托夫·派宁(Christopher Piening)的话说,欧盟不仅仅是其组成部分的总和。它是包容的而不是排他的,将它的成员庇护在其用条约建筑起来的城墙里,又反过来从共同的意志中提炼出自己的力量与权威。③ 弗朗克·佩蒂特维勒(Franck Petiteville)则更深入一步阐述:欧盟外交的"民事型"(civilian)特征就是在与外部合作时注重价值输出。④

欧盟通过利用规制力量实现善治目标的路径主要有两条:一是通过制度设计将社会治理纳入统一的法律框架,由此引出的另一条路径是通过统一的规范体系培育欧洲的观念认同感。

在制度设计方面,欧盟对内通过法律(包括立法和司法)途径来规范成员国与欧盟机构之间的关系,不仅使欧盟的目标法律化,而且统一了成员国的行为标准,使成员国朝着一致的目标发展。对外,欧盟无疑"正在赢取规制竞争"⑤。欧盟在食品、健康、环保等领域内所设定的标准由于被越来越多的跨国公司所信奉并实践,"欧洲标准"转而成了"全球标准",从而使欧盟成为

---

① Brian White, *Understanding European Foreign Policy*, Houndmills, Basingstoke and Hampshire: Palgrave, 2001, p. 1.
② Ben Soetendorp, *Foreign Policy in the European Union: Theory, History and Practice*, London: Longman, 1999, p. 11.
③ Christopher Piening, *Global Europe: The European Union in World Affairs*, Colorado and London: Lynne Rienner Publishers, 1997, p. 193.
④ Franck Petiteville, "Exporting 'Values'? EU External Co-operation as a 'Soft Diplomacy'," in Michèle Knodt and Sebastiaan Princen, eds., *Understanding the European Union's External Relations* Oxon: Routledge, 2003, pp. 127–141.
⑤ "Brussels rules OK: How the European Union Is Becoming the World's Chief Regulator," *The Economist*, September 20, 2007.

全球性的规制者。

在观念认同方面，欧盟内部一直保留着积极的讨论空间，其学术界长期以来充当着思想先行者的角色，在欧盟属性、治理模式以及未来去向等问题上有着不计其数的理论成果。日常生活中，象征欧洲一体化的符号也扮演着不断强化欧洲集体归属感的角色。更为重要的是，当成员国在履行那些蕴含了欧盟价值观的规则与标准时，实际上就已经对联盟的各种价值观进行了自我内化。以入盟标准为例，每一个新成员国在入盟谈判中都必须采纳欧盟现有的法律体系（所有欧共体法律、条约和裁决），而且必须实施这些规则；欧盟委员会将始终密切监视这个进程。① 与此同时，欧盟所秉持的价值观也经由它所设立或倡导的国际制度载体（国际组织、国际条约等）被其他国际行为体所认知并吸收。正是通过这样一种靠规则带动观念认同的方式，欧盟为自己在国际社会中构建了"民事强权"的地位。

三　全球治理的欧洲方式：自内而外的规范内化路径

欧盟与国际体系互动的主要方式是培育和施展其民事力量，这说明它对于国际规范的内化程度较高，加之现行的国际规范体系的创制大多有欧洲发达国家的参与，因此欧盟也就自然地成为国际规制的主要维护者和推广者。

自从前伦敦国际战略研究所所长弗朗斯瓦·杜切尼（François Duchêne）在 20 世纪 70 年代初提出"民事力量的欧洲"（Civilian Power Europe）②的观点后，关于欧盟国际形象的争论大都纠结于对欧盟的民事力量与军事力量的比较上。③ 丹麦学者伊安·曼纳斯（Ian Manners）认为这实际上是"不恰当地把

---

① 《更加统一，更加多样》，欧盟驻华代表团，2004 年 4 月。
② François Duchêne, "The European Community and the Uncertainties of Interdependence," in M. Kohnstamm and W. Hager, eds., *A Nation Writ Large? Foreign - Policy Problems before the European Community*, London: Macmillan, 1973, pp. 19 - 20.
③ 德国政治学家汉斯·莫尔（Hanns Maull）对"民事力量"做过如下界定：①在追求国际目标时接受与他人合作的必要性；②关注于用非军事手段——主要是经济手段——来确保国家目标的实现，军事力量被留作服务于维护其他国际互动手段的剩余工具；③有意发展超国家结构以满足国际管理的关键议题。Hanns Maull, "Germany and Japan: The New Civilian Powers," *Foreign Affairs*, Vol. 69, No. 5, 1990, pp. 92 - 93.

欧盟视如一个国家"①，而将评价一个传统政体的国际影响力的标准用于欧盟这个独特的政体并不十分恰当。虽然欧盟不具备传统民族国家所掌握的军事力量，但是能和民族国家一样对国际关系施加重要影响，这种影响力不是来自硬实力，而是来自它所倡导的国际价值观和它在国际社会中积极推行多边主义的姿态；曼纳斯称之为"规范性力量的欧洲"（Normative Power Europe），并为这种规范性力量概括出五项核心规范（core norms）（和平、自由、民主、法制和人权）和四项次要规范（minor norms）（社会团结、反歧视、可持续发展和善治）②。纵观欧盟在国际体系转型中的表现，我们不难发现它实际上使自己的规范性力量经历了一个从内部化到国际化的发展过程。

首先，欧盟在一体化过程中通过林林总总的法律文件不断强化成员国"共同的未来""共同的目标""共同体的方式"（in the Community way）等代表集体身份意识的概念，而这种身份的基础是对联盟基本价值的认同和实践，欧盟承诺，它"对所有尊重联盟之价值、并致力于共同推进这些价值的欧洲国家开放"③，这些价值包括"尊重人的尊严、自由、民主、平等、法治及人权"④。欧盟还以入盟标准的杠杆将共同的价值观和政治结构安排引入新成员的国内政治中，通过接受入盟的严格程序，对申请入盟的成员国实施结构性影响。这种程序包括：与非成员国建立入盟前的联系体制、给予候选国资格、展开入盟谈判、最终吸纳新成员国。⑤ 通过这样的方式，欧盟将它处理内部国家间关系的规范体系施加给未来的成员国。

其次，欧盟通过发展共同外交与安全政策来促进政治整合的做法，有助于欧盟以更加明确的身份在对外关系中推广其所坚持和倡导的国际关系理念。《欧洲宪法条约草案》第III-193条指出："欧洲联盟在国际舞台上的活动，以一些

---

① Ian Manners, "Normative Power Europe: A Contradiction in Term?" *Journal of Common Market Studies*, Vol. 40, No. 2, 2002, p. 239.
② Ian Manners, "Normative Power Europe: A Contradiction in Term?" *Journal of Common Market Studies*, Vol. 40, No. 2, 2002, pp. 242-243.
③ 《欧洲宪法条约草案》，第I-1条。草案中文版引自曹卫东编《欧洲为何需要一部宪法》，中国人民大学出版社，2004。
④ 《欧洲宪法条约草案》，第I-2条。
⑤ 陈志敏、古斯塔夫·盖拉茨：《欧洲联盟对外政策一体化》，时事出版社，2003，第323页。

原则为基础，这些原则支配了欧盟的成立、发展和壮大，欧盟亦向世界其余部分尽力推广这些原则。这些原则就是：民主、法治、人权与基本自由的普遍性和不可分性、尊重人的尊严，以及源自《联合国宪章》的平等原则、共同负责原则和对国际法的尊重。"① 在对外关系中，欧盟更提倡政治对话、斡旋及多边协商等柔性外交手段，这与偏好用武力解决问题的美国形成了鲜明的对照。

最后，欧盟更为国际化的表现是通过国际制度体系推广它的价值观和治理模式。欧盟重视制度化建设源于欧洲深厚的法治传统，其创始人让·莫内（Jean Monnet）认为："无人则不成事，无制度则事不长久（Nothing is possible without people, nothing can last without institutions）。" 欧盟不仅在内部构筑起以条约为基础、以"三驾马车"为支柱的制度体系，而且向外推广这种制度化合作的精神，通过积极参与国际组织和其他的多边合作载体来影响和创设符合欧洲价值观的全球议程。

在曼纳斯看来，欧盟有六种传播规范的方式：①自然感染性传播（contagion），这种传播并非欧盟有意为之，而是源于规范本身对外界的吸引力；②信息化传播（informational diffusion），它是一种战略性的沟通安排，如欧盟倡议的政策措施、轮值主席国或欧盟委员会主席的倡议等；③程序性传播（procedural diffusion），它发生在欧盟与第三方关系的制度化过程中，如一项区域间的合作协议、国际组织的成员身份等；④物质转让性传播（transference），即欧盟在与第三方的经济互动（贸易、援助等）中附加某些政治条件以输出规范，如"胡萝卜+大棒"政策；⑤公开化传播（overt diffusion），即通过正式的外交渠道（如驻外使团或成员国的大使馆）表明欧盟所秉持的价值规范；⑥文化接触性教化（cultural filter），即通过与第三方的互动，共同建构起某种知识并形成相关的社会与政治认同，从而诱使对方学习和内化欧盟规范，比如，在土耳其传播人权观、在英国传播环境准则等。② 从这些传播渠道来看，欧盟内化国际规范的方式主要是维护和推广"欧洲规范"，并使其成为被国际社会其他成员所认同的"国际规范"。当然，欧洲规范的"国际化"除了有欧盟的积

---

① 《欧洲宪法条约草案》，第Ⅲ-193条。
② Ian Manners, "Normative Power Europe: A Contradiction in Term?" *Journal of Common Market Sutudies*, Vol. 40, No. 2, 2002, pp. 244-245.

极作为外，还有赖于欧洲一体化模式本身的示范效应。

就积极作为而言，欧盟一向致力于推动其他国家进入 WTO 的制度框架，并监督后者在保护国际贸易环境和知识产权等领域的表现；它是 20 世纪 90 年代中期亚欧区域合作进程的主导方，亚欧会议（Asia-Europe Meeting，ASEM）的议程设置中嵌入了明显的欧盟影子；它致力于以多边合作方式解决全球问题，比如，它是《京都议定书》的主要倡导者和最大的国际援助方；它还在对外援助中越来越多地通过强调政治条件来发挥影响，比如，它在 2000 年 6 月与 77 个非加太国家签订的《科托努协定》（Cotonou Agreement）中加入了人权条款及违反该条款的处理程序①；等等。

与此同时，欧盟规范本身也在"欧洲经验"的示范效应中产生了一种同化力量。欧洲一体化的不断深入与扩大使得这一区域主义的合作模式越来越受到世界其他国家和地区的学习与效仿。以亚洲为例，东盟自由贸易区（AFTA）、东盟"10+1"、东盟"10+3"、中日韩对话等合作机制都被视为受到了欧盟启发的东亚一体化雏形，而关于欧盟模式究竟能否本土化的讨论也是数不胜数。曾担任法国驻日大使馆贸易与经济公使衔参赞的丹尼斯·特森（Denis Tersen）为欧洲经验的亚洲化方案总结过这样一些内容：①以集中资源的方式设定并具体实施共同项目；②强而有力的政治承诺与领导；③类似法德引擎作用的核心集团；④国内改革的承诺；⑤贸易自由化和不对等的自由化；⑥承认贸易的动态效果而不是停留于静态的比较优势。② 而他认为引导所有这一切的，在于"欧盟成员国之间拥有共同的价值观，民族主义、市场经济、福利社会或者说社会关联性是其支柱"③。不难想象，当其他国家在学习欧洲经验时，势必也会对那些包括欧盟制度设计和共同价值观在内的重要内容进行学习和内化，将其中的合理成分转化为自己的规范；欧盟的"民事强权"身份也经由

---

① 参见李明明《变动中的欧盟国际角色：从传统国家力量到后民族身份》，《上海交通大学学报》（哲学社会科学版）2009 年第 4 期，第 40～41 页。
② Denis Tersen, "Economic Integration: What Can Asia Learn from the European Experience?" *Miyakodayori* 35, April 30, 2002, http://www.rieti.go.jp/en/miyakodayori/035.html.
③ 丹尼斯·特森在日本经济产业研究所（RIETI）圆桌会议"处于 21 世纪东亚的日中关系：经济联盟的机遇和阻碍"（2001 年 4 月 13 日）上的发言稿《欧洲关于区域性经济联盟的经验》，http://www.rieti.go.jp/cn/projects/munakata3.pdf。

这些有意识的推广或无意识的"被学习"过程得到了强化。

四 结语

规范内化对于国际关系之所以重要，是因为国际行为体在某种程度上像人一样，是在自身观念与身份的指导下有意识地与国际体系及其他行为体进行互动，不存在不受观念控制的国家行为。因为不同国家在国际规范体系内部所处的发展阶段不同，因此其内化方式也有差异。比如，同样面对转型中的国际体系，中国与国际规范的互动方式是一种从体系外到体系内的规范内化路径，完成了从国际制度体系的挑战者到国际制度体系的参与者和维护者的身份转变；而欧盟由于本身就在体系内部，参与程度较高，因此其互动方式是一种从内部化到国际化的规范内化路径，通过成员国对共有规范的学习消化，在内部形成一种强大的认同力量，进而以联盟为主体向外扩散，使欧洲规范所承载的法治精神与价值内涵为其他国际行为体所接受并内化。

正是由于这个观念建构的进程，欧洲在过去的半个多世纪里获得了巨大的成就。今天，欧洲已不仅是一个拥有欧盟委员会、欧洲议会、欧洲委员会、欧洲法院等实体组织的独特机体，还是一种拥有欧元、欧洲日（每年的5月9日）、申根签证等大量象征性元素的特殊身份。所有这些元素都在不断地强化着成员国的集体身份。虽然深化与扩大之路总是一波三折，比如，2004年10个东欧国家同时入盟前，新、老欧洲不仅在经济上的依赖性很不对称，战略文化上的差异也导致了它们在伊拉克问题上的对立站位，令欧盟的集体身份认同进程一度受挫；至今尚未走出困局的欧债危机也难免引发外界对欧盟前途的种种质疑。然而，我们不应忽视欧盟所拥有的一件强大武器，这件武器在联盟内部表现为成员国内化共有规范的技巧与诚意，在外部则表现为联盟释放欧洲规范体系的努力。只要欧盟运用好这件武器，那么它不仅可以走出眼下的危机，在一体化的道路上继续走下去，还能在全球治理的合作中扮演更加重要的角色，在国际社会中树立一个更有责任感也更善于担当的欧洲形象。无论如何，欧盟的规范内化路径已经成为区域一体化进程的一种范式，足以为其他正在进行中的区域整合试验——不论发生在北美还是东南亚——提供不少借鉴。

二
中国与主要国家利益共同体：
战略分析与政策设计

定位中美关系：模式与进程
——构建中美"利益共同体"的现实路径

张晓通　刘振宁*

摘　要：处理好中美关系事关中国外交全局，是中国延长战略机遇期的关键，定位好中美关系又是处理中美关系的关键。自冷战结束以来，中美关系的定位一直是个难题，双方在此问题上鲜有共识。因此，研究中美关系的定位，以求在此问题的认识和研究方法上有所突破，对营造中国发展的外部环境、构建中美"利益共同体"有着重大的现实和理论意义。定位中美关系，既需要政治精英们的好点子，提出中美关系的模式，也需要经过国内和国际两个进程的检验、试错，以最终确定两国关系的定位。

一　关于中美两国关系定位进程的分析框架

我们认为，定位两国关系一般需要分两步走。第一步是提出定位，即一国的政治精英基于国内外形势、意识形态、选举政治等因素，初步提出对另一国的关系定位。第二步是检验和匹配，具体包括国内和国外两个进程。

---

* 张晓通，武汉大学政治与公共管理学院副教授，国家领土主权与海洋权益协同创新中心研究员；刘振宁，武汉大学政治与公共管理学院研究生。

在第二步中，国内进程指该国内部官僚机构、国会议员、各利益团体展开博弈，对已经提出的定位进行检验。推动国内进程的动力有三个。一是党派矛盾，如共和党与民主党，候选总统与现任总统。二是机构间的矛盾，如国会与行政部门、政府内部不同力量的博弈，例如，美国小布什时期国务卿鲍威尔与国防部部长拉姆斯菲尔德在对外政策上的不同态度等。据《拉姆斯菲尔德回忆录》显示，他与鲍威尔在伊拉克战争爆发前美国应该采取何种对欧外交态度的问题上的意见截然不同，他坚持将欧洲分为"新欧洲"和"老欧洲"，并采取"分而治之"的策略，但这种政策导致欧洲强烈反弹，严重影响了美欧关系并最终让他丢掉了乌纱帽。三是国内大辩论，指社会各界人士就两国关系进行的大讨论。

国外进程指两国通过政经互动，对各自提出的双边关系定位进行匹配。国外进程一般有两种表现形式。一是高访模式，即两国领导人互访。高访前两国外交或经济部门负责人会通过演讲等方式，抛出定位两国关系的初步想法，然后经由高访确认，写入联合声明。二是跨国辩论模式，即两国甚至第三国官员和学者"隔空喊话"，通过呼吁、辩论等方式对两国关系定位进行讨论，并对两国政府如何定位双边关系产生直接影响。

通过国内、国外两个进程的检验和匹配，两国关系定位可以确立或不确立，从而对两国关系发展产生正反两方面的影响。

二 中美关系定位的模式及其变迁

（一）克林顿时期：中美"建设性战略伙伴关系"

1997年10月底到11月初，江泽民对美国进行国事访问。这是中国国家元首12年来第一次对美国进行国事访问。双方在联合声明中写入"共同致力于建立中美建设性战略伙伴关系"。中美关系开始明显改善。

冷战结束后，中美关系经过几年的震荡，美国希望看到的中国崩溃和由美国主导的"单极世界"并没有出现，而美国国内发展对华经贸关系的诉求越来越强。在这一背景下，美国决策者终于下决心致力于改善中美关系。

美国政策的明显调整发生于 1996 年 5 月前后，也就是经历了紧张不安的第三次台海危机之后。5 月 3 日，美国国防部部长佩里在哈佛大学肯尼迪学院发表了关于预防性防御的新观念的演说："中国是世界上的一个大国，我们与其有着重要的共同利益，也有突出的分歧，但我们相信，事关战略意图时，接触几乎总是比漠视要好。"5 月 16 日，克林顿总统在亚太名人的一次晚餐会上的致辞中发出希望改善中美关系的明确无误的信息，他说："我想改善与中国的关系。我承认一个中国的政策。""我希望我们两国之间能增进了解。"翌日，克里斯托弗国务卿做了他任内唯一的对华政策演说。他首先强调："我们与中国的关系事关重大。中国的未来将对亚太地区以及世界的安全与繁荣产生深远的影响。""从朝鲜到南沙群岛，中国可以使亚洲的天平或者向稳定或者向冲突倾斜。"他还说："美国与中国有许多共同利益，只有当我们两个国家建设性地、公开地打交道时，这种利益才能为我们服务。"

此外，克林顿政府还加强了对华政策的协调，为后来双边关系能有一个明确统一的定位打下了基础。在克林顿第一任期，美国对华政策政出多门，各个政府部门按照各自的理解和需要执行自己的对华政策，它们所发出的信息是不一致的，甚至是矛盾的。美国对华政策前后也是不连贯的，典型的例子就是给李登辉访美发放签证一事。美国政府没有从战略全局、美国的长远利益和根本利益出发来看待中美关系，因此往往只看到中美关系中的一个个具体的问题和争议，如知识产权问题、纺织品配额问题、人权问题等，于是中美关系问题层出不穷。中国在一些美国政治家眼中成了"问题国家"。虽然中国政府一直十分重视中美关系，把它视为中国外交的重中之重，并且提出了"增加信任，减少麻烦，发展合作，不搞对抗"作为处理中美关系的方针，但美国方面却迟迟没有做出积极反应。为纠偏，克林顿支持国家安全事务助理安东尼·莱克把对华政策统管起来，承担起在各个政府部门之间进行协调的责任。1996 年 7 月莱克对中国的访问是一次很重要的访问。莱克从国际关系的大局，从美国的长远利益来阐述美国对华政策，试图恢复与中国的战略对话，决心不再以偏概全，不让那些具体问题支配整个中美关系，更不让它们破坏中美关系。自冷战结束之后，这是美国第一次重新从战略角度审视中美关系。从莱克访华之后，中美关系出现持续改善的势头，两国之间的高层互访不断，军方交流恢复。①所有这些为接下来江泽民访美时双方同意确立"建设性战略伙伴关系"的新定位做好了铺垫。

（二）小布什第一任期：从"战略竞争者"到"非敌非友"再到"建设性合作关系"

克林顿政府改善对华关系并确立"建设性战略伙伴关系"定位遭到由共和党主导的国会的强烈反对。他们提出所谓"政治献金"、休斯—劳拉卫星调查事件、考克斯报告、李文和间谍案、台湾安全加强法案等一系列事件来诋毁中美关系，大大恶化了两国关系。他们认为克林顿政府过于重视中美关系，而轻慢了美国在亚洲的传统盟国日本和韩国，把克林顿对中国的访问称作对中国的"叩头"。他们反对中美两国"共同致力于建立中美建设性战略伙伴关系"的提法，认为两国是竞争者。1999年11月19日，小布什在加州里根图书馆做对外政策演讲，讲到中国时，他说："我们必须把中国看清楚，而不是通过装腔作势和伙伴关系的透镜。所有这些事实都是我们必须加以面对的。中国是竞争者，而不是战略伙伴。我们必须不抱恶意地与中国打交道，但也必须不抱幻想。"在另外一个场合，小布什更把中国称作"战略竞争者"。赖斯也写道："中国不是'现存的'大国，而是一个试图改变亚洲力量的均势并使自己得到好处的大国，仅凭这一点，它就是一个战略竞争者，而不是克林顿政府所称的'战略伙伴'。"除了小布什外交政策班底强烈的"新保守主义"色彩之外，我们可以看到共和党人否定克林顿的对华政策定位也是出于选战目的。本来1997年两国领导人并没有说，现实的中美关系已经是"战略伙伴关系"，只是表明了致力于建设这样一种关系的意愿。②但共和党人还是出于党派之争，对克林顿政府的对华关系定位进行了批评，并提出对华政策新的定位。2001年小布什上台之初，即将中国定位为"战略竞争者"。

但布什政府内部对中国和中美关系的看法并不是铁板一块。在"9·11"事

---

① 陶文钊：《朝着建立长期稳定、健康发展的中美关系前进——近年来中美关系发展回顾》，《太平洋学报》1998年第2期，第21页。

② 陶文钊：《布什当政以来的中美关系》，《同济大学学报》（社会科学版）2004年第2期，第2页。

件发生之前,美国政府中有三种看法。以国务卿鲍威尔为代表的是与中国接触派,他在2001年1月任命其为国务卿的国会听证会上表示,"中国不是战略伙伴,但中国也不是我们无法避免和不可改变的仇敌。中国是一个竞争者,一个地区的潜在对手,但它也是贸易伙伴,美国愿意在两国战略利益重合区,如朝鲜半岛进行合作"。以国防部长拉姆斯菲尔德为首的一派则对中国的军力、战略意图、对台湾的政策,以及在大规模杀伤性武器的扩散方面的情况持十分怀疑的态度。在2001年6月的一次采访中,他指责中国、俄罗斯和朝鲜"是导弹技术和大规模杀伤性武器的主要扩散者,它们的所作所为导致了不稳定,破坏了世界的均势"。小布什本人的观点基本居于两者之间。但国防部和国务院都同意日本在美国的东亚战略中起主导作用。他们认为克林顿政府愚弄和贬低日本,布什政府应当遵循不同的方针,其中包括鼓励日本修改宪法,使日本在美国领导的亚洲沿海的同盟链中起更关键的作用,使日本在地区安全中的作用更加明确。小布什政府的人员构成也反映了小布什更重视传统盟友,忽视中国、排斥中国的倾向。布什政府中在亚洲政策方面起主导作用的官员里没有中国问题专家。副国务卿阿米蒂杰、助理国务卿凯利、国家安全委员会负责亚太事务的资深主任帕特森都是日本问题专家,国防部副部长沃尔福威茨是印度尼西亚问题专家[①]。

国务卿鲍威尔在小布什政府对华关系定位中发挥了重要作用,并提出了"非敌非友"说。2001年7月28日,鲍威尔对中国进行访问。谈到对中美关系的定位时,他说,他不选择"伙伴"和"敌人"这两个词中的任何一个,"美中关系是如此复杂,又包括很多方面,所以简单地用一个词来概括是不正确的。这是一个复杂的关系,但也是一个越来越将建立在友谊和信任的基础上的关系、建立在共同努力解决问题的基础上的关系"。鲍威尔的这一说法是对"战略竞争者"提法的一个修正。这一表态可以看作布什政府已经正式决定以后不再用"战略竞争者"或"竞争者"的说法来定位两国关系。这次访问是修复两国关系的重大努力,可见在"9·11"事件发生之前,中美关系已经开始改善[②]。

[①] 陶文钊:《布什当政以来的中美关系》,《同济大学学报》(社会科学版)2004年第2期,第2页。
[②] 陶文钊:《布什当政以来的中美关系》,《同济大学学报》(社会科学版)2004年第2期,第4页。

2001年10月19日，江泽民主席与来上海参加APEC领导人非正式会议的布什总统举行了会谈，双方就中美关系和反对恐怖主义等重大问题深入交换了意见，达成共同努力、发展建设性合作关系的共识。这样，在两国领导人之间就取得了一个新的共识。

（三）小布什第二任期："负责任的利益攸关方"

2005年9月，美国常务副国务卿佐利克发表了题为"中国往何处去？从正式成员到承担责任"的演讲，提出"美国和中国是国际体系中两个重要的利益攸关的参与者"。所谓"利益攸关方"，用佐利克的话解释就是：美国"在政策方面需要看得更远一些"，即美国现行与中国"接触"的政策应该向前延伸，覆盖更多领域。既然"利益攸关"，双方就应该共同担负国际关系领域中的权利与义务，例如，安全、防扩散、东北亚和伊朗核问题等①。2001年小布什上台前后，曾一度将中国定义为"战略竞争者"，"利益攸关方"的提出与小布什第一任期初期时的立场形成鲜明对比，表明美国在看待中国在国际体系中的地位和作用方面发生了重大转变。

美国对华认识的根本性调整出现在2005年美国国内的中国问题辩论之后，经过超过半年的激烈论战，各方最终产生两大共识：一是中国的崛起无法阻挡，二是中国崛起后的前景难以预测。此后，佐利克才正式提出"负责任的利益攸关方"的概念，并为美国政府所采纳②。

有必要指出，美国官员虽然提出了"负责任的利益攸关方"的概念，但也明确表示中国尚未"达标"。2006年8月3~4日，美国美中经济与安全审议委员会在国会以"中国是负责任的利益攸关方吗"为题举行了听证会。美国国务院负责东亚和太平洋事务的助理国务卿帮办柯庆生明确表示，中国现在还不是"负责任的利益攸关方"，除了军事不够透明之外，它在国际上的一些作为也令美国失望。在他看来，这只是一个实现互利合作所需的基本步骤，并非现实。2007年2月2日，在美中经济与安全审议委员会举行的听证会上，

---

① 梁亚滨：《从利益攸关方到战略再保证：霸权衰落下的中美关系》，《当代亚太》2010年第3期，第24页。
② 刘卫东：《G2、"中美国"与中美关系的现实定位》，《红旗文摘》2009年第13期，第6页。

他再度明确了这一定性。这就意味着,"负责任的利益攸关方"的提法并非对中美关系性质的准确描述,只是一个远期目标或者按照柯庆生所言是"为实现互利合作所需的基本步骤",从而缺乏持久的生命力,热炒了一阵之后就归于平静。此外,有学者认为,虽然"利益攸关方"的定位在当时对进一步推进中美合作有一定的积极意义,但双方在"谁之责任"、"对谁负责"、"负什么责"及"何为负责"等一系列问题上仍存在明显的认知差距。①

(四) 奥巴马第一任期:中美相互"战略再保证"(strategic reassurance)

2009年9月,美国副国务卿斯坦伯格在华盛顿演讲时首倡中美相互"战略再保证",并提出,"我们(美国)和我们的盟国不会遏制中国,相反,我们欢迎中国作为一个繁荣的大国崛起。但是,中国也应设法让其他国家放心,保证其发展和壮大不以他国的安全和幸福为代价"。为此,"双方必须致力于缓和彼此的忧虑,并就共同目标开展多种途径的合作","以构建一个基于相互信任的国际体系"。他指出,该对华政策的初衷在于"没有任何一个国家能够单独面对世界上的各种挑战",何况"大多数国家面临同样的全球威胁"。相互"战略再保证"逐渐成为奥巴马政府对华政策的新框架,其含义在于中美应该设法突出和强调两国的共同利益,同时以直接的方式着手化解产生不信任的根源,无论是政治、军事领域,还是经济领域。奥巴马政府认为,中美在共同解决全球经济复苏、全球气候变暖、朝鲜和伊朗核问题、稳定阿富汗和巴基斯坦等问题上存在广泛的合作,并且取得了令人瞩目的成就;也在某些问题上对中国存有忧虑,例如,中国的军事透明度问题、战略核武器的现代化问题、中国不断增强的外太空打击能力和网络空间攻击能力,以及台海问题和最近频频发生纠纷的中国南海与东海问题。

2009年11月奥巴马访华,中美两国共同发表的《中美联合声明》对斯坦伯格的"战略再保证"提法做出回应。《中美联合声明》指出:"双方认为,培育和深化双边战略互信对新时期中美关系发展至关重要。在双方讨论中,中

---

① 王鸿刚:《中美"合作伙伴关系"新定位评析》,《现代国际关系》2011年第2期,第13页。

方表示，中国始终不渝走和平发展道路，始终不渝奉行互利共赢的开放战略，致力于推动建立持久和平、共同繁荣的和谐世界。美方重申，美方欢迎一个强大、繁荣、成功、在国际事务中发挥更大作用的中国。"但也有消息称，"战略再保证"的提法在白宫内依然处于争论阶段，至少斯坦伯格并未向美国国家安全委员会和亚洲事务局解释清楚该概念。美国战略与国际研究中心（CSIS）资深研究员葛莱仪（Bonnie Glaser）认为，奥巴马政府内部对于"战略"的出台并没有协调好。甚至有学者认为，这完全是美国对中国的"绥靖政策"。此次联合声明虽然回应了"战略再保证"的要求，却仍避开这一具体用词，表明了中国对这一两国关系新提法的保留态度。

2011年1月18~21日，中国国家主席胡锦涛对美国进行国事访问。此访的最大亮点是中美在联合声明中提出了"共同努力建设相互尊重、互利共赢的合作伙伴关系"的两国关系新定位。联合声明确立了"建设全面的互利的经济伙伴关系"的定位，并将构建全面的经济合作框架。

2012年2月，习近平副主席访美期间进一步提出中美之间应建立一种"前无古人，后启来者"的新型合作伙伴关系。2012年5月3日，胡锦涛主席在第四轮中美战略与经济对话开幕式上，就如何发展中美新型大国关系提出"创新思维、相互信任、平等互谅、积极行动、厚植友谊"五点构想。美国总统奥巴马强调美国"欢迎中国的和平崛起"，表示"美中两国可以向世界证明，美中关系的未来不会重蹈覆辙"。美国国务卿克林顿称，中美关系"不是像敌友那种黑白分明的关系"，"我们在共同树立典范，力争在合作和竞争之间达到一种稳定和彼此都能接受的平衡。这是前无古人的"。

国务委员戴秉国在第四轮中美战略与经济对话中向美方指出，"这种新型大国关系应该具有以下特征：政治上相互尊重、平等相待；经济上全面互利、合作共赢；安全上互信包容、共担责任；文化上交流借鉴、相互促进；意识形态上求同存异、和平共处。这实际上是按照两国元首建设相互尊重、互利共赢的中美合作伙伴关系的思路发展和演绎而来，既是路径，也是目标"。

但中国现代国际关系研究院的袁鹏表示，中美两国领导人都有突破大国兴衰历史宿命、构建和平共赢新型大国关系的政治意愿和历史使命感。两国的战略思想界也不乏其人循此方向发表真知灼见。但是，在两国媒体、民间、军方甚至学者当中，中美关系"前景悲观论"甚嚣尘上。由此，在对中美关系现状的感知与未来的期待上，呈现鲜明的官民脱节、官媒脱节、军民脱节现象①。在此背景下，中美"合作伙伴关系"的新定位和"建立新型大国关系"的倡议能否成为中美关系的纲领仍需要接受时间和事件的考验。

从"两国集团"（G2）到"两国协调"（C2）。中美"两国集团"的提法最早出现于2004年，由美国彼得森国际经济研究所创始人伯格斯滕（Fred Bergsten）提出。他认为中美"两国集团"是美国未来应该着力培养的四组"两国集团"之一。这可视为中美"两国集团"构想的发端。随后，中美"两国集团"的提法逐渐见诸报端，并引起媒体的关注。特别是2007年5月23日英国《金融时报》发表一篇题为《G2崛起，中美孤立"G7"》的评论文章，将中美"两国集团"的概念推到风口浪尖，文章指出："无论从哪个角度看，正在进行的中美战略对话，很有可能就是一个主导未来全球经济事务G2组织的雏形。"2008年6月，伯格斯滕在美国《外交》杂志上发表《平等的伙伴关系：华盛顿应如何应对中国的经济挑战？》一文，主张中美两国组成"两国集团"，"共享全球经济领导权"。该文从理论上系统论述了中美"两国集团"的内涵和构想，认为仅仅把中国放在"负责任的利益攸关方"的位置上还不够，若想让中国承担更多的国际责任，就必须让中国成为真正的共同领导者。因此，伯格斯滕建议中美战略经济对话应该进一步升级为"领导世界经济秩序的两国集团格局"。至此，"中美共治"的理念正式上升到理论高度。美国所谓的"中美共治"的主旨是：以适当分享国际权力的方式将崛起中的中国纳入美国主导的霸权体系。但那与"负责任的利益攸关方"不同，自"G2"概念出台以来，只是一些美国学者和前政府官员在大肆渲染，美国官方并未对此予以确认。这一个概念在美国国内外颇受争议，也没有被中国政府接受。

"G2"概念的提出虽然并未获得美国官方认可，但在学术界和部分前政府官员中引起激烈讨论。有观点认为"中美共治"不可行，中美之间经济上的"共生"关系并不能弥补政治上的分歧，不同的安全利益和战略目标使中美两国共同治理的构想不过是"白日梦"。2009年，美国《外交》杂志刊发美国

---

① 袁鹏：《关于构建中美新型大国关系的战略思考》，《现代国际关系》2012年第5期，第11页。

外交关系委员会资深研究员易明（Elizabeth Economy）和史国力（Adam Segal）合写的文章——《G2的海市蜃楼》，强调中国的重要性无法掩盖中美双方在利益、价值观和能力上的错位。虽然美国需要与中国合作以应对全球挑战，但提升双边关系而不解决两国实际分歧的做法不会有什么结果，最终将形成互相责备而不是成功的伙伴关系。美国前助理国务卿阿布拉莫维茨在美国《国家利益》杂志上撰文表示，G2的模式很可悲，其结果可能给美国的盟友日本带来致命一击，从而在日本国内引起危险的政治后果；而美、日、中三边机制要优于G2。参议员麦凯恩也表示："我们强烈支持类似G20的会议，让所有国家都参与非常重要。"

欧盟官员表示更推崇将欧盟包括在内的G3而不是G2。法国前总理法比尤斯说："现在一些圈子流行所谓的G2，指的是由美中组成的共管，将能解决所有问题。坦率地说，这完全是幻想。"丹麦政府亚洲事务高级顾问普莱斯纳在美国华盛顿战略与国际研究中心《太平洋论坛》上发表文章，认为"G2对中国和全球治理都不利"。欧中论坛创办者高斯也撰写了题为《G2不符合复杂现实》的文章。日本《产经新闻》中题为《G2理论是否成立》的文章称，G2招来了众多的反对之声，虽然美国和中国的关系的确重要，但如果把美中关系称为G2，就会深深伤害美国与日本、印度等其他亚洲盟国和友好国家的关系。而俄罗斯科学院远东研究所的专家瓦西里·卡申更是坦言，中国拥有的大量美元储备让美国人暂时看到了贷款的希望，但随着危机的加深，中美两国在经济和地缘政治上的分歧就会明显地暴露出来。美国与中国不可能建立同盟，美国只是想利用中国来遏制俄罗斯[①]。

中国学术界也就"G2"概念展开了激烈讨论，但大多持消极态度，认为中美之间不和谐的认知结构、经济共生结构和国际权力结构等结构性制约因素是"中美共治"不可行的重要原因。还有学者认为，这是西方给中国布下的又一个圈套，"项庄舞剑，意在沛公"，实质上是在给中国设置战略陷阱。

中国政府则公开拒绝"两国集团"的构想。2009年，温家宝总理在出席

[①] 刘卫东：《G2、"中美国"与中美关系的现实定位》，《红旗文摘》2009年第13期，第5~6页。

中欧峰会期间,利用记者招待会的机会明确阐述了中国政府在这一问题上的立场,强调中国支持建立多极世界,并称中美共治格局的说法是"毫无根据的""错误的"。温总理之所以选择在中欧峰会期间明确表示拒绝"G2"概念,在一定程度上也是为了安抚欧洲。

中方提出"两国协调"(C2)的概念。2012年5月3~4日,第四轮中美战略与经济对话在北京举行。国务委员戴秉国在对话中就如何发展中美新型大国关系提出了"C2"概念。他指出:"中美不搞'两国集团'(G2),不搞中美主宰世界,也不搞中美冲突对抗,但可以搞'两国协调'(C2),加强沟通、协调与合作,努力摸索出和平相处、密切合作、共同发展的崭新模式。""C2"概念的提出尚处在试探阶段。国务委员戴秉国只提到"两国协调"(C2),并没有明确"C"是什么。国内学界认为,协调(Coordination)、调解(Conciliation)、合作(Cooperation)、互补(Complementary)、命运共同体(Community)等词语都有可能。这种解读无疑给予"C2"一定的想象空间。至于最终如何界定C2概念的内涵和外延,中国政府至今尚未给予正式阐述。[①]

鉴于C2尚处在概念阶段,要成为处理中美关系的主导性模式,还有很长一段路要走。这期间,既要考虑美方的回应、国际社会的反应,更要在具体的中美关系互动中探索有生命力的协调方式、方法及适用范围等。此外,将这种模式理论化也不是一蹴而就的事情,而若完不成理论化,该模式就只能是其他模式的翻版或概念偷换,"换汤不换药","新瓶装旧酒"[②] 而已。

三 未来构建中美"利益共同体"的现实路径选择

关于构建"利益汇合点""利益共同体"的理念,已经确定成为中国共产党和中国政府的重大战略方针。前中共中央总书记胡锦涛和国务院前总理温家宝多次在国际场合郑重强调这一点。中共中央关于中国第十二个五年规划的建议和2011年9月6日发布的《中国和平发展道路》白皮书,也都明确宣告了

---

① 黄任国:《中美"两国协调"(C2)评析》,《现代国际关系》2012年第5期,第37页。
② 黄任国:《中美"两国协调"(C2)评析》,《现代国际关系》2012年第5期,第37页。

这一点①。但问题是"利益共同体"的内涵是什么?怎样建立中美之间的"利益共同体",并确保"利益共同体"经得住中美两国国内和国际两个进程的检验和匹配,从而成为双方都能接受的中美关系新定位?

我们认为,定位两国关系、设计两国关系的"模式"(pattern),必须要考虑到两国关系定位的"进程"(process)。换言之,两国关系的定位能否确立,不能只是政治精英空中楼阁式的顶层战略设计,还要能够经受国内、国外两个进程的实践检验。在检验和匹配的过程中,需要尽可能多地考虑两国内部利益攸关方甚至国际社会当中利益攸关方的舒适程度。这里的利益攸关方包括政府不同部门、国会、民众、意见领袖、学者和智库人士及前政府高官。而要尽可能多地"取悦"众人,"利益共同体"的内涵就需要足够丰富同时具有一定的弹性,不仅要考虑战略问题,还要考虑官僚机构不同部门的偏好以及民间团体的多元价值取向等诸多因素。"利益共同体"在美国能否被接受,关键要看以下几个美国部门和利益团体的态度。

一是对中国持有疑虑的战略家们及负责国家安全的部门,包括国防部和军队。2012年,时任中国外交部部长助理乐玉成提出,"中美两国不管喜欢不喜欢,注定要成为利益共同体、责任共同体和命运共同体"②。换言之,"利益共同体"需要配合"责任"和"命运"共同体的逐步建立,才有可能消除美国战略家和安全部门对中国的疑虑,推动中美关系走向共同体。

二是将中国视为"异己"的新保守主义势力。美欧伙伴关系也许可以给中美关系不少启示。美欧伙伴关系有着同宗同源的意识形态和价值观基础。与美欧关系相比,中美缺乏共同的文化、社会和政治制度基础。事实上,经济全球化带来的商业同质性与社会、文化和政治制度上双方深刻的异质性形成了鲜明的脱节,导致中美关系无法进一步深入,双边关系隔几年就动荡一次,共同体理念也难以让美方接受。因此,建立中美"利益共同体"越来越需要采取"整体方式"(holistic approach),补齐中美社会、文化和政治认同方面的短板,将"利益共同体"拓展到一定水平的"观念共同体"和"价值共同体"。

---

① 郑必坚:《关于中国战略和"利益汇合点"、"利益共同体"问题的几点思考——21 世纪第二个 10 年中国发展及对外关系的前景展望》,《毛泽东、邓小平理论研究》2012 年第 1 期,第 2 页。
② 乐玉成:《关于中国与世界关系的十点思考》,《国际问题研究》2012 年第 3 期,第 8 页。

三是贸易保护主义势力，尤其是受全球化冲击的美国民众和工会力量。建立中美"利益共同体"的基础是双方经济的深度融合和高度一体化，显然建立"跨太平洋大市场"或者中美自贸区，创造出足够多的收益可以激励两国内部各经济利益攸关方。

"超越接触":美国战略调整背景下的对华政策辨析[*]

王伟男　周建明[**]

摘　要：本文从讨论美国全球战略的基本逻辑与奥巴马政府的全球战略入手,揭示奥巴马政府对华政策的逻辑依据,认为在全球化的背景下,中美利益交汇错综复杂,奥巴马政府的对华政策在本质上仍属"接触"范畴,但在新的全球战略格局、亚太区域形势和中美双边关系条件下,它不是对克林顿政府时期对华接触政策的简单延续,而是对其既有继承又有超越的"超越接触"。本文对这种"超越接触"的主要特点进行了详细剖析。

关键词：美国战略调整　对华政策　"超越接触"　中美关系

自奥巴马于 2009 年年初入主白宫以来,"战略调整""重返亚太"等一直是国际国内媒体、学界和政界讨论美国全球战略时的关键词。尤其是 2011 年下半年以来,从国务卿、国防部部长到总统在内的美国政要,通过发表文章、

---

[*] 本文提纲最初由王伟男在第四届上海全球问题青年论坛(上海政法学院,2012 年 9 月)上提出,后与时任上海社会科学院社会学研究所所长、国际战略研究中心主任周建明合作成文,并共同署名发表在《世界经济与政治》2013 年第 3 期。

[**] 王伟男,上海交通大学国际与公共事务学院副教授、台湾研究中心主任。周建明,上海社会科学院研究员。

演说和官方文件，高调宣扬奥巴马政府重视亚太地区的战略取向。伴随美方这种舆论动向，美国在亚太地区的经济、外交，特别是安全领域动作频频，显示美国全球战略调整正在逐步推进，战略重心向亚太地区转移则是这次战略调整的核心。中国舆论、学界和决策层最为关心的，莫过于美国的战略调整对中国的战略含义是什么？尤其是在这个大背景下美国对华政策的本质为何？这个问题实际上涉及美国的全球战略是什么，以及全球战略、亚太战略、对华政策三者之间的逻辑联系。

一 美国全球战略的基本逻辑与奥巴马政府的全球战略

第二次世界大战结束以来，美国在不同历史时期都有它的全球战略，先后有冷战时期的遏制战略、老布什时期的超越遏制战略、克林顿时期的接触战略、小布什时期的反恐战略等。根据美国国会 1986 年通过的《戈德华特—尼古拉斯国防部调整法》（*The Goldwater – Nichols Department of Defense Reorganization Act*）第 603 款的规定，每届政府须向国会提交一份《国家安全战略》（*National Security Strategy*，NSS）报告，以说明其在国家安全和外交方面的总体规划。[①] 这个总体规划实际上就是美国行政当局制定的国家安全战略，也是通俗意义上的美国全球战略。纵观 1986 年以来历届美国政府发布的 NSS 报告，一般是先提出全球战略的基本轮廓，再提出针对世界不同地区的区域战略，区域战略之下又包括针对某些重要国家的国别政策或战略。[②] 区域战略直接服务于全球战略，国别政策或战略直接服务于区域战略并最终服务于全球战略。

[①] Catherine Dale and Pat Towell, "In Brief: Assessing DOD's New Strategic Guidance," *Congressional Research Service Report for Congress*, 7 – 5700, January 12, 2012, see http://www.fas.org/sgp/crs/natsec/R42146.pdf. 但实际上，NSS 报告并非每年都有。里根政府只提交过两份，老布什政府提交过三份，克林顿政府提交过七份，小布什政府提交过两份，奥巴马政府只在 2010 年提交过一份。

[②] 纵观美国官方历年来发布的国家安全战略文献，"战略"这一概念主要应用于全球和区域层面，如全球战略、欧洲战略、亚太战略、东亚战略等，而极少应用到国别层面。国别层面主要用"政策"一词，如对日政策、对德政策、对华政策等。只有当某个国家（如冷战时期的苏联）对美国的国家利益至关重要时，美国才会针对该国制定系统的国别战略（如冷战时期针对苏联的遏制战略）。在大多数学术文献中，这种区分并不明显。

纵观美国制定其全球战略的基本逻辑，大致可分为以下四个方面：界定国家利益；界定所面临的威胁；盘点可用的战略资源；分析如何分配可用战略资源以有效应对威胁。可用战略资源的分配与使用方法，就是一般意义上的政策。不同时期的 NSS 报告会有不同的侧重点和论述方法。在这四个方面中，界定国家利益对冷战后的历届美国政府来说，变化并不算大，美国的安全（security）、繁荣（prosperity）和价值观（values）一直被视为"永久的"国家利益。奥巴马政府在 2010 年 5 月发布的 NSS 报告中，把美国领导下的国际秩序增列为美国国家利益，值得关注。而在上述具体利益之上，维护美国的全球"领导地位"一直是冷战后历届美国政府界定的最高国家利益，也是他们各自全球战略的最高目标。事实上，NSS 报告中真正有"个性"的东西，是不同时期的白宫执政团队在威胁界定与对策制定方面的差异。①

2010 年 5 月，奥巴马政府发表奥巴马上任以来的首份 NSS 报告。众所周知，这份报告发表的战略背景是：经历了近 10 年的反恐战争后，美国的硬实力和软实力都遭到很大削弱；美国陷入经济衰退、财政赤字和债台高筑的泥潭而难以自拔；以中国为代表的新兴大国群体性崛起，对美国的全球霸权地位形成客观挑战；远未解决的非传统安全问题如恐怖主义、大规模杀伤性武器扩散、网络安全、气候变化与环境恶化、流行疾病、跨国犯罪等。可以说，美国面临着自冷战结束以来最为严峻的内外挑战。对此，奥巴马在报告的序言中明确指出，"我们在国外的力量与影响力源自我们在国内的行动；我们必须发展经济并削减赤字"，也清醒地认识到，"我们的对手希望看到美国因实力透支而精疲力竭"，并由此认为美国必须实施一项能够"复兴美国及其全球领导地位"的战略，这项战略将从"重建国家力量和影响力的基础"做起。② 因此，从美国制定其全球战略所依循的基本逻辑的角度来看，居高不下的财政赤字和债务、挥之不去的经济低迷、新兴大国崛起带来的客观挑战，成为美国国家利益面临的主要威胁，而国内困境又被摆在首位。

在这样的威胁认知之下，奥巴马政府规划了三个应对威胁的所谓"战略

---

① 美国自 1987 年以来发表的所有 NSS 报告，可参见 http：//www.bits.de/NRANEU/others/strategy.htm#annual。

② The White House, *National Security Strategy*, May 2010, p.1.

途径"（Strategic Approach）。第一，重振美国的经济。"首先且最重要的是，我们必须重振美国力量的基础。……繁荣是我们力量的源泉，它向我们的军队提供资金，为我们的外交和发展援助提供担保，是我们对世界发挥影响力的最重要来源"。国内困境对奥巴马政府全球战略的决定性影响由此可见。第二，寻求全方位接触（Comprehensive Engagement）。"接触意味着美国对海外事务的积极参与。……作为在二战后促进国际体系的建立并引领冷战后全球化发展的国家，美国必须持久而全面地再次参与（reengage）到世界事务中来。"强调对全球事务的全面参与，积极主动地塑造世界，正是克林顿政府曾经推动的接触战略的主旨。第三，促进一个"公正持久的国际秩序"。"我们必须寻求建立一种基于规则的国际体系，它能够通过共赢来提升共同利益。国际机构必须更加高效和体现21世纪权力分散的现实。各国必须对负责任的行为予以鼓励，或在某国不负责任时对其进行孤立。"①

值得注意的是，这份报告在阐述美国对外部世界的全方位接触时，还明确了接触的对象、顺序和主要任务。第一，"接触始于我们最亲密的朋友和盟邦。……美国的国家安全依靠这些充满活力的盟友，我们必须让他们成为积极的合作伙伴，参与解决需要优先关注的全球和地区安全问题，利用新的机遇增进共同利益。"第二，"我们将在相互尊重和互利互惠的基础上，继续深化与其他21世纪的'影响力中心'——包括中国、印度和俄罗斯的合作。我们也将在从美洲到非洲、从中东到东南亚的广大范围内，继续开展能够支持新兴伙伴崛起的外交和发展行动。"第三，"对于敌对政府而言，我们将提供一个新的选择：遵守国际准则，随着融入国际社会程度的不断加深，获取更多的政治与经济利益，或者拒绝接受这个选择，并承担由此所带来的后果，包括更加孤立。"②

2010年5月，奥巴马政府发布上述报告时，美国的全球战略调整尤其是战略重心东移还处于讨论多于行动的阶段，该报告本身也没有明确提出美国全球战略调整的重点区域在哪里。2011年以来，美国战略调整的步伐明显加快，

---

① The White House, *National Security Strategy*, May 2010, pp. 9 – 13.
② The White House, *National Security Strategy*, May 2010, p. 11.

方向与重点越来越清晰。以国务卿希拉里在美国《外交政策》杂志 2011 年 10 月号上发表《美国的太平洋世纪》一文为标志，美国在经济、外交、军事等领域一波接一波地出击。在美国国防部于 2012 年 1 月 5 日发布的《维护美国的全球领导地位：21 世纪国防的优先任务》（所谓的"新军事战略指南"）中，亚太地区被正式确定为美国战略调整的重点区域，亚太战略成为美国全球战略的重中之重。这个背景下的中美关系趋向更加复杂，美国对华政策如何定位成为国内外学者关心的热点问题。

二 奥巴马政府的对华政策："遏制"还是"接触"？

目前来看，国内舆论界和学术界对于美国战略重心东移的认知存在较大分歧，尤其是在对华政策的意图和目标上。若仅从上述 NSS 报告、希拉里的文章以及国防部的"新军事战略指南"等重要文献和美国政要相关言论的涉华部分来看，奥巴马政府的对华政策基调与当年的克林顿政府相似，一是合作，二是防范。"我们将继续寻求与中国建立积极、建设性和全面的关系。我们欢迎中国与美国及国际社会一道，在推进经济复苏、应对气候变化与不扩散等优先议题中，担当起负责任的领导角色。我们将关注中国的军事现代化，并做好准备以确保美国及其地区和全球性盟友的利益不会受到负面影响。"[①] 但从 2011 年以来美国在亚太地区的政治外交尤其是军事安全方面的一系列实际动作来看，与中国合作的意愿似乎遭到质疑，对华防范却步步升级，以至于中国国内有相当多的人认为，这些正是美国遏制——而不仅仅是防范——中国的重要举措。事实上，自从 2011 年美国开始逐步实施以重心东移为实质内容的全球战略调整以来，中国国内认为"美国要遏制中国"的战略判断主要来自某些具有军方背景的专家学者[②]，以及像《环球时报》和某些门户网站之类的大众媒体。[③] 显然，认

---

① The White House, *National Security Strategy*, May 2010, p. 43.
② 这些专家学者发表观点的主要渠道是中国中央电视台国际频道（CCTV-4）。当然，我们应充分理解军事和战略学者先天具有的风险与忧患意识。
③ 《环球时报》上经常出现类似"中美对抗""美国遏制中国"这样的字眼，其官方网站环球网上有文章认为美国要遏制中国的评论文章更是俯拾皆是，其他重要门户网站如新浪、搜狐等也大量转载来自环球网的文章。

为美国意欲遏制中国的论者，强调的是美国在战略调整过程中对华不利的一面，他们尤其看重美国在亚太地区的一系列军事动向对中国的负面含义。

不过，仔细梳理2010年以来中国国内重要的国际关系/国际政治类学术期刊，真正认为美国要对中国实施全面遏制战略的文献几乎没有。相反，认为美国全球战略调整背景下的对华政策或战略在本质上并非遏制的学者大有人在。例如，陈健认为，奥巴马政府的对华政策是围堵而不是遏制。"围堵确实比先前的'防范'走远了一步，但还不是遏制。围堵的目的是为了确保强大后的中国是一个'负责任的大国'，即遵守一切现行游戏规则、不挑战美国的大国"，围堵虽然"缩小了中美合作的空间，但合作尚存"，而遏制意味着"中美合作空间消失，两国走向对抗"。[①] 牛新春也从中美合作的角度进行解读，他认为"没有中国的参与，美国不可能独自解决任何全球重大问题。在这种情况下美国怎么可能遏制中国呢？当然，美国认为中国的未来具有不确定性，担心中国在韬光养晦后突然挑战美国。但是这种担心并不足以让美国目前就放弃合作带来的巨大利益，转而采取以遏制为主的政策"。因此他的结论就是，"至少到目前为止，美国对华政策中合作、协调是第一位的，防范、遏制是第二位的"。[②] 王帆则明确提出，奥巴马政府的对华政策是"合作型施压"，在本质上就是"接触加遏制"，"在美国接触与遏制的战略中，两者有效的结合就是合作型施压。原本对立的两种政策——接触与遏制——被统合起来，且与合作和竞争交织的现实相吻合"，"对于美国而言，遏制并不能封堵中国的对外交流活动和获取海外利益。单纯使用阻断式的遏制政策已经不符合中美关系的现实，中美利益交织的现实状况早已使美国无法采用物理隔绝的方式来划清两国间的利益边疆，而必须采取跨越地理界线的接触方式来实施其影响，这是美国合作型施压的一个前提"。[③] 朱锋则认为，奥巴马政府的对华政策在本质上仍属"两面下注"——既准备应对美中关系出现最坏的可能性，又争取

---

① 陈健：《中美关系发展的思考》，《世界经济与政治》2012年第6期，第155页。
② 牛新春：《中美关系的八大迷思》，《现代国际关系》2011年第5期，第7页。
③ 王帆：《不对称相互依存与合作型施压——美国对华战略的策略调整》，《世界经济与政治》2010年第12期，第35、36页。

在引导和影响中国的同时寻求两国合作发展的合理现实，原因在于，美国受制于国内经济低迷和巨额预算赤字的困扰，即便其全球战略进行重大调整，短期来看奥巴马政府在相应举措上仍难免捉襟见肘。中美在经贸和金融领域广泛而深入的相互依赖关系，也决定了美国的对华政策不管心里想什么，都难以"一刀切"地将对华关系变成简单的"接触"或"遏制"。美对华政策将继续保持政治上接触、经济上合作以及战略上"防范"和"看管"的基本态势。①

要判断美国全球战略调整背景下的对华政策或战略是遏制还是接触，或者是它们某种形式的混合体，或者是它们二者之一的某个"变种"，要求我们首先从根源上弄清楚什么是遏制、什么是接触，它们的原始含义是什么。因为只有以原始含义为基础进行的讨论才有参照意义。

我们来考察何谓"遏制"。历史地看，"遏制"是一个具有特定含义的战略术语，曾专指冷战时期美国的对苏战略与政策。美国国家安全委员会（National Security Council，NSC）于1950年4月14日向白宫提交的NSC-68号文件的出台，标志着美国对苏遏制战略的成型。该文件首次对"遏制"的含义做出界定："'遏制'是这样一种战略，它谋求通过除战争以外的一切办法，实现以下目标：一是阻止苏联力量的进一步扩张，二是揭穿苏联外交的欺骗性质，三是敦促苏联收缩它的控制和影响，四是在苏联制度内部培养破坏性的种子，使得苏联至少得改变其行为，以适应普遍接受的国际准则。"② 事实上，单从"遏制"一词的英文"contain"来看，它就是"使对手的势力局限在一定范围内，限制其发展，甚至压缩其生存空间"。杜鲁门政府以降，历届美国政府在推行对苏战略与政策时尽管各有特点，但始终都以"遏制"为基本特征，构建起针对苏联的军事、经济和政治的"壁垒与抵消力"。③ 朱锋也认为，"遏制战略"是一个特定的概念，美国冷战时期对苏联，1972年尼克松访华前对中国所采取的对抗、渗透和颠覆战略，均属于遏制战略，其前提一是

---

① 朱锋：《奥巴马政府"转身亚洲"战略与中美关系》，《现代国际关系》2012年第4期，第7页。
② 参见周建明、王成至主编《美国国家安全战略解密文献选编（1945～1972）》（第一册），社会科学文献出版社，2010，第67页。
③ 刘金质：《从遏制战略到超越遏制战略》，《国际政治研究》1989年第4期，第28页。

要不惜代价搞垮对手；二是美国拥有广泛的同盟体系支持和跟随它采取行动；三是美国必须随时准备为遏制战略付出战争代价。① 在冷战期间美国具体操作过程中，军事威慑、经济封锁、政治对抗、形象丑化、"秘密行动"、代理人战争、"战争边缘政策"等，都曾是实施遏制战略常用的政策工具。与此同时，对话、谈判等外交手段在遏制战略的"工具箱"中也占有一席之地。在广义上，遏制指针对某一战略对手，运用除直接开战以外的所有手段，阻止其实力和能力的增强，改变其制度性质或对外行为的战略行动。遏制的基本特征是非直接开战状态下的全面对抗。

反观美国此次全球战略调整的实施，针对中国的意味确实明显，但以此判断美国要针对中国开展全面对抗尤其是决心阻止中国继续发展，理由并不充分。今天的中国不是以前的苏联，今天的中美关系也不是以前的美苏关系，前者要比后者复杂得多。在全球化的背景下，中美之间每年的巨额贸易和资本互动（包括相互投资和债务关系），因旅游、求学、探亲、工作、交流等原因而引发的大量人员往来，远非冷战时期美苏之间近乎隔绝的状态所能比，两国都从中获得巨大的经济、政治、文化等方面的利益。这种状态决定了美国难以同中国展开全面的对抗。如果美国决心遏制中国，那么它就必须做好丧失诸多既得利益的准备。重要的是，遏制中国必将导致美国此次战略调整的首要目标——借重以中国为主体的亚太地区繁荣态势来重振美国经济——落空。而美国目前所处的经济困境也决定了它没有足够的战略资源来实施遏制中国的战略。

此外，与冷战时期美国公开推行对苏遏制战略不同的是，今天的美国政要在阐述美国的亚太战略与对华政策时，更多地强调中国的持续发展对美国未来的重要性，强调与中国合作及中美关系的重要性，辩解美国战略调整并非针对中国，不厌其烦地强调美国无意遏制中国。不管美国政要的此类表态有多少是真心实意，又有多少只是外交辞令，与冷战时期美苏领导人动辄恶语相向、威胁恐吓对比，确实有很大不同。因此，笔者并不认为美国在目前阶段对中国实施遏制战略有其合理性与可行性。

---

① 朱锋：《奥巴马政府"转身亚洲"战略与中美关系》，《现代国际关系》2012年第4期，第7页。

那么，奥巴马政府是要像20世纪90年代克林顿政府那样继续接触中国吗？这又需要理解"接触"的原本含义。克林顿时期的接触战略（Engagement Strategy）①首先是一项全球战略，而非仅仅是区域战略或国别政策。它致力于积极参与全球各个层面的事务，包括介入对象国的内部事务，通过在各国建立美国认可的"民主、法治和自由"，实现美国认可的稳定与发展。接触战略以"预防性外交"（preventive diplomacy）为理论基础，强调用诸如推广民主、经济援助、海外军事存在、在多边谈判中保持与相关国家的军事沟通等非战争手段，协助相关国家解决现实问题、缓解紧张局势，防止矛盾恶化为危机和冲突。②我们看到，接触战略的实施手段中包括海外军事存在、军方的介入，甚至包括美国学界曾讨论的预防性防务（preventive defense）③，表明接触战略并不排除军事手段的运用，军事手段主要起到威慑、胁迫以及消除威胁的作用。换句话说，军事手段也是接触战略的有机组成部分。

具体到克林顿政府的对华接触政策，按照美国学者陆伯彬（罗伯特·罗斯，Robert Ross）的研究，当时克林顿政府主要基于以下认识：中国力量的崛起将是内在的经济发展的结果，在很大程度上美国无法控制；美国也不能隔绝中国同其他发达国家的经济联系，欧洲和日本都有同中国发展经济关系的极大兴趣；即使中国在经济上被孤立，也只是减缓但不能阻止中国的现代化进程和国际地位的相应提高；而美国若采取孤立中国的政策，将导致中国变得更为强大后把美国当作一个对手；因此，为阻挠中国崛起而要求美国采取预防性军事

---

① 在克林顿第一任期（1993.01~1997.01）的三份NSS报告中，其全球战略被命名为"Strategy of Engagement and Enlargement"。在其第二任期（1997.01~2001.01）的四份报告中，其全球战略被定名为"Engagement Strategy"。中国学者中有人把它翻译为"参与战略"，也有人翻译为"接触战略"，本文采用后者。但当指称克林顿政府的对华政策时，笔者把它翻译为"接触政策"，以区别于全球和区域层面上的战略概念。
② The White House, *A National Security Strategy of Engagement and Enlargement*, July 1994, p. 5.
③ "预防性防务"的概念由克林顿政府时期曾任国防部副部长的威廉·佩里提出，其要义是：与冷战时期美国对苏遏制战略应对的威胁相对单一、目标相对明确不同，冷战后的接触战略应对的威胁具有多样化和高度不确定性的特征。因而"预防性防务"的基本方针，一是预防威胁的出现，二是对已出现的威胁加强威慑，三是如果预防与威慑均告失效，就动用军事力量加以消除。William F. Perry, "Defense in an Age of Hope," *Foreign Affairs*, Vol. 75, No. 6, November/December 1996, pp. 64-79.

措施,对于美国领导层和公众来说是不可接受的。① 然而,当时美国国内的对华强硬人士又对中国崛起抱持一种先天的敌视态度,他们担心"中国力量不可抗拒的崛起,将使弱小的邻国依附中国,由此将美国从东亚事务中排除出去",这种结果在美国国内同样"不可能获得甚至最低程度的支持"。② 克林顿政府的对华接触政策就是在上述两种认识间取得某种平衡的结果。它基于这样一种可能:如果美国将中国作为伙伴来对待,那么它将不会变成一个敌人;况且美国已经加强了同日本的盟友关系,也加强了在亚洲的战略存在。华盛顿能够运用战略优势同中国进行一种基于实力地位的接触,由此最大限度地提高华盛顿鼓励中国采取合作政策对待地区秩序的能力。③

在实际操作上,克林顿政府对华接触政策主要通过国际、国内两个层面,在政治、经济、安全等多个领域,以双边、多边和"社会牵绊"④ 等方式同时展开,其目的在于以美国的实力地位为后盾,把中国的行为纳入美国主导下的国际体系当中,并在某种程度上承认并尊重中国的合法利益。在政治领域,主要体现在中美两国政府高官乃至国家元首在多边和双边场合的会谈、进行互访等,就某些重大议题进行磋商,但当时双方磋商的议题主要限于双边范畴,鲜少涉及全球性议题。在经济领域,美国主要着眼于让中国以美国设定的条件融入多边经济体系,通过提高中国对外部(尤其是美国)市场的依赖,"套牢"中国,使中国有兴趣、有动力保持同美国的合作;而当中国无法满足美国设定的某些条件时,美国又不时挥起制裁的"大棒"。⑤ 在军事安全领域,基于中美在军事实力上极为不对称的事实,美国对华接触的措施主要包括:在常规武

---

① 罗伯特·罗斯:《美国对华政策中的接触》,载〔美〕阿拉斯泰尔·伊恩·约翰斯顿、罗伯特·罗斯主编《与中国接触》,黎晓蕾、袁征译,新华出版社,2001,第236页。
② 罗伯特·罗斯:《美国对华政策中的接触》,载〔美〕阿拉斯泰尔·伊恩·约翰斯顿、罗伯特·罗斯主编《与中国接触》,黎晓蕾、袁征译,新华出版社,2001,第236页。
③ 罗伯特·罗斯:《美国对华政策中的接触》,载〔美〕阿拉斯泰尔·伊恩·约翰斯顿、罗伯特·罗斯主编《与中国接触》,黎晓蕾、袁征译,新华出版社,2001,第239页。
④ 按照罗伯特·罗斯的解释,"社会牵绊"强调以长远的中美社会和机构合作关系来影响中国的行为,通过将中国套入一个纠缠的关系网,中国的领导人或许会容忍一个不是最满意但可接受的国际秩序。参见罗伯特·罗斯《美国对华政策中的接触》,载〔美〕阿拉斯泰尔·伊恩·约翰斯顿、罗伯特·罗斯主编《与中国接触》,黎晓蕾、袁征译,新华出版社,2001,第240~241页。
⑤ 在克林顿政府时期,美国主要借口中国的纺织品贸易壁垒和保护知识产权不力这两大问题,多次向中国施压,并在一定程度上达到目的。

器销售、导弹和核技术扩散等重大安全问题上与中国进行沟通；促使中国加入国际安全机制，以多边途径防止中国的所谓"扩散"行为，但当中国加入某项国际安全机制可能最终导致中国军力提高时，美国又采取阻挡态度；① 在中美两国的军事官员和部门之间开展跨机构的交流活动，包括双边安全对话、举行联合救灾和人道主义救援演习，增进对对方军事运作程序和战略意图的了解，督促中国提高军事透明度等。1996年春季美国派遣两艘航空母舰对台海危机进行直接干预，以及1999年5月"误炸"中国驻南联盟大使馆的恶性事件，可以看作美国对华接触中动用军事手段的典型案例。

纵观奥巴马上台以来尤其是美国实施战略重心东移以来中美关系发展的基本脉络，我们可以发现，两国元首、政府首脑和高级官员之间在双边和多边场合的会谈频率远远高于克林顿时期，两国间制度化的直接沟通管道已达60余条，涵盖军事、政治、经济、能源、环境、社会、文化、教育等方方面面，其中某些管道由较高级别的官员负责。在经济领域，中国不仅是几乎所有重要的全球性经济合作机制的重要参与者，还是其中许多重要国际经济组织或合作进程的重要领导者。中美两国在全球性经济类机构与机制中的合作、至少不对抗，已成为今后全球经济克难攻坚、早日走出危机的基本要求，也是这些机构与机制本身顺利运转的必要条件。中美双边经贸、金融和债务关系更被国际舆论形容为高度相互依赖的"连体婴"结构。在政治外交领域，奥巴马政府一方面寻求与中国在朝鲜核问题、伊朗核问题、中东局势等地区热点问题，以及气候变化、国际反恐等全球性议题上的积极合作；另一方面又在南海、钓鱼岛、人权、政治制度、中国与发展中国家的关系等和中国有关的重大或敏感问题上动作不断，牵制中国的意味十分明显。在军事安全领域，美国对中国军事现代化的猜疑和防范情绪更是有增无减。奥巴马上任以来，不断向对中国崛起持有疑虑的邻国大规模军售或军援，加大对中国东南沿海进行抵近侦查活动的力度。2011年以来，美国与中国的部分邻国在中国周边海域举行联合军事演习的频率和规模都大大提高，而这些邻国大多与中国存在海洋权益纠纷。此外，美国在战略"再平衡"的口号下，对西

---

① 这里主要指签署《关于常规武器和军民两用物资及技术出口控制的瓦塞纳协定》，美国担心中国加入该协定后便于从其他成员国进口相关武器和技术。

太平洋地区的军力部署进行大幅调整,一方面宣称要增加该地区的军力存量,另一方面致力于提高其质量,同时积极提升与其盟友的安全合作水平。若仅从安全领域的态势来判断,奥巴马政府的对华政策更接近"遏制"而非"接触",而这正是那些认为"美国要遏制中国"的论者立论的事实依据。

三 从"接触"到"超越接触"

通过上述对遏制战略和接触战略进行比较,以及对克林顿和奥巴马两届美国政府的对华政策进行比较,笔者认为,奥巴马政府的对华政策在本质上仍属接触的范畴,但又不是仅仅停留在克林顿时期的早期接触,而是在新的全球战略格局、亚太区域形势与中美双边关系的条件下,对克林顿政府对华接触政策既继承又超越,笔者权且称之为"超越接触"(Beyond Engagement)。在此使用"超越接触"一词,主要受到老布什时期美国对苏"超越遏制"(Beyond Containment)战略的启发。"超越遏制"战略的基本构想是:美国继续以军事实力为后盾,在不放弃对苏遏制的前提下,重点抓住苏联改革的契机,以经济援助为诱饵,把西方的政治和意识形态的影响扩展到苏联内部,促使其和平演变,最后融合到西方体系中。因此,也有人把老布什的"超越遏制"战略称为"和平演变"战略①。从某种意义上说,"超越遏制"是对遏制战略的继承和发展,是美国对苏遏制战略从主要依靠硬实力向更加注重软实力的转变。而笔者之所以把奥巴马政府的对华政策称为"超越接触",就在于注意到它对当年克林顿政府的对华接触政策既有继承又有发展和超越,存在着从偏重软实力向更加注重硬实力转变的态势。

从继承的角度来分析。第一,当前的奥巴马政府与当年的克林顿政府一样,都面临着一个快速崛起的中国,都希望通过对华接触把中国崛起的轨迹纳入美国的全球战略轨道上来,也都对中国崛起的过程保持防范心理和采取威慑措施。第二,奥巴马政府与克林顿政府一样,都意识到中国持续发展所

---

① 参见郗润昌《论美国对苏的"和平演变"(超越遏制)战略》,《世界经济与政治》1990年第1期,第1~7页。

带来的广阔市场前景,都期待着从中国崛起的过程中为美国争取最大限度的经济利益。第三,奥巴马政府与克林顿政府一样,都是从国际、国内两个层面,在经济、政治、安全等多个领域,综合运用双边和多边途径,展开对中国的全方位接触。事实上,奥巴马政府体认到,"美中两国不会在每个问题上都达成共识,……但意见不同不应妨碍双方在共同利益领域进行合作。务实而有效的双边关系,对于应对21世纪的主要挑战不可或缺"①。正是出于对中美关系的这种认识,决定了奥巴马政府的对华政策在本质上是接触而非遏制。

从"超越"的角度来看。第一,因中国实力持续上升而导致全球和亚太格局的变化,奥巴马政府的对华政策在其亚太战略乃至全球战略中的地位,明显超过了克林顿政府对华接触政策在当时美国亚太战略和全球战略中的地位。毫无疑问,美国战略重心东移的一系列重大举措,表明亚太战略在美国全球战略布局中地位的提升。奥巴马政府自上任以来在亚太外交运作、区域经济战略尤其是军力调整方面有明显针对中国的态势,显示了中国因素和对华政策在美国亚太战略和全球战略中的突出地位。这与中国经过十余年的快速发展后在当前世界权力格局中的地位显著提高的现实相一致。如果说克林顿时期中国尚处于崛起的初步阶段的话,如今可以说中国已处于崛起的中期阶段。美国必然在对华政策上倾注更多精力与资源,未来的对华政策在其全球战略中将占据更加突出的位置。这是美国对华政策在其全球战略布局中分量上的"超越"。

第二,由于中国的综合实力与克林顿时期相比已有质的飞跃,美国对中国的借重程度与角度也有了很大不同。在克林顿担任美国总统最后一年的2000年,中国的GDP总量尚不到当年美国GDP总量的八分之一,到2011年中国的GDP总量已经约为美国GDP总量的一半。相应的,克林顿时期美国经济一路高奏凯歌,其增长动力更多地具有内生性,它在经济方面对中国的期待在于获取额外的商业利益。而当前美国经济深陷困境,内部动力严重不足,急欲借助中国和亚太地区的繁荣态势实现经济脱困与重振,因此从中国获取利益的期待比克林顿时期高出很多。除了经济方面,美国在一系列地区和全球议题上也对

---

① The White House, *National Security Strategy*, May 2010, p. 43.

中国抱有高度期待。诚如希拉里所说，"中美合作不可能解决世界上的所有问题，但没有中美合作，世界上的任何问题都无法得到解决"①。

第三，在中国已最大限度地加入全球治理体系的情况下，奥巴马政府不仅继续强调中国要接受国际规制的约束，还提出"公平贸易""负责任大国"等新的要求和标准，以进一步牵制中国的发展。即使在借重多边机制对中国施加约束方面，奥巴马政府也有新的举措。例如，克林顿政府虽然强调过 APEC 机制在亚太地区促进自由贸易和技术合作中的作用，但在实际行动上对推动亚太经济合作进程几乎乏善可陈。奥巴马上任后，美国对东亚地区国家的自由贸易谈判却格外重视，把《跨太平洋伙伴关系协议》（Trans-Pacific Partnership Agreement，TPP）树立为新型自由贸易安排的典范，把意识形态和价值观因素作为加入该协议的重要指标，实际上把中国排除在外，这种做法被认为是有意"借助该机制来规范和约束中国的行为"，②可谓美国利用双边和多边机制诱迫中国"就范"的又一创新。这些新的举措从一个侧面反映了奥巴马政府把美国主导下的国际秩序增列为美国国家利益的良苦用心，也可以看作美国在对华接触手段上的"超越"。

第四，在对中国内部政治进程的介入上，奥巴马政府在不放弃传统的政治说教和公开批评手段，支持主张分裂、反对政府的不同政见者之外，更加注重对公共外交的运用。美国副总统拜登于 2011 年 8 月访华时在北京一家小餐馆的高调"就餐秀"，美国原驻华大使骆家辉在上任初期多次表演"平民生活秀"，美国驻华外交机构主动发布中国相关城市的空气质量信息、收容中国国内的不同政见者、深入中国相关省份进行实地考察等，均成为美国在华宣扬其价值观、鼓动中国内部反对力量的案例。试图运用公共外交手段来"分化"和"西化"中国，可以看作奥巴马政府在对华接触手段上的又一个"超越"。

第五，也是最重要的，奥巴马政府大大提高了军事威慑作为对华接触政策工具的地位，军力部署和调整呈现高度的针对性、系统性、长期性和战略性。

---

① Hillary Rodham Clinton, "Remarks at the U. S. Institute of Peace China Conference," U. S. Institute of Peace, Washington D. C., March 7, 2012, see http：//www.state.gov/secretary/rm/2012/03/185402.htm.

② 王光厚：《美国与东亚峰会》，《国际论坛》2011 年第 6 期，第 31 页。

把美国驻亚太地区军力总量占美国军力总量的比重从50%提高到60%，并以西太平洋地区为重点。为应对中国的"反介入"（anti-access）能力，美国军方提出"海空一体战"（Air-Sea Battle）等新型作战理念，并率先在新加坡部署"濒海战斗舰"（Littoral Combat Ship，LCS）等新式武器装备。美国还利用亚太周边国家对中国崛起的疑虑和担心，采取一系列措施，加强与亚太地区盟国的安全关系，在军事合作上提升与非盟国之间的伙伴关系，改善与某些长期敌对国家的关系，防范和牵制中国发展的战略意图十分明显。这与克林顿政府经过与中国的博弈与折冲最终确认建立面向21世纪的中美"建设性战略伙伴关系"有很大不同，也与小布什政府在全球反恐战略下与中国达成的战略默契有很大不同。所有这些动作的背后，不只是反映了美国政府经过深思熟虑的战略谋划，也显示了美国部分战略精英按捺不住的对华遏制的战略冲动。从军事威慑在对华接触政策中的地位来说，奥巴马政府也实现了对克林顿政府的"超越"。

总之，笔者认为奥巴马政府的全球战略仍为接触战略，而亚太战略成为其全球接触战略的重点，其中的对华政策虽延续了接触的基本框架，但已不是对克林顿时期对华接触政策的简单延续，而是在新的全球战略格局、亚太区域形势与中美双边关系的条件下，对克林顿时期对华接触政策既有继承又有超越的"超越接触"。它在客观上将加深中美两国在经济利益上的相互依赖、在地区和全球事务中的相互倚重，但在主观上又将强化美国对中国战略防范与牵制，是一种"升级版"或"增强版"的对华接触。

四 余论

从奥巴马上任以来美方发表的诸多战略文献，以及奥巴马本人的多次演讲来看，美国决策层已把经济复苏乏力、财政持续恶化界定为美国国家利益面临的首要威胁。"美国的国内状况决定其在国外的力量与影响力。……我们的中心工作是保持经济活力，这是美国力量之源"[①]。美国国防部于2012年1月发

---

① The White House, *National Security Strategy*, May 2010, p. 2.

布的"新军事战略指南",其主要内容是对美国军事战略重心转移到亚太地区做出阐释。但在奥巴马总统不足两页的序言中,三度强调美国的财政困境及其对美国军事战略的负面影响,① 显示财政状况、经济实力与战略调整之间的内在联系,也符合前文概括的美国制定其全球战略的基本逻辑。道理不难理解:实力决定能力,实力的相对衰落意味着能力的相对下降;在能力相对下降的情况下,战略决策者更须量入为出、取舍有度。奥巴马上任后致力于削减财政赤字,国防预算首当其冲,这就从根本上决定了美国的全球战略总体态势必然是收缩而不是扩张,通过战略调整来提高其应对主要威胁的针对性和维护国家利益的效率。而美国实施以重心东移为主要内容的全球战略调整,正是奥巴马政府在财力吃紧、可用战略资源萎缩、整体战略部署须有所取舍的情况下做出的理性选择。借助亚太地区多年来的持续繁荣态势,为重振美国经济、维护美国所谓的全球"领导地位"服务,是美国战略重心东移的首要动因,也是包括奥巴马在内的多数美国政要一再重申的基本观点。

除了借助亚太繁荣态势为美国重振经济服务外,美国战略东移的另外一大任务是加强对中国的战略防范与牵制。中美战略互信不足的一个基本含义,就是美国对实力增强后的中国不放心,担心中国"威胁"美国在区域和全球层面上的"领导地位"。单从维护美国全球"领导地位"这个角度来说,美国已把中国视为主要威胁。独享全球唯一超级大国地位已有二十余年的美国,要么没有意识到、要么虽已意识到却又不愿面对这样一个基本事实:中国作为一个历史、文化、政治、经济、军事等多重意义上的复合型大国,绝不可能完全按照美国的利益或意愿行事。一个实力持续增强的中国,必然也是一个越来越让美国无法放心的中国。

然而,在全球化的背景下中美两个大国的现实利益错综复杂,美国如果在对华政策中注入过多的对抗因素,必然会伤及自身。更重要的是,国内经济困境实际上导致美国可用战略资源在萎缩,美国没有足够的战略资源发动一场同中国的全面对抗。因此,美国自从确定要实施战略重心东移以来,其主要举措

---

① See Department of Defense, Sustaining U. S. Global Leadership: Priorities for 21st Century Defense, Jan. 5, 2012.

还是对既有军事力量的优化部署与重新配置，以及对中国周边国家的拉拢与借重，指望他们能够为美国的战略重心东移分担成本，尤其是通过在中国与这些邻国之间制造或激化矛盾，使得美国能够借助第三方之力牵制中国的持续发展。同样囿于资源有限的考虑，美国又不愿让这些矛盾失去控制，也不愿过深地卷入其中。2011年下半年以来，美国在中国台湾地区"大选"中力挺国民党而非民进党、在中日钓鱼岛争端和中菲黄岩岛争端中明显拉偏架又拒绝向日、菲两国开出空头支票甚至在私下里对它们加以约束，已经清楚地证明这一点。或许我们可以说，这是作为全球唯一霸主的美国在实力相对下降的过程中既理性又无奈的选择。

中美"新型大国关系":从"互利合作"到"共同演进"

董春岭[*]

摘 要:经历了40多年的发展,中美关系比以往更加成熟、理性,共同利益不是在减少而是在增多,两国携手共进的意愿没有改变。只要双方能够顺应全球化、多极化、信息化的时代潮流,不断拓展共同利益,挖掘共同价值,强调文化共性,中美就能够超越大国对抗的老路,书写新型大国关系的新篇章。

关键词:中美关系 新型大国关系 共同演进

1972年,尼克松总统访华打破了中美关系的坚冰,成为两国合作的新起点,也成为冷战重要的转折点。40多年后,冷战阴霾散去,两极对抗的历史已成为过往,美国"不战而胜",作为"唯一的超级大国",在一个更加和平、多元的世界里发挥着举足轻重的作用;中国把握住"和平、发展"的脉搏,以经济建设为中心,对内改革、对外开放,实现了经济的快速发展,保持了社会的繁荣与稳定,在国际舞台上发挥着越来越重要的作用,成为西方眼中公认的"新兴大国"[1]。40多年弹指一挥间,中美关系经历了风风雨雨的考验,虽

---

* 董春岭,中国现代国际关系研究院美国所助理研究员。
[1] Condoleeza Rice, "Rethinking the National Interest," *Foreign Affairs*, Jul./Aug. 2008; G. John Ikenberry, *Liberal Order and Imperial Ambition: American Power and International Order*, Polity Press, 2006.

然两国无可避免地存在着一些矛盾和分歧，但两国联系日益密切，共同利益不断扩大，良性发展的大趋势始终没有改变。"饮水思源"，今天中美各自的成就与当年两国领导人的远见卓识是分不开的①，中美"携手"不仅改变了双方的地缘战略环境，也塑造了两国"开放合作、互利共赢"的外交心态②，成为40多年来国际社会和平与稳定的"压舱石"。

40多年后的今天，中美两国的实力对比、战略基础、内外环境发生了很大变化，对抗性加大、战略互信缺失成为制约中美关系发展的重要障碍，中美关系再一次步入一个十字路口。中国领导人适时提出了"新型大国关系"概念以推动中美关系继续稳定发展，这一概念迅速得到美国认可，两国在此基础上，共同开启了关系发展的新篇章。2012年2月，习近平副主席成功访美，巩固了"中美致力于共同努力建设相互尊重、互利共赢的合作伙伴关系"的重要共识，进一步提出中美之间应建立一种"前无古人、后启来者"的新型合作伙伴关系。2012年5月3日，在第四轮中美战略与经济对话开幕式上，胡锦涛主席明确提出了"新型大国关系"这一概念，并就"如何发展中美新型大国关系"提出了"创新思维、相互信任、平等互谅、积极行动、厚植友谊"的五点构想。"构建新型大国关系"的设想得到了美国各界的积极回应，奥巴马总统、拜登副总统、克林顿国务卿多次表示，美国欢迎一个强大、繁荣、稳定和在世界上发挥更大作用的中国，"中国的崛起不是美国的终结"，"美中正为崛起大国和守成大国建立新的互动模式"，美国愿意和中国共同寻找"一个守成大国与一个新兴大国相遇时会出现何种局面"这个古老问题的新答案。2012年8月，中共十八大胜利召开，"新型大国关系"又被写入十八大报告，成为未来中美关系发展的重要战略指南。

构建"中美新型大国关系"是新时期中国"推动建立长期稳定、健康发展的新型大国关系"的重要尝试，是在系统总结过去40多年中美关系基本经

---

① 《习近平副主席在美国友好团体欢迎午宴上的演讲："共创中美合作伙伴关系的美好明天"》，中国共产党新闻网，http://theory.people.com.cn/GB/17317277.html，最后访问日期：2012年4月15日。

② Carla A. Hills and Dennis C Blair, Co‐chaired, U. S. ‐ China Relations: An Affirm Active Agenda, A Responsible Course, Washington: Council on Foreign Relations, April 2007.

验，全面审视当今时代特点的基础上，对处于迅速崛起阶段的中国对美外交的新思考和新期许，是中美破解历史上后起大国与守成大国走向冲突这一难题的新实践，体现了中国走和平发展道路的坚定决心和不希望与美国发生战略对抗的政治意愿。"以史为鉴"，未来中美关系只有超越传统大国对抗的悲剧，始终保持这种"携手共进"的态势，共同应对问题和挑战，才能为两国人民带来福祉，给世界的和谐与稳定提供持久保障。

一 当前中美合作面临的阻力增大

中美是有不同社会制度、不同文明形态、处于不同发展阶段的两个大国，诸多差异决定了中美关系不同于当前任何一对双边关系，具有特殊性和复杂性，处理中美关系无先例可循，只能"摸着石头过河"。两国政体互异，政治传统、价值观念不同，双方基于不同文明的国际关系理念、决策方式、行为方式等存在差异，在中国台湾问题等涉及中国核心利益的问题上，双方立场不一、矛盾固化。40多年来，特别是中美正式建交以来，中国以互利合作为目标，努力淡化结构性矛盾所带来的负面效应，保持了两国关系的总体稳定。2008年以来，国际政治、经济格局发生了一系列剧烈而深刻的变化[1]，中美关系无可避免地牵涉其中。中美两国既是这种变化的"自变量"，也是"因变量"，"变革时代"的中美关系面临的挑战增多、压力增大，表现在以下几个方面。

（一）实力差距缩小导致中美心态发生变化，双方的战略互信问题凸显

2008年始于美国的全球金融危机，也是美国的体系危机、制度危机和思想危机。[2] 美国的实力和形象受损，而中国较好地应对了危机，国际影响力日

---

[1] 基辛格的"四百年未有之变局"、萨科奇提出的"相对大国时代论"、梅德韦杰夫提出的"多极化已成现实"说、扎卡利亚提出的"后美国时代"论都反映了这种变化。参见〔美〕法里德·扎卡利亚《后美国世界：大国崛起的经济新秩序时代》，赵广成、林民旺译，中信出版社，2009。

[2] 参见杨洁篪《当前国际格局的演变和我国的外交工作》，《国际问题研究》2011年第1期，第1~4页。

益凸显，双方的实力差距呈现不断缩小的态势。美国政府和民众自信心下降，整体处于"战略焦虑"状态，其智库、媒体借机炒作"美国衰落"，夸大中国"威胁"，为中美关系营造了消极的国内政治环境。而更加自信的中国在国际舞台上越来越多地发出自己的声音，对国际事务的参与度和自主性都在增强。习惯了中国沉默与低调的"山姆大叔"似乎还不适应这种转变，依旧按照旧有的思维、行为方式处理问题，"并将之归咎于中国要改变双方的博弈规则"①。此外，随着中国 GDP 超过日本成为世界第二，外界普遍认为"中美到了进行战略选择的时刻"②。而根据历史经验和现实主义逻辑，许多西方人认为中国和平崛起"没有先例、无法证伪"，决策者"应基于能力而非意愿"进行战略选择，认为"中美战略对抗不可避免"③，美国易"自我实现"的理论认知及其强硬的政策表现给中国民众造成一种印象，认为美国企图遏制中国崛起。原来一直被淡化的结构性矛盾重新凸显，一时间，冷战思维、零和思维沉渣泛起，两国似乎陷入了某种"战略互疑"④"战略不信任"⑤的怪圈，这给中美关系带来了巨大风险。

（二）美国的政策调整导致两国在多个领域竞争性增强

20 世纪七八十年代，中美具有共同对付苏联的战略基础，冷战结束后依靠全球化时代经济相互依存，"9·11"事件后两国则拥有反恐合作与经贸合作"双引擎"。奥巴马上台以后进行了一系列政策调整，涉及多个领域。在经济领域，奥巴马为了提振就业，推动经济复苏，倡导"制造业回归"和"出口倍增"计划；而中国正推动经济转型、自主创新和产业升级，两国经济互

---

① 杨洁勉：《新时期中美合作的动力和阻力》，《国际问题研究》2010 年第 5 期，第 3 页。
② Gideon Rachman, *Zero - Sum World: Power and Politics After the Crash*, London: Atlantic Books, 2010.
③ See Henry Kissinger, *On China*, New York: The Penguin Press, 2011, pp. 514 – 524.
④ 参见王缉思、李侃如《中美战略互异：解析与应对》，布鲁金斯学会网站，http://www.brookings.edu/~/media/Files/rc/papers/2012/0330_china_lieberthal/0330_china_lieberthal_chinese.pdf，最后访问日期：2012 年 4 月 13 日。
⑤ 这种不信任体现在六个"不"上，即战略不确定、政治不民主、经济不开放、军事不透明、外交不负责、对台不灵活，造成了中美关系"稳而不定"的状态，参见袁鹏《中美战略互信问题：研究与己见》，《中国战略观察》2008 年第 1 期，第 8~16 页。

补性减弱,竞争性增强。在反恐领域,两国的合作"风光不再",美国出于多种因素考虑,将"战略重心"转移至亚太①,弱化了合作的又一引擎,而中美地缘政治竞争态势则不断增强。奥巴马高调"重返亚太",加强与盟国之间的安全承诺,在多边场合借"南海问题"向中国施压,拉拢东盟各国,经济上推出《跨太平洋伙伴关系协议》(TPP)。军事上,美国明确将中国视为威胁②,并据此调整军事战略,增强在亚太的军事存在,更有学者称"美国正对中国构筑新的 C 型包围圈"③。美国此次"重返亚太",虽不是完全针对中国,但"制衡中国"色彩浓厚,给中国周边安全与睦邻外交带来新挑战,两国战略缓冲带被侵蚀,利益冲突点犬牙交错,易"牵一发而动全身",战略对抗风险若隐若现。

(三) 新的国际热点、难点问题频发,中美立场有别,协调难度增大

当今世界正处在一个大发展、大变革、大调整时期,以 2011 年为例,重大的战略意外迭出,国际局势呈现前所未有的复杂局面④。"茉莉花革命"迅速席卷中东,引发的动荡延续至今;希腊债务危机蔓延至欧洲,逆转了世界经济复苏走势;日本遭受了地震、海啸和核泄漏的"三重打击",影响至今仍未消除,可谓"一波未平一波又起",此类大事不胜枚举。中美关系面临的第三方因素增多,不确定性增大。而中美两国在具体问题上利益不尽相同,外交风格也存在差异。美国一直将推行"民主自由"、"保护的责任"以及"人道主义干预"作为外交战略着眼点,而中国奉行"独立自主"的原则和"不干涉内政"的理念。双方外交议程的侧重点不同,关于"核心利益"也存在认知差异,在涉台、涉藏、涉疆问题上"美方的态度影响了双方在其他领域合作

---

① Hillary Clinton, "America's Pacific Century," *Foreign Policy*, November 2011.
② Robert M. Gates, "A balanced strategy: Reprogramming the Pentagon for a New Age," *Foreign Affairs*, Jan./Feb. 2009, p. 33.
③ 参见戴旭《C 型包围:内忧外患下的中国突围》,文汇出版社,2009。
④ 乐玉成:《2011:国际形势风云激荡,中国外交乘风破浪》,中国网,2011 年 12 月 18 日,http://www.china.com.cn/international/txt/2011-12/18/content_24185334.htm,最后访问日期:2012 年 4 月 3 日。

的开展"①，中美在处理国际热点问题上呈现"合作与竞争"的双重性特点，欲在短时间内协调一致比较困难，而这种协调困境反过来又给中美关系带来一些负面影响②。上述情况成为中美新型大国关系提出的基本背景。

二 中美"共进"的趋势未变

中美之间的差异始终存在，影响中美关系发展的消极因素一直都有，但中美关系在国际风云变幻中不断推进、两国的共同利益③在合作中不断拓展。中美两国已经成为有着不同政治制度、历史文化背景和经济发展水平不同的国家发展积极合作关系的典范。双方都明确认识到中美关系的重要性与复杂性，积极推动相互尊重、互利共赢伙伴关系的发展，努力构建新型的大国关系。虽然中美两国面临一系列新旧问题与挑战，但两国关系并未因此而倒退或停滞不前，始终保持"共进"的姿态。

（一）中国坚持走和平发展道路，为保持中美合作大局、构建新型大国关系做好了铺垫

40多年前的中美"握手"改善了中国的国际安全环境，也逐渐改变了中国对世界大势的认识和判断，加速了中国全面融入国际社会的步伐。改革开放以来，中国恪守和平发展的路线，积极同各国发展友好合作关系，与世界共享和平发展、合作共赢的"红利"，不仅完成了一次次"不平凡的超越"，也凭借实际行动赢得了世界对自身崛起的认可与尊重。中国走和平发展道路是基于对历史文化的继承和坚持，它顺应了国际社会求和平、谋发展、促合作的时代潮流，同时契合了中国坚持科学发展、对外开放的战略思路。不仅有利于世界格局向更均衡的方向发展，为全球治理提供新的路径选择，而且将工业文明推进

---

① 《罗源少将：对付美国 中国手中有牌》，转引自杨洁勉《新时期中美合作的动力和阻力》，《国际问题研究》2010年第5期，第3页。
② 参见滕建群《论中美关系中的第三方因素》，《国际问题研究》2011年第1期，第5~10页。
③ 关于共同利益的概念与中美共同利益框架的梳理，参见门洪华《扩大共同利益，进一步稳定中美关系——评〈中美关系：积极的议程，可行的路径〉》，《现代国际关系》2007年第6期，第27~29页。

到新的历史阶段，丰富了国家发展道路的理论和实践。当前，"和平发展"理念在实践中得到了不断的丰富和完善，已经形成了一套系统、完整的理论体系，逐渐深入人心，并被纳入十七大报告、"十一五"规划和"十二五"规划纲要中，上升为国家和人民的坚定意志，成为指导中国未来发展方向的"大战略"。该道路的核心是"保持和平，加强交流，发掘共同利益，实现互利共赢，最终形成利益共同体"，中美的战略互信将以此为基础逐渐形成。

40多年前，中美的"携手"为中国走上和平发展道路创造了条件，40多年后，中国"坚持将这条道路走下去"，又为中美关系的持续发展创造了条件。中美关系将始终服从于和平发展大局，同时受益于这一大局，在"寻求利益汇合"的过程中迈向"超越对抗与遏制""实现良性互动"的新型大国关系。从1972年尼克松访华开始，中美成功开始了"寻求共同利益"的实践[①]，40多年来的历史经验表明，中美"携手共进"的诚意经受住了各种危机的考验，符合两国人民的利益和人类的福祉，是"大势所趋、人心所向，不可阻挡"。"构建利益共同体"既是中美两个大国发展轨迹交汇的历史成果，也是两国关系未来发展的方向。[②] 中美两国"谋和平、求发展、促合作"的愿望始终没有改变，而"经历了冷战之苦"的世界各国同样不希望中美重蹈冷战的覆辙[③]，挑战现行国际体系不符合中国的利益，遏制中国造成国际体系动荡也不符合美国的利益。中美"合则两利，斗则两伤"，只有坚持走和平发展道路，加强平等协商和对话，中美之间的战略对抗才能化解，"共赢"之路才会越走越宽。只要双方以互利合作为核心，尊重彼此核心利益和重大关切，妥善解决重大突发事件和管控危机，努力发掘共同利益与共同价值，扩大"利益汇合点"，构建"利益共同体"，中美就一定能够走出一条"前无古人、后启来者"的大国关系的新道路。

---

① 周琪：《认识共同利益是中美发展的关键——中美建交30周年回顾》，《世界经济与政治》2002年第11期，第9页。
② 参见郑必坚《全方位构建利益汇合点和利益共同体的几点思考》，《毛泽东邓小平理论研究》2011年第3期，第1~4页。
③ 参见美国国务卿希拉里·克林顿在海军学院的讲话，2012年4月10日，美国国务院网站，http://www.state.gov/secretary/rm/2012/04/187693.htm。

(二) 两国元首着眼于"共同利益",合作意志坚定,把握了中美"共进"的航向

奥巴马执政之后,中美关系在两国的努力下有了一个良好的新起点。2009年11月,奥巴马总统成功访华,双方重申致力于建设21世纪积极合作、全面的中美关系,并将采取切实行动稳步建立应对共同挑战的伙伴关系,双方就建立和深化战略互信、推动全球经济复苏、应对地区及全球性挑战、加强应对气候变化及能源和环境合作达成了广泛共识,形成了包括高层频繁交往、中美战略与经济对话等磋商机制和多层次合作平台。奥巴马表示,中国既是重要伙伴,也是友好的竞争者,美国不会遏制中国,希望同中国合作而非对抗,"对国际社会而言,一个强大、繁荣的中国崛起可能是力量的源泉"[1]。

2010年,中美关系波动明显,围绕奥巴马见达赖、对台军售、谷歌、汇率等问题的博弈一度令两国关系紧张。2011年1月胡锦涛主席成功访美,为稳定两国关系起了至关重要的作用。两国领导人从战略全局出发,全面规划了两国关系未来发展的重点方向和领域,确认将共同努力建设相互尊重、互利共赢的中美合作伙伴关系。在经济领域,将建设全面互利的经济伙伴关系,推进两国和世界经济强劲、可持续、平衡增长。两国政府和部门间达成了十余项协议、备忘录、意向书等具体成果。两国企业间合作同样成果丰硕,涉及贸易、投资、科技、能源、环保、高铁、智能电网基础设施建设等多个领域。[2] 在这股"东风"的带动下,两国关系稳步推进,各项机制不断拓展,呈现积极发展的局面。

2011年下半年美国副总统拜登访华,与中国国家副主席习近平在五天时间里进行了"史无前例的长时间、近距离交往"。访问期间,拜登表示:"对美国而言,我们需要与中国建立密切的关系,这比其他任何关系都重要。"访

---

[1] 《中美联合声明》,外交部网站,2009年11月17日,http://www.fmprc.gov.cn/chn/gxh/tyb/zyxw/t627468.htm。

[2] 《中美联合声明》,外交部网站,2011年1月13日,http://www.fmprc.gov.cn/chn/gxh/zlb/smgg/t788163.htm。

问后一个月,拜登在《纽约时报》上撰文《中国的崛起并非我们的终结》,高调"力挺"中美关系,称"双边贸易和投资已把中美两国联系在一起,双方的成功对彼此休戚相关。双方面临着共同的挑战与责任,也有意愿共同合作,这也是为什么美国政府在一直稳固中美关系的基础"[1]。

2012年,习近平副主席访美更是一次"承前启后、定调未来"的成功之旅。双方一致认为,"中美应始终抓住共同利益这一主线,走出一条大国之间和谐相处、良性互动、互利共赢的新型伙伴之路。"访问进一步深化了推进中美合作伙伴关系建设的重要共识,拓展了在经贸等领域的务实合作,增进了两国人民的友谊,推进了中美地方合作,加强了双方在国际和地区事务上的沟通,充分展示了两国互利共赢的前景,为未来10年中美关系的发展奠定了基础。中美两国领导人利用双边、多边场合频繁互动,表达善意,增进信任,积极推动了两国合作的开展。双方元首高瞻远瞩,在相对困难的国际环境与国内政治环境下,努力塑造共识、开拓合作空间,引导主流民意,保持了两国互利合作的大局。

(三) 随着中美合作的不断推进,双方的"利益汇合点"不断增多,良性循环态势没有改变

持续扩大的共同利益是维系中美关系的坚实基础。从建交以来两国关系的发展看,两国的共同利益是主流。[2] 在新形势下,中美共同利益不是在减少,而是在增多;合作面不是在变窄,而是在拓宽。主要表现在三个方面。

第一,中美经贸联系增强,经济利益汇合进一步加深。双边贸易额已经从建交当年不足25亿美元发展到2011年的4466亿美元,增长了近180倍。两国早已互为第二大贸易伙伴,中国已连续10年成为美国增长最快的出口市场之一,2001~2010年,美国对华出口累计为美国增加了300多万个就业岗位。2006~2011年,中国每年派出的投资贸易促进团累计从美国采购的金额超过

---

[1] Joseph R. Biden Jr. , "China's Rise Isn't Our Demise," *New York Times*, Sep. 8th, 2011, http://www.nytimes.com/2011/09/08/opinion/chinas-rise-isnt-our-demise.html.

[2] 参见杨洁篪《承前启后 继往开来 开创中美建设性合作关系新局面——纪念中美建交30周年》,《求是》杂志2009年第2期,第54~56页。

1000亿美元,中美贸易顺差已经回归到国际公认的合理区间。两国双向协议投资总规模接近1700亿美元,目前美国在华投资项目达6万多个,而中国企业赴美投资的积极性也在不断提高,目前已在美设立直接投资企业1600多家,覆盖多个领域。① 中美两国都在这种经贸合作中获得了实实在在的好处。

第二,国际局势风云变幻,中美在国际事务中"共迎挑战",合作点不断增加。2008年金融海啸来袭,中美"同舟共济",为世界经济复苏做出积极贡献。奥巴马提出的"无核世界"主张得到中国的响应和支持,双方在2011年的《中美联合声明》中特别强调了在不扩散领域的合作,对世界各国具有积极的示范效应。在应对一些突发热点问题上,中美合作有力地维护了地区和平与稳定,如金正日逝世时,双方反应一致,确保了朝鲜半岛未发生大动荡。中国自身追求"负责任大国"目标,而美国急需中国作为"利益攸关方"分担全球义务,两者能够有机结合,成为两国关系发展的动力。② 目前,在应对气候变化、打击海盗、反恐、网络安全、外空安全、能源资源、公共卫生、粮食安全、防灾减灾等诸多非传统安全领域,中美既有良好的合作基础,也有进一步拓展合作的空间。

第三,中美之间联系增多,人员往来更频繁。地方合作、人文合作、民间合作蓬勃开展。"国之交在于民相亲",不仅两国政府层面建立起不同级别、不同领域的60多个双边对话机制(截至2013年8月已达90个),两国民众的往来也日益密切,中美两国每年人员往来从建交时的几千人逐年增多,截至2013年8月已超过300万人次,平均每天有近一万人往返于太平洋两岸,特别是2012年2月美国放宽了对华签证之后,这种人员往来增多的势头更加强劲。地方交流合作一直是支撑两国关系发展的重要基础和力量,截至2012年年底,中美已经建立了38对友好省州和176对友好城市关系,美国的50个州中有47个州在过去十年对华出口增长了几倍甚至几十倍。2011年借助中美省州长论坛,11位中国省级领导和26位美国州长进行了坦诚深入的对话,签署了多项合作协议,掀起了新一轮地方交流的热潮。在人文领域,中国大力推动"三

---

① 参见习近平副主席在中美经贸合作论坛开幕式上的演讲,《着眼长远 携手开创中美合作新局面》,《人民日报》2012年2月19日,第2版。
② 参见金灿荣《大国的责任》,中国人民大学出版社,2011。

个一万"项目建设,即4年内为万名美国来华留学生提供奖学金、"汉语桥"万人来华研修、公派万人赴美攻读博士学位。而美国政府也在积极实施"十万人留学中国计划",截至2011年,中国连续两年成为美国国际留学生第一大来源国,中国留学生遍布全美,青年留学生已成为两国人员往来的一支生力军,成为未来推动中美关系发展的重要力量。

当前的中美关系与40多年前相比发生了很大变化,但两国携手共进的趋势并未改变。两国已经享受了长时间的和平,在相互依存中水涨船高、彼此受益,双方已经积累了一定的战略共识、深厚的合作基础以及打交道的丰富经验。虽然中国面对的是一条"前无古人"的道路,但中国共产党开创中国特色社会主义道路的经验告诉我们,只要认准了方向,凭借"摸着石头过河"的智慧和"不到长城非好汉"的勇气,不断进行理论创新与实践创新,就能够走出一条全新的道路来。而美国作为西方现代文明的重要开拓者和引领者,不乏理性灵活的战略思维和"敢为天下先"的勇气。中美保持长期稳定的合作关系不仅事关两国人民的福祉,也会对人类文明进程产生重要影响。处于"地球村"的人们已无法再承受大国对抗带来的毁灭性后果,中美走一条大国长期和平共处的新道路是符合历史潮流的唯一正确选择。

三 "国家共性"与中美关系未来

40多年来,中美两国"携手共进"的"法宝"在于"求同存异"。中国有一句话叫"君子和而不同",世界具有多样性,在"共进"的过程中,期待中国逐渐遵从西方的价值理念的思想是危险的,"单一话语霸权对人们思想的影响是有害的,中国人需要保持自身的文化自觉,防止多元共存的文化景观走向凋零"[1],中美彼此需要尊重对方的"个性",即"东西方价值理念的差异性与互补性"[2]。在合作的过程中,利益的矛盾和摩擦也是不可避免的,中国不可能放弃自己的国家主权与核心利益,也不会拿原则做交易,不理解和尊重两

---

[1] 袁明:《全球化中的文化自觉》,《太平洋学报》2003年第3期,第27页。
[2] 参见李慎之《辨同异,合东西》(上),《瞭望》1993年第11期,第34~35页;《辨同异,合东西》(下),《瞭望》1993年第12期,第35~37页。

国利益的分歧会导致不现实的期待，从而使合作更难进行下去。①

在全球化时代里，谋求"遏制"中国是"开历史倒车"，而"接触战略"也无法令美国"心想事成"。因此，包括基辛格在内的一些美国学者已敏锐地认识到，更合适中美关系的标签应当是"共同演进"②而不是"伙伴"③。这种定位意味着两个国家追求各自内部的目标，在可能的时候进行合作，随时调整关系使冲突最小化。任何一方都不必认同对方的所有目标或假设利益的完全一致，但双方都寻求认知并发展彼此互补的利益④。"共同演进"这一生物学概念对中美关系具有几点借鉴意义。首先，承认中美是不同类型的国家，但地位是平等的，需要相互尊重。其次，中美是共生共荣，相互之间并不排斥，相互依存大于相互竞争。再次，双方具有广泛的合作空间，可以成为"利益共同体"甚至"命运共同体"。最后，双方可以在合作中实现共同强大的目标。

"不识庐山真面目，只缘身在此山中"，中美两国只有把视线从"价值观念分歧"和"具体利益纷争"上移开，才能避免在"战略互疑的阴霾"与"自我实现的预言"中迷失方向。"不畏浮云遮望眼，只缘身在最高层"，中美双方如果能从历史、文化、社会等视角出发，重新审视彼此，就能够挖掘更多的"共性"，找出"共同演进"的必然性与潜在动力。

中美两国在社会文化上具有一些有助于"共同演进"的"共性"。首先，中美两国的社会文化都比较灵活，具有"实用主义"的特性。美国实用主义的思想来源于独特的历史文化，如"边疆传统""新教伦理"等，这种哲学塑造了美国人的性格特征。美国人讲求效率、讲求实际，注重现实的努力，勤劳致富。受实用主义影响，美国人在处理问题时"似乎不受规定分明的道义—伦理原则指导，关注眼前利益，善于利用机会，善于妥协，灵活变通，避免走

---

① Jerfrey A. Bader, *Obama And China's Rise: An Insider's Account of America's Asia Strategy*, Washington D. C., Brookings Institution Press, 2012, pp. 48 – 68.
② "共同演进"（Co - evolution）原本是一个生物学概念，指一些物种共生共存，共同变得强大，由美国基辛格协会执行董事雷默先生引入国际政治领域，用以描述未来的中美关系发展。
③ Henry Kissinger, *On China*, New York, The Penguin Press, 2011, p. 526.
④ Joshua Cooper Ramo, "Hu's Visit: Finding a Way Forward on U. S. - China Relations," *Time*, April 8, 2010.

极端"①。中国人与之相类似，一直以来崇尚勤劳、节制，注重现实奋斗；奉行"中庸之道"，思想和行为不会走极端；灵活包容，认为"道法自然""法无定法"，坚持"求同存异""君子和而不同"；追逐功利，主张"经世致用""修身、齐家、治国、平天下"，认同"脚踏实地""敦本务实"。这些特点为中美两国超越差异、互利互惠发展提供了动力。

其次，中美两国的社会文化中，"世俗力量"都比较强大。众所周知，美国是一个宗教国家，但它也是一个政教分离的国家，正如美国学者威尔·赫伯格所言，"在所有工业国家中，美国是最坚持政教分离的。在诸国中，美国看起来是最宗教的，但同时又是最世俗的"②。在美国这样的国家，宗教是国家世俗力量的表现③，美国能够容忍任何宗教而不确立国教，能够在制度上将政教分离而不摒弃宗教，其宗教世俗化了，世俗力量也借助宗教变得越来越强大，表现在社会的各个方面。④ 宗教不涉及政治，政府不干涉公民的信仰自由，美国人的生活也不受宗教清规戒律的束缚，追求物质生活。而中国很早就学会了"政教分离"，在中国历史上，道教、佛教、伊斯兰教的一些教派在社会中长期、普遍地存在，甚至很多皇帝本身就是教徒，但他们不会用宗教的原则来治理国家，当宗教干涉政治的时候，统治者——即便其笃信该宗教——都会用强力将宗教驱逐出政治范畴。延续至今的政教分离传统也培育了中国强大的世俗力量，中美世俗力量之间存在共性，两股社会力量的社会价值观念趋同、物质需求和生活方式相似，为中美之间加强交流合作、促进彼此理解提供了动力。

再次，中美两国的文化都非常自信，这种"文化自信"造就了罕见的"文化宽容"现象。以美国为例，这种宽容或融合主要表现在宗教文化与世俗文化的结合、本土文化与外来文化的融合、主流文化与边缘文化的磨合、传统

---

① Cecil V. Crabb Jr, *American Diplomacy and the Pragmatic Tradition*, Louisiana State University Press, 1989, p. 57.
② Will Herberg, *Protestant, Catholic and Jew: An Essay in American Religious Sociology*, Chicago, The University of Chicago Press, 1983, p. 3.
③ 参见《马克思恩格斯全集》（第一卷），人民出版社，1995。
④ 参见童小川《科学和神学——现代美国文明的两大支柱》，《东北师大学报》（哲学与社会科学版）2000年第2期，第60~61页。

文化与现代文化的汇合、阶级文化与种族文化的组合、精英文化与大众文化的弥合、个人主义与民族主义的联合、熔炉文化与多元文化的整合[①]方面。美国总统奥巴马曾在就职演讲中强调,"我们的多元文化遗产是一个优势而非劣势。我们国家里有基督徒也有穆斯林,有犹太教徒也有印度教徒,同时也有无神论者,我们民族的成长受到许多语言和文化的影响,我们吸取了地球上所有角落的文化营养"[②]。中国文化是一种"和合文化",和合文化产生和发展于先秦时期。从西周史伯的"和实生物,同则不继",到孔子的"君子和而不同,小人同而不和";从老子的"万物负阴而抱阳,冲气以为和",到孟子的"天时不如地利,地利不如人和",再到荀子的"万物各得其和以生","和合"思想源远流长。和合文化有两个基本特点,一是客观地承认不同,如"阴阳""上下""天人""男女"等;二是把不同的事物有机地结合在一起,如"阴阳和合""天人合一""五行和合"等,它注重人与自然、人与人之间的和谐。中美双方都有一定程度的文化包容力,可以与其他民族、其他种族的文化和谐共处。

四 结语

光阴荏苒,沧海桑田,40多年前的中美握手迎合了历史发展的趋势,翻开了两个文明大国携手共进的新篇章;40多年后,"人面不知何处去,桃花依旧笑春风",经历了国际社会的风云变幻,中美延续着"和平共处、互利发展"的态势,把"共赢"的福祉带给两国人民和整个世界。

40多年间,中美从最初的"彼此不甚了解"发展到今天的"利益深度捆绑",实属不易。中美关系是复杂的、多层面的,既有利益的冲突,又有利益的汇合;既有政治价值的分歧与对立,又有文化社会层面的共性与融合;既无法成为盟友,又不可能沦为敌人。随着中美实力的不断接近,两国都走到了

---

① 参见董小川《美国文化特点综论》,《东北师大学报》(哲学与社会科学版)2002年第4期,第13~20页。
② 奥巴马就职演说,美国白宫网站,2009年1月21日,http://www.whitehouse.gov/blog/inaugural-address。

"战略十字路口",如何看待中美关系的未来发展,两国的态度是关键。如果双方能够共同控制冲突、挖掘利益汇合点,中美关系就能够在构建利益共同体的道路上越走越远。如果选择了战略对抗,两个文明巨人发生的冲突,不仅会将各自多年的发展成果葬送,还会把世界拖进逐渐毁灭的深渊。对于两国的领导人而言,这不是一道选择题,因为从中美和世界的福祉来看,合作是唯一正确的选项。摆在两国领导人面前的,是一道问答题——中美应怎样开展合作?笔者尝试给出的答案是"两个分担""两个拓展":中国和美国分担义务、分享权力;中国和美国拓展"共同利益",拓展"文化共性"。新型大国关系的愿景依然显现,美国是否准备好和中国共同演进、携手向前,开创人类新的历史?我们相信美国领袖们的战略智慧,也相信历史会再次给我们一个满意的答案。

单惠主义的迷思：日本民主党对华战略的解析及批判*

蔡 亮**

摘 要：日本民主党的对华战略受单惠主义思维主导，在全球层面寻求在"日美联合对抗中国崛起的威胁"这一臆想的结构中自我定位；在地区层面则加大对南海问题的介入力度，偏袒菲律宾、越南等国，并将之与东海问题挂钩，意图建立对华的战略包抄；在双边层面奉行"政经分离"政策，在安全领域不断强化对华战略围堵，在经济领域却意图分享中国的经济红利。然而上述战略布局，首先会使日本缩小在中美之间的战略回旋余地，其次会导致东亚地区的局势更加动荡，最后使得中日关系陷入"政冷经凉"困境，最终损害日本的国家利益。

关键词：民主党 单惠主义 中日关系 野田内阁

日本对华战略的核心是伴随着中国的崛起而导致地区乃至全球格局发生的变动，日本应如何进行自我定位的问题。平心而论，提高日本在日美同盟中的

---

* 本文系上海市哲学社会科学青年课题"日本 TPP 战略的美国因素及对中日关系的影响"（课题批准号：2012EGJ001）的阶段性成果。日本民主党下野后，为加强在野党对执政党的监督作用，遂决定与维新党合并为新的政党。但在方式上，首先，维新党宣布解散，其次，原维新党所属众参两院的国会议员全部加入民主党，最后，民主党于 2016 年 3 月 27 日宣布改名为民进党。

** 蔡亮，博士，上海国际问题研究院世界经济研究所、亚太研究中心副研究员。

地位，并与中国实现多领域的合作最符合日本的国家利益。但 2009 年 9 月，派系来源复杂的民主党上台执政后，经过三届内阁的摸索，竟使强调单惠主义和追求大国主义的野田佳彦、前原诚司等少壮派成为其制定对外战略的主导者。因他们未能正视东亚地区由安全与经济二元结构分离所造成的"结构性紧张"局面的复杂性，主观地将美国"重返亚太"的东移战略错位成冷战格局的亚洲重演，并意图在"日美联合对抗中国崛起的威胁"这一臆想的结构中进行自我定位，导致民主党的对华战略误判连连，面临一系列结构性困境。

一 日本民主党对华战略的特征

以野田佳彦、前原诚司等人为首的民主党执政高层，多成长于战后日本经济高速增长时期，其人生观和世界观的形成正值日本急欲从经济大国向政治大国迈进之际，他们经过"松下政经塾"培养能够承担起领导日本未来重任的优秀人才的"洗礼"后，又直接跻身政界，其共性是强调单惠主义和追求大国主义。自营直人内阁以来，他们逐渐主导了民主党政权对外战略的决策权，开始将上述的政治信念转化为执政理念。

他们将日美同盟视为维护日本利益、追求大国化目标的工具，意图在构建亚太地区秩序方面与美国共同发挥主导作用，而视中国的崛起为实现上述目的的最大障碍。其对华战略主要是基于这一立场来谋篇布局的。

在全球层面，民主党主观地将美国"重返亚太"的东移战略等同于中美"新冷战"的开始，强调日本在"对华包围网"中的特殊地位，并提出"太平洋宪章"，意图与美国共同主导亚太安全、经济秩序，对华实现战略主动。

民主党视日美同盟为其追求大国化目标的主要工具，而视中国的崛起为其大国化目标的主要障碍。因此，面对中国的崛起，民主党的对策是无论在安全保障方面，还是在经贸合作方面，都以配合美国的战略调整为基轴。①

---

① 山本吉宣『日米中関係の中長期的展望—パワー・トランジッションの中の日米中関係』、日本国際問題研究所、2012、4 頁。

针对中国的崛起，奥巴马政府提出了"重返亚太"的东移战略，并从军事和经济两个方面实现对华战略主动，即"空海一体战"（ASB）战略构想和《跨太平洋伙伴关系协议》（Trans-Pacific Strategic Economic Partnership Agreement，TPP）。

所谓的"空海一体战"是将中国的导弹基地、航天系统和网络空间作为打击目标，实现在"海、陆、空、天、网"五维空间内统合作战。为此，美国以和日本、澳大利亚等亚太盟国的合作为基础，将原有的美日、美韩及美澳等双边安全合作机制构成的扇形结构延展为涵盖菲律宾、越南及印度等国在内的网状结构。2012年1月，时任美国国防部部长帕内塔指出："为牵制中国经济和军事力量的增强，在联系西太平洋、东亚、南亚以及印度洋的弧形地带重新均衡美军力量。美国关注中国开始拥有拒止和地区封锁的能力。如何遏制和摧毁中国的这种能力，将成为美军的重要任务。"[①] 之后，他在"香格里拉对话会"（SLD）上又提出"亚太再平衡"战略,表示到2020年前，美国海军将目前在太平洋与大西洋5∶5的战舰部署格局改为6∶4。

TPP则是建立以全面消除关税和非关税壁垒为目标的综合性、高水平的自由贸易区。美国主导TPP的目标在于以此为平台建立一个包括APEC各成员在内的自由贸易圈，并通过主持TPP建章立制的工作，在牵制中国—东盟自由贸易区的同时，迫使中国陷入"二选一"的困境，即"或是服从美国主导的国际规则，或是被排除在圈子以外"。

对此，日本民主党认定美国"空海一体战"的战略构想是冷战时期北约对付苏联"空地一体战"战略的当代版本。在这一战略构想中，日本与当时的联邦德国一样扮演着"盾牌"的角色，只是抵御对象由苏联转变为中国。[②] 对美国表示未来10年内将削减4900亿美元军费的提法，日本民主党认为美国欲在大幅削减国防预算的同时维持自身在亚太地区的军事影响力，就必须寻求同日本、韩国、澳大利亚等盟国的合作，动用有限的兵力，以战略据点为依托

---

① "Sustaining U. S. Global Leadership：Priorities for 21st Century Defense,"January 3, 2012, http：//www.defense.gov/news/Defense_ Strategic_ Guidance.pdf.
② 丸山浩行「米国の対中包囲網の構築で最前線に置かれる日本」『週刊エコノミスト』2012年1月17日。

实现以点制面的战略目标。其中，日本的作用显得尤为重要。日本位于中国进入广阔的太平洋的战略要冲，处于中国从第一岛链走向外洋的门户位置上。加强对西南诸岛的有效防御，就可以扼制中国从第一岛链之内向外洋扩张的势头，同时还可保卫冲绳。而要实施对西南诸岛的有效防御，不仅要增加兵力部署，还应扩大日美间的基地设施共享，加强日美间的兵力运用机制，以对美国形成有效补充。①

关于TPP问题，尽管其对提升日本经济的作用有限，且日本国内甚至民主党内就是否参与TPP谈判的意见呈现两极分化，但野田内阁出于修复和巩固日美同盟的需要，最终以野田本人做出政治决断的方式表达了参与TPP谈判的意向。②2012年1月17日，野田佳彦还模仿"大西洋宪章"准备提出名为"太平洋宪章"（后改为"野田主义"）的新外交战略构想，并定调为民主党政权在外交、安全领域的新政策基础。该构想的前提假设是日美同盟是维持亚太地区可持续发展及和平稳定方面的基轴，日本将与美国共同构建关于经济合作和解决冲突的全面规划。在经济上，扩充TPP框架，并促进亚太自由贸易区（FTAAP）的进展，制定贸易和投资方面的共同规则；在安全方面，将基于国际法提出一揽子规范，用以处理海上航行自由及和平解决冲突等事务，并将中国纳入宪章的约束范畴之内。③

在地区层面，日本民主党一方面以"确保南海航行自由，遵循相关国际规范"为口号，积极介入南海问题，明确偏袒菲律宾、越南等国，并意图将之与东海问题挂钩，实现对华的制度性约束；另一方面，又积极以"美日+1"的小三边合作方式强化同澳大利亚、韩国、印度等国的关系，加大整合中国周边势力的力度，实现对华战略包抄。

日本民主党插手南海事务，首先，配合美国"重返亚太"的战略调整，其乐此不疲地高呼"确保南海航行自由，遵循相关国际规范"等口号即是明

---

① 森本敏「米新国防 日本は安保戦略建て直し 国家再生を」『産経新聞』2012年1月7日。
② 据日本内阁府的统计，加入TPP可以使日本的GDP年增长率提高0.48个百分点~0.65个百分点，但也会给日本农业带来灭顶之灾，经济损失达11.6万亿日元，粮食自给率将从目前的40%陡降至14%。内閣府「包括的経済連携に関する検討状況」、http://www.cao.go.jp。
③ 「野田首相『太平洋憲章』提唱へ 鳩山政権の『東アジア共同体』構想から脱却」『産経新聞』2012年1月18日。

证。其次，民主党可借此强化与菲律宾、越南等国的战略伙伴关系，获取更大的战略纵深，并为日本提供在东南亚地区安全中扮演关键性角色的机会。① 例如，2012 年 4 月 28 日，野田内阁正式决定通过政府开发援助（ODA），向菲律宾、马来西亚和越南三国提供巡逻船和通信系统等装备。② 最后，日本有意将南海问题与钓鱼岛及其附属岛屿主权争议、东海专属经济区划分争端问题挂钩，一方面寻求美国及东盟相关国家的声援，另一方面企图通过所谓的亚太海洋安全架构，单方面建立针对中国的海洋规则。③

在双边层面，民主党积极奉行对华"政经分离"方针：一方面制定了目标直指中国的"新防卫大纲"，提出了强化西南岛屿的动态防卫战略。与此同时，竭力破坏双方的政治互信，呈现执政党强硬与在野党、地方倒逼相结合的特征。另一方面又意图分享中国的经济红利。

2010 年 12 月 17 日正式出台的《关于 2011 年度以后的防卫计划大纲》（简称"新大纲"），原则上将规范日本今后 5~10 年的安全政策走向和防卫力量建设方向。"新大纲"倡导日本防卫力量从"基础防卫力量"向"机动防卫力量"转化，强调因中国和朝鲜的不安因素或威胁，日本周边安全形势紧迫严峻。④ 为此，日本决定加强西南诸岛和先岛诸岛等岛屿的防卫力量，例如，在兵力部署上决定在冲绳岛新增自卫队 2000 人，使该地区自卫队总人数达到 4000 人；此外，对自卫队武器配置进行了重大调整，将潜艇由 16 艘增加到 22 艘，宙斯盾舰从 4 艘增加到 6 艘，并为航空自卫队选定正在研制中的 F-35 型战斗机为下一代战机。⑤

另据日美间的相关协议，美国决定从冲绳美军基地撤走 8000 名海军陆战队官兵，重新部署到关岛。美军的这种调整，使日本西南防卫力量受到削弱。因此，加强西南诸岛和先岛诸岛等岛屿的防卫就成为日本强化自主防卫力量的

---

① Joshy M. Paul, "Asian Powers Scrambling for Regional Space," *The Japan Times*, October 24, 2011.
② 「フィリピンなどに船艇供与　戦略的ODAで『対中包囲網』」『産経新聞』2012 年 4 月 29 日。
③ 「中比対立激化 尖閣諸島でも警戒が必要だ」『読売新聞』2012 年 5 月 24 日。
④ 防衛省「平成 23 年度以降に係る防衛計画の大綱について」、http://www.mod.go.jp/j/approach/agenda/guideline/2011/taikou.html。
⑤ 防衛省防衛研究所「東アジア戦略概観 2012」、http://www.nids.go.jp/publication/east-asian/j2012.html。

优先步骤。与此同时，日本也计划借此加强自卫队和美军的联合训练、共同使用基地，加快日美军事一体化进程，并将之视为落实美国"空海一体战"战略构想具体化的第一步。例如，为提高离岛防卫能力，日本自卫队开始协商首次在美国领土驻留，并与美军联合训练演习事宜，以强化冲绳岛和其他西南诸岛的机动性及备战程度。

除安全上的动作外，日本在钓鱼岛、涉疆等涉及中国核心利益和重大关切的问题上动作频频，进一步削弱中国和日本已脆弱不堪的政治互信。比如，2012年年初，民主党决定将钓鱼岛周边的四个小岛分别命名（将钓鱼岛黄尾屿附近的3座小岛定名为"西北小岛"、"北小岛"以及"东北小岛"。赤尾屿附近的一座岛屿被命名为"北小岛"）后，2012年4月17日，东京都知事石原慎太郎表示将从东京都财政中拨专款"购买"钓鱼岛，野田内阁借机决定以20.5亿日元将钓鱼岛、"北小岛"及"南小岛"非法"国有化"。此外，在自民党部分议员的倒逼下，日本政府不但准许与"东突"等恐怖组织联系紧密的"东突"分裂势力"世维会"在东京召开大会，还向其首脑热比娅发放签证。5月13日，当温家宝总理与野田会晤时，提及中方在钓鱼岛、涉疆等问题上的原则立场时，野田却表示，"中国在包括钓鱼岛在内的海上活动趋于频繁，刺激了日本国民的感情，希望中方保持自重"。至于"世维会"的问题，野田则将之与人权问题挂钩，指出"人权是国际社会要追求的基本且普遍的价值观。这个问题可让局长级官员在日中人权对话框架内进一步讨论"①。可以说，民主党的种种举动与营造纪念中日邦交正常化四十周年的气氛完全背道而驰。

在经济方面，民主党也认识到"中国特需"已成为日本经济复苏不可或缺的一剂良方，因而多次强调中日经济合作的重要性和必然性。例如，野田在2011年12月访华期间向中方提出"推进双方基于共同战略利益基础上的互惠互利关系"的6点倡议。②

---

① 「日中首脳会談（概要）」、http://www.mofa.go.jp/mofaj/area/jck/summit2012/jc_gaiyo.html。
② 外務省「日中国交正常化40周年に際する日中『戦略的互恵関係』の一層の深化に向けた6つのイニシアティブ（ファクト・シート）」、http://www.mofa.go.jp/mofaj/kaidan/s_noda/china_1112/pdfs/jc40_factseet.pdf。

二 日本民主党对华战略的解析

日本民主党派系来源复杂，其对外政策主张也各异，从接近社民党较为左派的立场到诸如自民党极右翼的主张，跨度甚大。① 总体而言，在中国崛起，中美关系既竞争又合作，战略定位含混不清的情况下，日本民主党内一度呈现三种不同的对华战略选择，如表1所示。

表1　民主党不同派别的对华战略特征

代表人物	对华战略特征
鸠山由纪夫	提高日本在日美同盟中的地位，并在中日和解的基础上推动"东亚共同体"的建设
小泽一郎	在中美之间保持一种微妙的平衡，竭力将日美中关系塑造成"等边三角形"，尽可能地在日美同盟的框架内分享中国的经济红利
野田佳彦、前原诚司	将日美同盟视为维护日本利益、追求大国化目标的工具。以此为基础，在加强日美同盟，实施对华战略围堵的同时，采取单惠主义方针，奉行"政经分离"政策，意图分享中国的经济红利

相较而言，第三种选择最不符合中日和平共处的国家利益，在中日相互依存日趋紧密的背景下，零和博弈的冷战思维和单惠主义主导下的"政经分离"的政策不但会使两国"战略互惠关系"徒具其名，更有导致中日关系陷入"政冷经凉"的厄境之虞。届时不但中国经济会受重创，日本亦会出现第三次"迷失的十年"，因而是个双输的选项。但随着鸠山由纪夫宣布辞职，其倡导的"东亚共同体"也被束之高阁。而从菅直人到野田佳彦，民主党内围绕着非小泽派与小泽派的斗争日趋白热化，野田佳彦、前原诚司等人的对外战略也逐渐成为党内主流。② 随着小泽一郎因反对野田佳彦强推的增税法案宣布退党，野田派完全主导了日本的对华战略。

面对中国崛起及给东亚乃至世界格局带来的巨大影响，日本与中国在增进安

---

① 王海滨、蔡亮:《民主党执政后的日本对台政策动向探析》,《国际论坛》2010年第2期,第46页。
② 山口二郎『政権交代とは何だったのか』岩波書店、50頁。

全互信的基础上，实现中日多领域合作最符合其国家利益。但野田佳彦、前原诚司等人完全摒弃民主党其他派别的战略智慧，意图在"日美联合对抗中国崛起的威胁"这一臆想的结构中实现对华战略的自我定位，这主要受日本国内的保守化倾向、对中国崛起的错误认知及美国"重返亚太"的东移战略等因素影响。

首先，受日本国内社会思潮日趋保守化和内向性倾向的影响。野田佳彦、前原诚司等人追求的大国化目标是建立在强有力的政治领导基础上的，并认为唯有如此才是对内实现国民经济和社会生活正常运营，对外提高国家形象的有效路径。而日本在经历了20年的经济迷失期后，经济高速增长时期的那种以经济为媒介实现政治大国的愿景日益渺茫，加之日本社会少子化、老龄化问题日趋严重和政局的长期动荡，使日本人产生了一种幻灭感和焦灼感，转而将希望寄托于这些政客身上，试图借此重新唤起日本社会和日本人的信心，以支撑日本社会尽快扭转经济低迷、政治动荡的颓势。基于此，其对华政策的强硬在某种程度上而言是与日本国内以弱势危机心理为基础的保守化和内向性一拍即合的。

其次，受日本尚未正确评估中国崛起所带来的机遇与挑战的影响。面对中国的崛起，日本国内出现了经济上"中国特需论"与安全上"中国威胁论"并存的二元分裂现象。这种将经济与政治完全割裂的态度，既忽视了机遇与挑战相互对立、相互转化的辩证关系，更昭示了日本面对中国崛起的复杂而不安、敏感而脆弱的扭曲心理。

事实上，"中国威胁论"在日本向来有一定的市场。日本国际关系学者高坂正尧曾从现实主义的角度分析说，当一种文明或国家迅速崛起之际，历史就会在这一势头的推动下发生改变，这是经济、军事及文化等各种综合因素发挥作用的结果，而非以人的意志为转移的。据此，高坂认定中国崛起之后必然会在客观上对周边国家构成威胁，这不是以中国人的主观意志为转移的，而是其权力增大本身带来的结果。[①]

在冷战后中美战略定位尚不明朗，台湾问题、钓鱼岛问题及历史认识问题等频频成为焦点，且中日两国综合国力开始出现逆转之际，"中国威胁论"每每甚嚣尘上，中国的一举一动极易被日本过度诠释。例如，拓殖大学校长渡边

---

① 高坂正尧『海洋国家日本の構想』中央公論新社、2008、113-143頁。

利夫就直言不讳地将中国定位为迟来的帝国主义国家,指出中国发展本身就是霸权行为。① 国防大学前校长五百旗头真更是认为目前的中国与帝国主义时期的日本对外膨胀之势惊人地相似,并劝导中国勿重蹈战前日本之覆辙。② 这使得日本国内对华强硬的政治氛围日趋浓厚。据日本言论 NPO 与中国展开的联合调查显示,日本有 84.3% 的受访者对华持负面印象,创相关调查以来的历史最高值。③ 而这反过来又为民主党不尊重中国核心利益和重大关切,一味地对华频频发难提供了重要的"民意"基础。

最后,受美国实施针对中国的"重返亚太"的战略影响。美国认为,美元的金融主导地位和美国的全球军事优势是维系霸权的两大支柱。但二者目前已经开始受到中国崛起的挑战,因而增强了对东亚地区事务的介入。④ 为遏制中国,维系霸权,美国在军事上提出了"空海一体战"构想及"亚太再平衡"战略,经济上则主导建立 TPP。如前所述,日本国内对中国崛起疑虑重重,而美国的东移战略恰好为野田佳彦、前原诚司等人深化日美同盟,臆想在"日美联合对抗中国崛起的威胁"的结构中提升日本在亚太的话语权及主导权提供了有利的外部环境。

三 日本民主党对华战略的批判

野田佳彦曾宣誓要建设一个让国民感到"出生在日本真好"⑤的国家,但实际上其在内政方面的政绩乏善可陈,倒是在外交领域动作频频。追根溯源,对于长期陷入经济低迷的日本而言,经济优势的不断丧失,加之人口老龄化趋势的日益严峻,国力的下降将不可逆转,因而当务之急便是借助有效的战略性外交来维护日本的国家利益,彰显其国际影响。⑥

---

① 渡辺利夫「中国は遅れてきた帝国主義国家」『産経新聞』2012 年 3 月 23 日。
② 国分良成編『中国は、いま』岩波書店、2011、75 – 80 頁。
③ 「第 8 回日中共同世論調査結果」、http://www.genron – npo.net/pdf/forum2012.pdf。
④ Joel Rathus, "The US, ASEAN and China: Emergence of New Alignments," *East Asian Forum*, August 28, 2010.
⑤ 野田佳彦「わが政治哲学」『Voice』2011 年 10 月号、45 頁。
⑥ 神余隆博『多極化世界の日本外交戦略』朝日新書、2010、13 頁。

然而，经济衰退及国际权力的重新分配不但使日本在对外战略中的从容与沉稳越来越难觅踪迹，现实主义与投机主义的色彩也使其外交活动中急促与焦躁的意味日益浓厚，加之野田佳彦、前原诚司等人缺乏从政经验，又奉行由政治主导的排斥官僚的做法，致使其一方面急欲在新一轮的全球及区域竞争中找到有利位置，另一方面又缺乏通盘考量，在强调原则性的同时缺乏灵活性的应对，使得其对外谋略显得草率粗糙，单惠主义色彩浓厚。这导致民主党的对华战略误判连连，面临一系列结构性困境。

首先，日本十分担忧美国对华形成某种合作关系。对此，野田佳彦、前原诚司等人的对策是深化日美同盟，刻意忽视中美存在着"竞合"关系（coopetitive）的现实①，即中美正致力于建构"尊重和照顾彼此利益关切"，推进"互利共赢合作"的新型大国关系。② 日本坚持紧紧抓住美国"重返亚太"的东移战略契机，积极充当急先锋，其结果是再度出现自身战略地位被边缘化的困境，缩小了日本在中美之间的战略回旋余地。

美国东移战略建构不完全是与中国进行军事对抗，更多的是一种软均势或制度均势战略的内涵③，是利用中国周边国家对中国的疑虑心理，充当离岸平衡（offshore balancer）的一种手段。日本民主党却无视这一点，将这种战略错位成中美之间的霸权争夺赛，认为中美对立越尖锐，日美关系就越重要，所以，日本应当在"日美联合对抗中国崛起的威胁"这一构造中找到自己的位置。④

换言之，即使在安全领域，对抗也并非中美关系的全部。但民主党却将对抗视为美国对华关系的主轴，甘当围堵中国的急先锋，忽视了此举将导致其战略功能缩小成美国对华软均势战略中的一枚棋子，其在中美之间的战略地位不是提高了，而是降低了，即日本在全球战略的回旋余地被大大缩小了。这一点

---

① 山本吉宣『日米中関係の中長期的展望—パワー・トランジッションの中の日米口関係』日本国際問題研究所、2012、35 頁。
② 胡锦涛：《推进互利共赢合作 发展新型大国关系》，http://news.xinhuanet.com/world/2012-05/03/c_111882964_2.htm。
③ 谷内正太郎編『日本の外交と総合的安全保障』ウェッジ、2011、183 頁。
④ 寺島実郎「世界認識の鮮明なる転換—二〇一二年日本の覚悟」『世界』2012 年 2 月号、35 頁。

从日美首脑会谈的背后主角是中国,而中美战略与经济对话只讨论两国关心的相关议题中可见一斑。

其次,与韩国、澳大利亚、印度、菲律宾、越南等国在"日美+1"的小三边框架中加强合作,共同编制针对中国的海洋规则的同时,强化以对华的战略包抄为主导的亚太地区新秩序,被民主党视为制约中国崛起的重要一环。此举成功的关键是东盟及韩国、澳大利亚、印度等国均认同中美关系已等同于冷战时期的美苏关系,并愿意在中美之间选择美国。但是,它忽视了目前多数周边国家无意在中美之间选边的现实,其外交行动导致东亚地区的局势愈加动荡,有损日本在本地区的影响力和国际形象。

实际上,韩国、澳大利亚等国虽然支持美国的东移战略,但大多数国家的目的只是想借美国来平衡中国日益增长的地区影响力,并不希望中美对抗,更不愿意选边。① 此外,除菲律宾、越南等国,东盟其他国家甚至不希望美国、日本等国直接插手南海问题,认为这样反而会加剧南海局势的动荡。例如,马来西亚前首相马哈蒂尔曾多次声称东盟有能力自己解决问题,无须外部力量的涉足。又如,2011年11月的东亚峰会期间,野田首相曾提议创建一个由各国政府官员和学者参加的海洋合作机制——"东亚海洋论坛",但因遭到东道主印度尼西亚的反对而未果。2012年3月16日,印度尼西亚外长马蒂·纳塔莱加瓦在澳大利亚表示,各国不应该"借助传统的联盟与阵营"来应对中国的崛起。②

再次,通过和平协商的方式来化解彼此的分歧是战后国际关系的一般行为准则,而意图通过联合围堵或建构多边框架迫使一国就范的想法本身就不符合国际规范,既往的历史更证明这一套做法在中国身上是无效的。民主党的做法实际上在日本国内已受到批评,很多人认为日本不应一味偏袒菲律宾、越南等国,这会激怒中国;也不应该像美国的"跟班"那样插手南海问题,而要严守中立立场,找到南海问题上中国与东盟国家的折中之处,赢得各声索国的信任,提高日本在本地区的国际地位。

---

① 竹内俊隆編著『日米同盟論—歴史・機能・周辺諸国の視点—』ミネルヴァ書房、2011、385頁。
② Mark Valencia, "ASEAN Floundering Over Sea Code of Conduct," *The Japan Times*, March 26, 2012.

由此可见，民主党一厢情愿的臆测一方面得不到多数周边国家的响应，另一方面也有被菲律宾、越南等国裹胁之虞，从而使东亚地区的局势更为动荡，更使日本扮演了地区稳定破坏者的角色，最终损害其在本地区的影响力和国际形象。

最后，民主党采取单惠主义方针，在处理中日关系时一意孤行地奉行"政经分离"政策，一方面竭力破坏双方的政治互信，另一方面又意图分享中国的经济红利，其结果不但将使中日关系陷入双输的困境，更会造成日本政局的动荡不安，并最终损害日本的国家利益。

战后中日关系的发展进程表明，一意孤行地推行"政经分离"政策只能导致"政冷经凉"，是一种双输的选项。对此，前首相中曾根康弘曾撰文表示，"日中是近邻，除了正常的国际关系外，还需要礼仪关系，相互礼让是必要的。这一点对两国领导人而言尤为重要。日本应该右手握着美国，左手握着中国。唯有如此，才能确保日本的存在感，确保日本的发展，确保东亚的和平"①。甚至连欧盟外交顾问罗伯特·库珀都认为，"现在日本外交上唯一的悬案就是对华关系。最重要的是，日本应理性平静地对待中国政府。对于日本来说，想获得终极的安全，最好的办法就是与中国建立良好的政治关系，两国必须把相互理解作为最优先的课题"②。

更为重要的是，民主党上述举动最终只会造成日本政局的动荡不安。其对华的种种挑衅行为固然在一定程度上顺应了国内对华强硬的政治氛围，但除了导致中国以强硬对强硬，对妥善解决问题丝毫无助，还引发国内在野党或其他政界人物对华示威，并借之向野田内阁施压。如前所述，无论是自民党在"世维会"问题上倒逼野田政府向热比娅发放签证，还是石原慎太郎在"钓鱼岛"问题上倒逼野田内阁出面"购岛"，都已使中日双方本已脆弱不堪的政治互信雪上加霜。一言以蔽之，日本民主党在对华关系上的失当举措，损害的首先是中日关系，进一步拖累了日本经济的复苏，还使民主党政权陷入进退维谷的窘境，更造成日本政局的动荡不安，最终使日本的国家利益蒙受其害。

---

① 中曾根康弘「外交の要諦を話そう」『外交』Vol. 01、2010 年 9 月 30 日。
② ロバート・クーパー「良好な対中関係、究極の安保」『日本経済新聞』2012 年 4 月 2 日。

四 结语

以野田佳彦、前原诚司为首的民主党执政团队,面对日本经济长期低迷不振,国力衰退不可逆转的趋势,意图借助有效的战略性外交来维护日本的国家利益,彰显其国际影响。受单惠主义思维主导,加之未能正视东亚地区由安全与经济二元结构分离所造成的"结构性紧张"局面的复杂性,他们将深化日美同盟作为实现上述目的的主要手段,并在臆想"日美联合对抗中国崛起的威胁"这一零和博弈的结构中重塑自我,确立了紧随美国,围堵中国的战略基调。其外交实践将导致日本在中美之间的战略回旋余地大为缩减,并加剧东亚地区的动荡局势,尤其是单惠主义主导下的对华"政经分离"政策,不但会使两国"战略互惠关系"徒具虚名,更有导致中日关系陷入"政冷经凉"的厄境之虞。

构建"中国—东盟利益共同体"的可行性分析[*]

孙西辉[**]

摘 要：随着全球化和地区化浪潮的蓬勃发展，出现了全球范围内的权力转移，中国等新兴市场国家迅速崛起，对国际体系产生了重要影响。在国际体系转型的背景下，如何确保国家利益最大化，营造中国和平发展的良好周边环境，是中国外交战略需要着重考虑的问题。从当前国际形势和东亚现实环境来看，构建"中国—东盟利益共同体"不仅符合形势发展，也是确保中国在东南亚的国家利益及应对美国战略重点东移的有效途径。鉴于中国和东盟国家历史与现实的密切联系，构建"中国—东盟利益共同体"具有强大的动力和较高的可操作性。

关键词：利益共同体 中国 东盟

自民族国家诞生以来，国家利益问题向来是国际关系中的一个核心问题。

---

[*] 本文系中国人民大学科学研究基金（中央高校基本科研业务费专项资金资助）项目"构建'国际利益共同体'的理论分析与外交战略——以'中国—东盟利益共同体'为例"（科研编号：13XNH062）的阶段性研究成果。

[**] 孙西辉，中国人民大学外交学专业博士研究生、中国社会科学院亚太与全球战略研究院博士后研究员、副教授。

它是满足国家生存与发展的必要条件，也是民族国家对外交往的基本动因与最高原则。① 二战后，尤其是冷战结束以来，随着全球化和地区化浪潮的蓬勃发展，出现了全球范围内的权力转移，对国际体系产生了重要影响。从国家层面看，美国在新一轮权力转移中保住了霸主地位，但中国、印度、俄罗斯、巴西等国迅速崛起。从地区层面看，地区经济集团化及其溢出效应导致大规模的地区权力转移，加强地区合作成为各国发展的依托，也是谋求国家利益的有效途径。外交政策是实现国家利益的重要手段，并随着国家利益的变化而变化。通过外交政策的运作，国家可以实现与国际体系的互动，确定其在体系中的角色，进而确定国家利益与外交政策，推动国家对外战略的制定。目前，中国是国际体系中的一个新兴大国，负有义不容辞的大国责任，理应在国际事务中发挥更大作用。然而，中国仍是一个发展中国家，实现持续发展的任务十分繁重，需要与周边国家特别是与东南亚国家加强合作，共建符合各自国家利益的"国际利益共同体"，促进地区发展与繁荣。

一 "国际利益共同体"非一般意义上的共同体

"共同体"本是一个社会学概念，后来被应用于国际关系领域，例如，我们耳熟能详的"安全共同体""经济共同体""文化共同体""国际共同体"等。从人类的发展历史来看，曾经出现原始共同体、家庭共同体、古代政治共同体、中世纪信徒共同体、近代异化的市民共同体、民族共同体、阶级共同体、社会共同体、现代国家共同体等。② 在现代，共同体被社会学家界定为"社群""社区"，以及社会上具有共同特征的各种层次的团体或组织，既包括有形组织，也包括无形组织，既有小规模的社区自发组织，也有高级的政治组织。德国学者斐迪南·滕尼斯（Ferdinand Tönnies）认为，共同体是拥有共同事物的特质、相同身份与特点的感觉的群体关系，是建立在自然基础上的历史和思想积淀的联合体，是有关人员共同的本能和习惯，或为思想的共同记忆，

---

① 俞正梁：《当代国际关系学导论》，复旦大学出版社，1996，第72~76页。
② 马俊峰：《"共同体"的功能和价值取向研究》，《石河子大学学报》2011年第2期，第47~52页。

是人们对某种共同关系的心理反应,表现为直接自愿的、和睦共处的、更具有意义的一种平等互助关系。① 实际上,各国学者提出的共同体的定义达90余种,却鲜有令多数人满意的说法,原因在于一个概念的界定不能脱离它使用的场合或语境。

本文所说的共同体是一个放在"利益"语境下的概念,即'利益共同体'。具体而言,"利益共同体"的重点在于"利益"。在历史上,西方思想家曾对"利益"和"利益共同体"展开过各自的论述。柏拉图认为由正义的人组成的"利益共同体"或统治集团是团结一致的,它的使命是服从于共同体的利益;亚里士多德将政治学上的"善"定义为"正义",同时指出正义以"利益共同体"的公共利益为依归;古罗马时期的哲学家认为"利益共同体"中的"利益"是道德之基础;中世纪时期的思想家以理性之法谋求"利益共同体"的利益;近代启蒙思想家认为"公意"和"契约"形成"利益共同体";德国古典哲学家眼中的"利益共同体"笼罩于理性之中。纵观西方思想家对"利益"或"利益共同体"的认识,我们可以发现一些共同的缺憾:第一,对"利益"的理解局限于道德和理性层面,没有从社会关系中把握利益范畴;第二,对"个体利益"与"共同体利益"的关系缺少辩证的分析;第三,对"人类利益共同体"的发展形式和终极指向缺乏历史的考察。马克思在理论与实践两个方面对前人的"利益共同体"思想进行了批判和改造,逐步形成了自己的"利益共同体"概念,主要观点是:第一,"利益"是"利益共同体"的核心内容;第二,"共同利益"是"利益共同体"的基础;第三,"共同体"是"利益共同体"的组织形式;第四,共产主义是"利益共同体"的终极指向。② 马克思关于"利益共同体"的思想是基于无产阶级革命的需要,但仍对我们有一定的启发意义。

从本质上看,任何"共同体"都是某种利益的"共同体"。然而,这里所说的"利益共同体"并非一般意义上的"共同体",也不同于西方思想家笔下

---

① 〔德〕斐迪南·滕尼斯:《共同体与社会》,林容远译,商务印书馆,1999,译者前言,第 ii ~ iii 页。

② 王言文:《马克思利益共同体理论与构建和谐社会》,硕士学位论文,中共山东省委党校,2011,第 5~18 页。

的任何一种"利益共同体"。其特定的含义是一种"国际利益共同体",是在当前权力转移与国际体系转型的背景下,中国扩大与其他国家的共同利益,提高共同应对风险能力的合作机制,目的在于深化地区合作,消除地区安全隐患,谋求共同发展。这里有几点需要注意。第一,本文所指的"利益"是多层次的"复合利益"。从单个民族国家来看,各国都有自己具体的国家利益,但如果将东盟视为一个整体,中国与东盟的双边关系则涉及更广泛层面上的利益,如东亚地区的利益,甚至影响整个国际社会的利益。因此,我们倡导的"国际利益共同体"不仅包括当事国的国家利益,也包括该地区的区域利益,甚至涵盖世界或全人类的共同利益。第二,本文中的"利益"是多领域的"综合利益"。不论在国家层面、地区层面,还是全球层面,这种利益的内涵必然是多领域的,涉及经济、政治、文化、安全方面。例如,促进经济发展与繁荣,保证政治稳定与进步,增强文化交流与认同,维护和平与安全。第三,在相互关系上,"国际利益共同体"的成员方之间未必达到紧密共同体的程度。以中国与东盟国家关系为例,双方山水相连,交往十分频繁,在经贸等多个领域的合作已经非常广泛和深入。但是,无论是中国与东盟的"10+1"机制,还是双方建立的自贸区,都还是初级阶段的一体化形式,离真正的"共同体"还有很大差距。但是,鉴于中国与东盟各国的实际发展程度和多样化的国情,建立这种"国际利益共同体"是目前保障双方利益的一条有效途径,或许会成为日后东亚地区一体化的发展基础。

二 构建"中国—东盟利益共同体"顺应形势发展

冷战后的20余年,世界发生了巨大变化。两极格局在一夜间似乎变成了美国主导的单极世界。正当西方津津乐道美国独霸世界之时,国际恐怖主义开始肆虐,全球问题彰显,美国深陷新世纪的两大战争泥沼,全球金融危机和欧盟债务危机纷至沓来,以中国为代表的非西方国家迅速崛起。此外,随着各国交往越发频繁和相互依赖日益加深,全球经济一体化和经济区域化成为当今世界并行不悖且彼此互动的两个过程与现象。只要有国家就会有"国家利益",有区域就有"区域利益",全球化也意味着"全球利益"。对于中国而言,目前最重要的利益在周边，需要重视那些与自身利益关联密切的周边国家，特别是东南亚国家。因此，构建相应的"中国—东盟利益共同体"，不仅符合中国国家利益，也符合国际形势的发展趋势。

第一，构建"中国—东盟利益共同体"符合国际体系转型的潮流。国际关系理论认为，体系是若干有关事物相互联系、相互制约而构成的一个整体，国际体系是国际"行为体间相互作用形成的既对立又统一的有机整体"①。国际体系本身的两个重要指标是国际格局和国际秩序②，国际体系转型意味着世界格局和国际秩序的转变。国际格局指"活跃于世界舞台的主要角色间相互作用和组合形成的一种结构"③。罗伯特·吉尔平（Robert Gilpin）认为，国际体系变更的主要原因在于国际体系的失衡：某个或者更多大国的实力衰落了，其他大国的实力却在崛起。④ 冷战之后，世界在美国"一超独霸"的格局下走向多极化。近年来，以中国为代表的新兴经济体迅速发展，国际力量结构重新洗牌，导致国际体系发生某种程度的变化。从理论角度讲，国际秩序"指的是国际社会中主要角色围绕某种目标和依据一定规则相互作用形成的运行机制，它表明国家在国际社会中的位置和顺序，具有相对稳定性"⑤。国际格局是国际秩序的物质基础，决定着国际秩序的状态，国际格局的转变意味着国际秩序必然发生变化。此外，国际格局还决定着国际秩序的受益主体。在国际秩序的转型过程中，拥有较大实力、在国际格局中占有支配地位的大国和强国往往扮演着主导性甚至决定性的角色，它们会按照自己的利益需求来安排国际秩序，使之打上本国意志和利益的烙印。中国不仅是世界上不可忽视的大国，更是东亚地区的强国。在国际系统转型的大背景下，中国以建设"中国—东盟利益共同体"的方式维护和扩大自身利益十分重要，也是符合国际体系转型的有益尝试。

第二，构建"中国—东盟利益共同体"顺应地区主义兴起的趋势。地区

---

① 梁守德、洪银娴：《国际政治学理论》，北京大学出版社，2000，第104页。
② 秦亚青等：《国际体系与中国外交》，世界知识出版社，2009，第3页。
③ 梁守德、洪银娴：《国际政治学理论》，北京大学出版社，2000，第124页。
④ 〔美〕罗伯特·吉尔平：《世界政治中的战争与变革》，武军等译，中国人民大学出版社，1994，第14页。
⑤ 梁守德、洪银娴：《国际政治学理论》，北京大学出版社，2000，第238页。

主义是一个相对较新的概念，对其内涵的理解在学术界一直存在争议。比较而言，学者耿协峰的概念更为全面而准确，他认为地区主义是"同一地区内的各个行为体（包括政府、政府间组织、非政府组织、民间团体或个人等）基于共同利益而开展地区性合作的全部思想和实践活动的总称"①。在东亚，地区主义表现为东亚一体化，最初体现于东盟国家的联合发展。虽然东盟国家在20世纪60年代开始走一体化的道路，但无论在层次上还是范围上都还十分有限，基本上限定在东南亚国家之间。20世纪90年代之后，东亚的地区主义获得实质性的发展。1997～1998年的亚洲金融危机是东亚合作的最大推动力，东亚主要经济体深受其害，认识到东亚国家需要加强自身的合作，才能应对这场危机的冲击。于是，3个"10+1"机制逐渐形成，东亚地区主义蓬勃发展。2010年1月1日，中国—东盟自贸区正式建成启动，这是中国参加的第一个自由贸易区，为确保双方利益最大化和推动东亚地区主义发展做出了巨大贡献。这种形势下，构建"中国—东盟利益共同体"确实符合东亚地区主义发展的趋势，可以进一步深化中国与东盟国家的关系。

第三，构建"中国—东盟利益共同体"是应对美国战略重心东移的必然举措。长期以来，美国的战略诉求是建立"美国统治下的世界和平"。但是，冷战时美国的战略重心一直在欧洲。冷战结束后，中国持续保持快速稳定发展，东亚地区成为世界上最具经济活力的地区。20世纪90年代后期，前美国总统克林顿开始重视亚洲，美国在亚太的贸易和投资超过了欧洲。小布什政府本应继续沿着这个思路去做，但"9·11"事件打乱了美国的战略。小布什政府把很多精力和资源放在了反恐上，放在了伊拉克战争和阿富汗战争上。奥巴马上任后，认为美国在亚太的地区的影响力相对削弱，而中国对这个地区的影响力上升得很快。美国感到这个地区的力量失衡了，需要重建力量均势。因此，美国近年来大张旗鼓地实施战略东移，重返亚太动作频频。尽管美国"重返亚洲"战略具有安全、经济、政治、战略等多重考虑，但遏制中国的目的十分明显。无论是挑动菲律宾和越南在南海问题上给中国添堵，还是在中日钓鱼岛问题上纵容日本，都表明美国希望东亚局势保持低烈度紧张，为其插手

---

① 耿协峰：《新地区主义与亚太地区结构变动》，北京大学出版社，2003，第37页。

东亚问题寻找借口，更为拖累中国发展制造事端。为应对美国的"围堵"，中国构建与东盟国家的"利益共同体"，可以有效分化美国在东亚的合作伙伴，化解美国"遏制"中国的压力。

三 建设"中国—东盟利益共同体"的动力大于阻力

尽管构建"中国—东盟利益共同体"符合形势发展，也有利于强化相关各国的利益，但在制定战略之前要先对其进行可行性分析，即权衡构建过程的动力与阻力。

由于该地区复杂的文化背景、难解的历史纠纷、尖锐的现实与制度性冲突，以及难以排除的外在大国因素的综合作用，"中国—东盟利益共同体"的建设面临着许多困难与障碍。

第一，信任感弱化、民族主义情绪反弹是"中国—东盟利益共同体"建设的背景性制约因素。造成这种状况的主要原因来自三方面。首先，由于历史原因，部分国家之间存在一些领土、领海争端的问题，例如，马来西亚和新加坡的白礁岛之争，马来西亚和印度尼西亚的加里曼丹东北部分岛屿之争，马来西亚和菲律宾的沙巴州领土归属问题，柬埔寨和越南的领土纠纷，柬埔寨和泰国的柏威夏古寺争端，等等。其次，部分国家在原本无事的地方挑起事端。例如，历史上并不存在所谓的南海问题，南海周边地区也没有任何国家对中国在南沙群岛及其附近海域行使主权提出过异议，中国对南海的主权长期得到国际社会的承认。但是，自20世纪70年代开始，越南、菲律宾、马来西亚等国受利益或国内政治的驱动，以军事手段占领南沙群岛部分岛礁，在南沙群岛附近海域进行大规模的资源开发并提出主权要求，造成了本不该出现的问题。最后，大国势力推波助澜。美国出于遏制中国和平衡中国力量的心态，频频挑动东南亚国家挑战中国利益；日本也为了牵制中国，大力加强与菲律宾阿基诺政府的合作；印度急于展示大国形象，积极涉足南海。这些复杂的历史恩怨和现实利益冲突，使相关各国之间彼此信任度较低，民族主义情绪高涨，形成了构建"利益共同体"的严重阻碍，也是较难解决的背景性制约因素。

第二，巨大的差异性是"中国—东盟利益共同体"建设的现实性障碍。

中国与东南亚各国之间，无论是在经济发展、政治制度和文化上，还是在国家实力和规模上，都存在极大的差异。在经济上，既有新加坡这样的发达国家，也有中国、越南、马来西亚这样快速发展的新兴工业化国家，还有缅甸、柬埔寨这样极其贫困的国家；在政治制度上，既有资本主义又有社会主义；在文化上既有佛教、伊斯兰教，也有基督教；在国家实力和经济规模上，任何一个东南亚国家都无法与中国相提并论，就连整个东盟加在一起也难望其项背，这也是所谓的"中国威胁论"在部分东南亚国家中一直有市场的原因。正如已故美国亚洲问题专家罗伯特·斯卡拉皮诺所说："世界上很少有别的地区能比东南亚地区更鲜明地说明在千差万别之中求得一致所会遇到的各种问题。各种种族的代表性的特点、文化类型、经济制度和政治制度的纷繁杂陈，其种类之多，范围之广，几乎囊括人类所见识过的全部类型。"① 各国的差异性为构建"中国—东盟利益共同体"增加了难度，设置了现实性障碍。

第三，美国因素是"中国—东盟利益共同体"建设的外部性障碍。美国不是亚洲国家，但在亚洲具有重大影响力。首先，美国与东南亚国家中的新加坡、菲律宾、泰国有着密切的军事合作关系。出于战略考虑，美国每年都会与亚洲盟友在南海附近举行多次双边或多边军事演习。其次，美国在中国和东南亚有巨大的投资。美国一直是中国最大的外来投资国，同时也是东盟第三大投资来源国。最后，中国和东盟国家严重依赖美国市场。以亚洲经济的发展模式来看，中国和东盟都是通过对外出口特别是对美出口取得了迅速的发展。2011年，东盟与美国的贸易额达到1940亿美元，美国继续位居东盟第四大贸易伙伴国；中国对美出口额为3245亿美元，美国是中国的第二大出口市场。不可否认，积极扩大出口将亚洲各国经济引向了成功，但严重依赖出口也是一种潜在的隐患。如果亚洲国家的出口市场集中在某一个国家，那么各国经济面临的风险可想而知。由此可见，域外大国美国在中国和东南亚发挥着举足轻重的作用，构建排除美国的"中国—东盟利益共同体"势必受到美国的严重干扰，美国的态度和政策成为构建"利益共同体"最重要的外在障碍。

根据欧盟的经验，合作发展的动力和基础分别是对战争的历史记忆、外部

---

① 〔美〕罗伯特·斯卡拉皮诺：《亚洲及其前途》，辛耀文译，新华出版社，1983，第18页。

压力和文化认同,构建"中国—东盟利益共同体"通常也离不开这些因素的推动。如前所述,任何共同体都以实现共同利益为目的。就"中国—东盟利益共同体"而言,实现共同利益最大化不仅是目的,更是动力。按照古典现实主义大师摩根索的观点,权力决定利益。依此推理,国家权力的大小决定各国利益的多少,这也是构建"利益共同体"必须关注的问题之一。由此可见,构建"中国—东盟利益共同体"的动力在理论上至少包括认同、利益、历史、压力和权力等几个方面,具体分析如下。

第一,文化认同是构建"中国—东盟利益共同体"的基础。建构主义认为,国家利益固然与权力密切相连,利益本源上却根植于认同、规范结构中,认同决定利益,利益决定行为。① 一般认为,文化认同是一种群体文化影响的感觉,在共同体形成过程中起重要作用。美国学者布鲁斯·克罗宁(Bruce Cronin)指出,理论意义上的共同体形成的衡量标准是"共同体感"的确立。② 认同之所以在共同体形成上这么重要,是因为认同规范行为,并通过政治决策者付诸行动。③ 这种文化认同的获得源自共同的经历,或是一种情感诉求,或是一种对往昔的回味。同时,这种认同也得自对"共同体"形成过程中所获得的收益的认可,收益认可强化文化认同,进而为"共同体"的形成提供更加有力的民意与政策支持。所以,从这个意义上讲,"共同体"是认同通过记忆与现实效应,经过制度和政策的方式,在现实生存基石上对国家政治生活组织方式的选择。在中国和东南亚国家的历史上,长期存在着汉文化圈的影响,主要包括汉字、儒家伦理、汉化宗教、中华典章制度、生活习俗和价值体系等。例如,越南的传统文化与中国文化同源,汉字是其重要组成部分。19世纪以前,越南一直使用汉字,典章制度几乎都来自中国。此外,17世纪至20世纪中叶的中国人"下南洋"移民大潮,使东南亚各地遍布华人社区,对当地社会形成强大的文化辐射力。东南亚华人社区在形成和发展过程中,也大

---

① 〔美〕亚历山大·温特:《国际政治的社会理论》,秦亚青译,上海人民出版社,2000,第27页。
② Bruce Cronin, *Community Under Anarchy: Transnational Identity and the Evolution of Cooperation*, New York: Columbia University Press, 1999, p. 4.
③ Bruce Cronin, *Community Under Anarchy: Transnational Identity and the Evolution of Cooperation*, New York: Columbia University Press, 1999, p. 18.

量吸取当地文化和西洋文化,形成了与中华传统文化有一定区别的华人文化。这些文化因素的综合作用,使中国与东盟国家在文化上具有较强的相似性和认同感,有利于形成集体认同和"我们"感,也有利于进一步发展"东亚价值观",从而有助于推动"中国—东盟利益共同体"的建设。

第二,历史记忆是构建"中国—东盟利益共同体"的内在动力。英国牛津大学历史学教授蒂莫西·加顿·阿什(Timothy Garton Ash)指出,"二战后,欧洲联合的最大单一驱动力是人们对战争的记忆。"[①] 阿什这里指的是第二次世界大战给欧洲各国人民留下的挥之不去的记忆。这很容易让人想到日本也是第二次世界大战的发动者之一,它在侵略包括中国和东南亚国家在内的整个东亚地区时,实行了残酷的"三光"政策,给各国人民带来了深重的灾难。侵略中国时,日本军人在南京屠杀了30多万无辜市民。日军偷袭珍珠港后,5个月便鲸吞了东南亚。日本首先占领新加坡并建立地区总部,把吉隆坡和槟榔屿作为中转站,随后侵略了越南、缅甸、马来西亚、柬埔寨、老挝、泰国、菲律宾等东南亚各国,不仅烧杀抢夺,还抓走成千上万的妇女做慰安妇。然而,日本至今仍拒绝正视历史,不承认大屠杀和慰安妇事件,更不愿承认侵略战争的存在。因此,中国和东盟国家目前还无法吸纳日本加入"国际利益共同体"的建设过程,只能依靠加强彼此合作,确保不再遭受战争的侵害。

第三,外部压力是构建"中国—东盟利益共同体"的外在动力。阿什教授还指出,"40余年的冷战是促进欧盟形成的另一场冲突。自20世纪40年代到70年代,西欧一体化的中心议题一直是苏联威胁,因为苏联红军在东德的军事存在显而易见,并将柏林分割开来。除了欧洲人自己造成的野蛮战争之外,从斯大林到勃列日涅夫的苏联领导人也应该为促进欧洲一体化得到追授的勋章。"[②] 由此来看,二战后来自苏联的军事威胁是欧洲走向联合的外部动力。目前的中国和东盟国家面临着两方面的外部威胁:一是美国"重返亚洲"制造事端,二是日本重新走向军国主义的威胁。美国为了一己之私,频频在中国

---

① Timothy Garton Ash, "The Crisis of Europe: How the Union Came Together and Why It's Falling Apart," *Foreign Affairs*, Vol. 91, No. 5, 2012, pp. 2–15.

② Timothy Garton Ash, "The Crisis of Europe: How the Union Came Together and Why It's Falling Apart," *Foreign Affairs*, Vol. 91, No. 5, 2012, pp. 2–15.

与东盟国家之间制造事端,例如,拉拢东盟国家在南海进行军演,鼓动部分南海声索国挑衅中国,逼迫东盟国家在中美之间"选边站",发表所谓的南海声明等。这些行为虽是为了遏制中国,实际上也给东盟各国带来了巨大的压力,令中国和东盟国家的共同利益受到挑战。日本近年来有重当军事大国的动向。从政府官员连年参拜供奉着甲级战犯灵位的靖国神社到否认慰安妇事件,从日本自卫队走出国门到首相扬言修改《和平宪法》,从以防备朝鲜为由大幅提升军事实力到"热炒"钓鱼岛问题,一系列事件表明日本不仅从未真正反省二战中的罪行,还一直念念不忘军事大国的美梦。对于真心悔过并竭力帮助欧洲邻国的德国,曾经受其迫害的国家最终与之和解。但是,对于不思悔改且否定历史的日本,亚洲人民,特别是深受其害的中国和东盟国家只能以加强合作的方式将其孤立,对其施加更大压力。可见,来自外部的压力和威胁同样是构建"中国—东盟利益共同体"的巨大推动力。

第四,经济利益是构建"中国—东盟利益共同体"的根本动力。国际关系理论中有一个得到广泛认可的假定,即无政府状态下的国家将追求国家利益的最大化。当然,这是在条件许可范围内的最大化。在全球化深入发展的今天,任何一个国家的力量都是有限的,各国相互依赖的程度日益加深,都有加强彼此合作维护和扩大自身利益的需求。在中国与东盟国家的联合发展中,国家利益最首要的表现是经济利益,而这种经济利益更多的是从绝对利益意义上来理解的。例如,中国与东盟在自贸区的框架下共同努力、深化合作,在货物贸易、服务贸易、双向投资与工程承包等各个领域取得了显著成绩。中国与东盟双边货物贸易实现稳步增长,2011年东盟已超过日本上升为中国第三大贸易伙伴,与此同时保持了中国第五大服务贸易伙伴的地位。东盟在航运、金融服务、建筑工程服务、计算机和信息服务等领域的对华合作,已成为中国服务贸易进口的重要组成部分。在服务业投资、工程承包、劳务合作等领域,东盟也成为中国重要的服务贸易出口市场。另外,自贸区建设以来,中国企业在东盟各国承揽并参与投资包括电站、道路、桥梁、机场等在内的许多大型基础设施工程项目,不同程度地解决了当地的就业问题,为当地经济的发展做出积极贡献。[①]

[①] 袁波:《中国—东盟自贸区全面收获》,《国际商报》2012年1月10日,第A01版。

中国与东盟的经济合作不仅取得了丰硕的成果，更扩大了双方的共同利益，这成为构建"中国—东盟利益共同体"最坚实的基础和最有效的推动力。

第五，追求权力是构建"中国—东盟利益共同体"的有力推手。权力是政治的核心利益，也是理解国际关系中共同体形成的一个重要视角。摩根索认为，国际政治同一切政治一样，都是为权力而斗争。① 在国家之间，权力斗争则表现为一个国家控制他国的行为。从这一理论出发，追求国家利益就是追求国家权力的最大化。② 追求权力是国际关系中国家行为的一般动力，获得权力可以为国家带来经济利益、安全感、权威、政治合法性、民众对国家的效忠及民族自我认同等。但是，各国在国际政治权力结构中的不同位标③，制约着实力不同、处境不同的国家追求权力的方式。对于小国和弱国来说，建立某种形式的"共同体"是获得权力的一种明智选择，东盟与欧盟可算作典型的例子。也就是说，单个国家的权力除了通过自身的发展获得外，还可以通过共同体获得。然而，由于东盟国家中没有一个非常强大的国家，加之东亚地区独特的历史文化传统和复杂的政治价值观，各国能够获得的权力非常有限。为了改变这一现状，东盟国家需要寻找一个在文化认同、地理位置、利益关联等方面与之联系密切的大国作为深化合作的伙伴。从这种意义上来说，中国无疑是最佳选择。同时，中国在东南亚具有重要的国家利益，也需要加强与东盟国家的合作。因此，追求更多权力使中国和东盟必然走向进一步联合，目前的步骤就是建立"中国—东盟利益共同体"。

总之，虽然构建"中国—东盟利益共同体"面临种种困难，但如果善加规避和引导，可以将这些不利因素的负面效应降到最低，甚至加以化解。例如，通过加强双边协商和机制建设，逐步缓和与解决地区内争端；通过独特的"亚洲方式"，处理各国因差异性造成的误解和矛盾；通过灵活处理与域外大国的关系，减缓外部压力。另外，构建"中国—东盟利益共同体"的巨大动力同样不可忽视，如果利用得当，其作用和影响会远超那些不利因素，这使得构建"中国—东盟利益共同体"具有较强的可行性。

---

① 〔美〕汉斯·摩根索：《国家间的政治：为权力与和平而斗争》，杨岐鸣等译，商务印书馆，1993，第17页。
② 李少军：《国际政治学概论》，上海人民出版社，2005，第46页。
③ 王逸舟：《全球政治和中国外交》，世界知识出版社，2003，第190~221页。

中亚南亚地区治理新动向与中国的战略选择

张屹峰*

摘　要：经过十年之久的阿富汗战争，美国不得不接受依靠军事手段在阿富汗国家重建上难以奏效的现实，美国对阿富汗战略开始从军事优先向社会经济发展优先转型，从西方国家主导的"单边植入"模式向地区多边主义合作演变。美国对中亚南亚地区治理相对消极的状态导致地区治理公共产品的供给相对减少，如何弥补中亚南亚地区的治理需求与供给之间的巨大差距成为地区治理面临的主要挑战，对有关国家的战略意愿和治理能力提出严峻考验。中国作为成长中的负责任大国，必须参与中亚南亚地区的治理进程，通过自身的优势和条件引导中亚南亚地区治理的发展方向。中国在中亚南亚地区治理的重心应该放在经济领域，应该抓住美国战略调整的机遇，充分发挥自身经济上的优势条件，进一步推动形成中亚南亚地区经济治理的多边合作态势。中国在中亚南亚地区治理上必须依托上海合作组织这一多边平台与合作机制。

关键词：中亚南亚　地区治理　阿富汗　美国　中国

---

*　张屹峰，博士，上海社会科学院国际问题研究所助理研究员。

一 美国对阿富汗政策的新动向

2011年7月20日,美国国务卿希拉里·克林顿参加第二次美印战略对话期间在印度钦奈(Chennai)提出,为了有效推动阿富汗的重建进程,应该在中亚和南亚之间创建一条"新丝绸之路"(New Silk Road)。① 希拉里·克林顿提出"新丝绸之路"战略之后,美国政府相继采取了一系列政治和外交行动,利用各种外交场合不遗余力地倡导国际社会尤其是阿富汗周边邻国支持和参与这一战略。2011年9月22日,美国、阿富汗和德国三国外长在联合国大会期间在纽约共同主持召开了由27个国家参加的"新丝绸之路"部长级会议。② 此后,在2011年11月的阿富汗问题伊士坦布尔国际会议、2011年12月的阿富汗问题波恩会议和2012年5月的美国芝加哥北约峰会上,"新丝绸之路"战略都成为与会领导人讨论的重要议题,这些会议发布的宣言也吸纳了美国"新丝绸之路"战略的基本精神。

"新丝绸之路"战略是美国在世界政治经济格局出现深刻变化的形势下,根据阿富汗和中亚南亚地区局势的发展趋势采取的重要措施,是美国全球战略调整的有机组成部分。一般认为,美国"新丝绸之路"战略出台的直接动因,是应对2014年美军撤离可能引发的阿富汗和地区局势的波动。从深层次上说,美国力图通过区域经济一体化实现阿富汗问题地区多边治理的战略思路,具有浓厚的新自由主义思想渊源和地缘政治博弈色彩。

早在2005年,美国约翰·霍布金斯大学保罗·尼采高级国际研究院(SAIS)中亚高加索研究所所长弗雷德里克·斯塔(S. Frederick Starr)就提出了"大中亚"③的概念,主张将中亚五国、阿富汗、巴基斯坦视为一个地缘政

---

① Hillary R. Clinton, *Remarks on India and the United States: A Vision for the 21st Century*, Anna Centenary Library, Chennai, India, July 20, 2011, http://www.state.gov/secretary/rm/2011/07/168840.htm.

② Hillary R. Clinton, *Remarks at the New Silk Road Ministerial Meeting*, New York, September 22, 2011, http://www.state.gov/secretary/rm/2011/09/173807.htm.

③ S. Frederick Starr, *A Greater Central Asia Partnership for Afghanistan and Its Neighbors*, Silk Road Papers, March 2005; S. Frederick Starr, "A Partnership for Central Asia," *Foreign Affairs*, Vol. 84, No. 4, July/August 2005, pp. 164 – 178.

治经济板块，并建议美国依靠自身的独特政治经济优势和国际影响力，通过区域内经贸合作和交通设施建设加强有关国家之间的相互联系，从而推动"大中亚"地区的经济一体化进程和水平。① 此后，斯塔又在"大中亚"概念的基础上提出了"新丝绸之路"的观点，继续大力倡导建立以阿富汗为中心的地缘经济新格局。② 有学者评论，"'新丝绸之路'的关键理念就在于阿富汗深深地扎根于地区经济体系之中，为阿富汗人民带来投资、资源收益，创造经济机会和希望。"③ 显而易见，奥巴马政府的"新丝绸之路"战略受到了斯塔学术观点的启发或推动。

美国国务卿希拉里在宣布"新丝绸之路"战略时表示，美国针对阿富汗的"政治和外交努力必须与加强经济联系相配合才能成功，没有一个国家能永远援助阿富汗，因此必须使阿富汗有能力保持经济发展，贸易和投资得到增长"。"在阿富汗问题上，美国外交上致力于同本地区所有国家共同努力以实现以下两个目标：第一，使阿富汗负责任的政治解决方案成为现实，第二，南亚和中亚地区之间更加密切的经济联系。"④

美国政府公开宣布"新丝绸之路"战略的举动，充分说明了美国的阿富汗战略已经进入新的发展阶段，也反映了中亚南亚地区治理上出现新的发展动向。"新丝绸之路"战略强调通过区域经济自由化、市场化，保持阿富汗和中亚地区的开放性，通过推动阿富汗和中亚地区参与经济全球化，促进其融入世界经济体系。美国在这一进程中可利用自身的独特优势追求发挥主导作用，它不仅仅是为了破解美国在阿富汗的困境，还可以通过促进地区国家之间的经济

---

① 国际学术界普遍认为美国政府内部从 2005 年就开始实施所谓的"大中亚计划"，但美国政府没有公开宣布这一计划。
② S. Frederick Starr（ed.）, *The New Silk Roads*: *Transport and Trade in Greater Central Asia*, Central Asia – Caucasus Institute and Silk Road Studies Program, 2007; S. Frederick Starr and Andrew C. Kuchins, *The Key to Success in Afghanistan*: *A Modern Silk Road Strategy*, Silk Road Papers, May 2010; S. Frederick Starr, *Afghanistan beyond the Fog of National Building*: *Giving Economic Strategy a Chance*, Silk Road Paper, January 2011.
③ Central Asia Program at George Washington University, "Discussing the 'New Silk Road' Strategy in Central Asia," *Central Asia Policy Forum*, No. 2, June 2012, p. 1.
④ Hillary R. Clinton, *Remarks on India and the United States*: *A Vision for the 21st Century*, Anna Centenary Library, Chennai, India, July 20, 2011, http：//www.state.gov/secretary/rm/2011/07/168840.htm.

合作和提高其贸易水平，改善地区国家之间的关系，从而为阿富汗和地区局势的稳定创造有利条件。同时，美国力求依托其在"新丝绸之路"中的主导地位在中亚南亚地区获得长期存在的合法性。

二 中亚南亚地区治理的重心变化

经过十年之久的阿富汗战争，美国不得不认识到，单靠军事手段无法实现阿富汗国家的重建任务，美国的阿富汗战略需要调整为社会经济发展优先的目标，把西方国家主导的"单边植入"模式向地区多边主义合作的模式转变。美国希望通过"新丝绸之路"在"大中亚"地区形成共同的经济利益，并且从经济领域向政治和安全领域拓展、延伸，从而形成稳固的地缘政治经济结构。显然，美国"新丝绸之路"战略具有浓厚的新自由主义经济理论色彩。同时，"新丝绸之路"战略还源于美国对欧亚大陆地缘政治格局及其发展趋势的基本判断，严重受制于美国在欧亚大陆战略上的历史遗产，因而掺杂了难以克服的现实主义地缘政治色彩。

"新丝绸之路"战略突出反映了"后美军时代"美国的阿富汗政策以及中亚南亚战略从政治安全转向经济社会的发展新方向。美国逐渐认识到，在中亚南亚地区的治理问题上必须软硬兼施，"只有在军事和经济上同时入手，两者形成良性互动才能改善阿富汗和地区局势"[1]。美国战略家兹比格涅夫·布热津斯基也认为，"任何解决阿富汗冲突的建设性方案，最终都必须包括两个方面：一是喀布尔政府需要与各反对派达成政治和解，二是需要与有能力为阿富汗稳定做贡献的主要邻国形成一个地区性框架。美军在阿富汗大规模长期驻扎，既不能解决苏联入侵该国带来的悲剧，也不可能给予该地区稳定"[2]。"即使在美国目前计划撤军之际阿富汗成立一个地位稳固的政府（或多或少拥有

---

[1] S. Frederick Starr, "A Strategy for Central Asia after the US Military Withdrawal from Afghanistan," in Conference Report, *Central Asia, Afghanistan and the New Silk Road: Political, Economic and Security Challenges*, the Jamestown Foundation, December 2011, pp. 13 – 14.

[2] 〔美〕兹比格涅夫·布热津斯基：《战略远见：美国与全球权力危机》，洪漫、于卉芹、何卫宁译，新华出版社，2012，第129页。

中央控制力),但接下来如果未能维持美国发起的国际参与,就很有可能令民族和宗教狂热死灰复燃"①。

布热津斯基不无遗憾地承认,冷战结束后美国成为世界上唯一的超级大国,"美国获得了一个独特的机会协助欧亚大陆发展新型的国际政治结构。但是这个机会被浪费了,如今美国必须在一个困难得多的境况下去完成这一重大任务"②。显然,在布热津斯基看来,"新丝绸之路"战略是美国根据形势的发展变化对阿富汗战略做出的应变,属于美国重塑欧亚大陆地缘结构的一种努力。

布热津斯基认为,在世界政治经济格局出现急剧变化的历史背景下,美国全球战略调整将导致阿富汗和中亚地区的力量失衡或安全缺失,阿富汗及周边地区安全局势面临严重挑战,"厌战或者美国衰落的先期影响而导致的美军迅速撤离,极有可能使得阿富汗四分五裂,邻近国家会在阿富汗争夺影响力。如果喀布尔没有一个有效和稳定的政府,这个国家就会被相互对立的军阀主宰"。更为严重的是,阿富汗动荡混乱将成为威胁地区安全和稳定的策源地,"巴基斯坦和印度就会在阿富汗更加争先恐后地争夺影响力——伊朗大概也会插手。结果,印巴之间爆发一场间接战争的可能性就会增大。伊朗将很有可能试图利用巴印的对立谋求自身的优势。印度和伊朗都担心,巴基斯坦在阿富汗影响力的提升将会严重影响地区力量平衡。从印度的角度来看,这会强化巴基斯坦的好战立场。此外,鉴于阿富汗存在塔吉克族、乌兹别克族、吉尔吉斯族和土库曼族等重要族区,毗邻的中亚国家可能还会更多地介入阿富汗不同派别力量间的博弈。介入阿富汗的力量越多,爆发更大区域冲突的可能性就越大。"③

斯塔对"新丝绸之路"战略的地缘政治考量也毫不讳言,"新丝绸之路战略给中亚提供了一个与美国保持联系的机会,美国的存在对外部力量在中亚地区的博弈平衡与促进地区合作具有至关重要的意义"。"中亚国家应该成为新丝绸之路战略的重要部分,因为地区和中亚国家内部问题将危及稳定阿富汗局

---

① 〔美〕兹比格涅夫·布热津斯基:《战略远见:美国与全球权力危机》,洪漫、于卉芹、何卫宁译,新华出版社,2012,第100页。
② 〔美〕兹比格涅夫·布热津斯基:《战略远见:美国与全球权力危机》,洪漫、于卉芹、何卫宁译,新华出版社,2012,第131页。
③ 〔美〕兹比格涅夫·布热津斯基:《战略远见:美国与全球权力危机》,洪漫、于卉芹、何卫宁译,新华出版社,2012,第100页。

势的战略安排。同时,阿富汗也需要一个安全和友好的地区环境,以支持阿富汗国内整合和经济发展。"① 斯塔还提醒美国领导人应该保证"新丝绸之路"在全球战略调整过程中的政策连续性,"美国的战略期望不能过高,美国领导人正在推动两项与中亚有关的重大外交战略:一项是'新丝绸之路'战略,另一项是美国'重返亚太'战略。后者可能导致美国削减对南亚、西南亚甚至中亚国家的对外援助"②。

三 多边合作成为中亚南亚地区治理的主流

在美国全球战略调整的大背景下,美国参与中亚南亚地区治理的能力和意愿急剧下降,因此,中亚南亚国家与周边国家在地区治理中的地位和作用相对上升,中亚南亚国家实现多边合作治理的要求明显加强。从这个角度看,"新丝绸之路"战略是美国全球战略调整的有机组成部分,也是美国重新在欧亚大陆实施"离岸平衡"战略的重要步骤。

2011 年年底,美国哈佛大学教授史蒂芬·沃尔特(Stephen M. Walt)在《国家利益》上发表《美国时代的终结》一文,认为"美国仍然是世界上最强大的国家,但是已不再具有同过去一样的影响力了,美国必须设计出一套大战略来应对新的现实"。他认为,美国并非无所不能的力量,不能成为几乎所有地区"不可或缺的国家",需要明确优先方向并以脚踏实地的理性方式确保最重要的利益,并"有意识地选择"目标和手段。因此,美国必须回归"离岸平衡"战略,在西半球保持具有善意的霸主地位,并维持欧亚大国及海湾产油地区的力量平衡。美国回归"离岸平衡",从伊拉克和阿富汗脱身,依靠中东、欧洲和亚洲的当地盟友来维护当地和平,只在需要时施以援手。

在史蒂芬·沃尔特看来,"漫长且代价巨大的消灭塔利班、在阿富汗建设西式国家的尝试已经失败,雄辩地证明美国无可匹敌的军事实力在建设有效的

---

① Conference Report, *Central Asia, Afghanistan and the New Silk Road: Political, Economic and Security Challenges*, The Jamestown Foundation, December 2011, pp. 1 – 2.
② Conference Report, *Central Asia, Afghanistan and the New Silk Road: Political, Economic and Security Challenges*, The Jamestown Foundation, December 2011, p. 6.

政治秩序方面基本没有什么用"。他主张，美国在阿富汗事务上要克服对"国家建设"（National Building）的痴迷以及反对叛乱的冲动，尽快从阿富汗脱身。在阿富汗问题治理上，美国要避免耗神费力地提供地区公共产品，周边国家却坐享其成、免费"搭便车"的不对等状况，美国应该设法搭其他国家的便车。①乔治·盖福利李斯（George Gavrilis）则认为，"美国政府要求阿富汗的邻国出力帮忙建设基础设施、发展贸易、增加投资和打击极端主义，恰恰说明在阿富汗十年的经历让美国终于认识到，早就应该将稳定阿富汗的任务交给阿富汗的邻国"②。

因此，美国的"新丝绸之路"战略积极寻求地区国家参与美国主导的多边合作的机制，"阿富汗国内政治和解的实现和维持将取决于包括巴基斯坦和印度在内的阿富汗所有邻国的参与，中国、伊朗、俄罗斯、中亚国家都应该致力于把建立一个稳定和独立的阿富汗作为其目标"③。"新丝绸之路战略应该成为美国和欧洲共同的联合战略行动，因为欧洲对阿富汗的能源和矿产资源有着需求，美国公司不是中亚和阿富汗的主要外国投资者和贸易伙伴"④。

在布热津斯基看来，美国的"新丝绸之路"战略注重与地区国家开展多边合作，并非完全出于甩包袱和留烂摊子的考虑，而是美国难以独立承受欧亚大陆出现的挑战和压力，不得不寻求地区国家的合作。美国"新丝绸之路"战略所涵盖的区域形势错综复杂，"这个区域被称为'世界的巴尔干'，地理上包含中东、伊朗、阿富汗、巴基斯坦，美国是唯一在该地区用兵的外部势力，这里的冲突有蔓延至中亚的可能性……中亚地区有不少新建立的国家，每个都有可能爆发内乱……从目前的情况看，欧亚大陆在政治上已经觉醒，但缺

---

① Stephen M. Walt, "The End of the American Era," *National Interest*, No. 116, Nov./Dec. 2011, pp. 6 – 16.
② George Gavrilis, *Why Regional Solutions Won't Help Afghanistan: The Myth of Neighborly Harmony*, October 18, 2011, http://www.foreignaffairs.com/articles/136598/george-gavrilis/why-regional-solutions-wont-help-afghanistan#.
③ Secretary of State Hillary R. Clinton, *Remarks on India and the United States: A Vision for the 21st Century*, Anna Centenary Library, Chennai, India, July 20, 2011, http://www.state.gov/secretary/rm/2011/07/168840.htm.
④ Conference Report, *Central Asia, Afghanistan and the New Silk Road: Political, Economic and Security Challenges*, The Jamestown Foundation, December 2011, p. 7.

少共同的政治框架,其地缘政治的稳定性令人怀疑"①。

为此,在美国全球战略调整的过程中,针对欧亚大陆的"新丝绸之路"战略应该保持灵活性和开放性,"美国在处理欧亚大陆新的权力现状时必须更加敏感和反应迅速。……美国在欧亚大陆的努力必须是谨慎、长期和及时的,努力的目标应该是建立一种广泛的欧亚大陆地缘政治平衡"②。美国也要充分利用地区多边主义框架,使阿富汗邻国被纳入或参与美国倡导的行动,因为"几个地区性强国,可能比美国更容易受到该地区动荡不安局势的影响,譬如印度、俄罗斯、中国,可是这几个国家却小心翼翼地避免直接参加任何美国在该地区痛苦的(时常显得笨拙的)行动"③。

四 中国对中亚南亚地区治理的战略选择

随着以美军为首的驻阿联军撤离阿富汗,阿富汗安全局势出现波动的可能性急剧上升。美国中亚南亚战略的调整大大压缩了阿富汗周边国家在地区治理上"搭便车"的可能性,地区治理上公共产品的巨大缺口已经形成倒逼机制,迫使有关国家承担相应的治理成本。显然,阿富汗问题和中亚南亚的治理已经进入新的发展阶段,中国必须高度重视中亚南亚地区治理的新动向,提早做出战略布局,以应对中亚南亚地区局势波动所造成的现实冲击与潜在威胁。

在国际金融危机冲击下,中亚南亚地缘经济与地缘政治之间形成互动发展态势,导致中亚南亚地缘格局出现了深刻的变化,中亚南亚地缘结构正处在一个面临方向性选择的十字路口。同时,中亚南亚地区热点问题的发展态势不容乐观,直接关系到中国的国家安全利益。大国在中亚南亚地区的竞争与合作态势出现新动向,多边治理逐渐成为解决地区热点问题的一种共识,多边主义地区治理机制正在形成。

---

① 〔美〕兹比格涅夫·布热津斯基:《战略远见:美国与全球权力危机》,洪漫、于卉芹、何卫宁译,新华出版社,2012,第128、136页。
② 〔美〕兹比格涅夫·布热津斯基:《战略远见:美国与全球权力危机》,洪漫、于卉芹、何卫宁译,新华出版社,2012,第137页。
③ 〔美〕兹比格涅夫·布热津斯基:《战略远见:美国与全球权力危机》,洪漫、于卉芹、何卫宁译,新华出版社,2012,第129页。

在这样的关键时期，中国在中亚南亚地区治理问题上需要注意处理好能力与意愿的关系。中国作为成长中的负责任大国，必须参与中亚南亚地区的治理进程，通过自身的优势和条件引导中亚南亚地区治理的发展方向。因为，中亚南亚地区局势的发展走向成为影响中国和平发展的主要外部因素，中国在中亚南亚地区治理的问题上已经无法置身事外。中国参与地区治理有助于塑造中亚南亚地区新的地缘格局，影响地区热点问题的发展方向，营造稳定的周边国际环境。而且，中亚南亚地区是中国参与全球和地区治理的重要舞台，中国应该并且能够通过多边机制在中亚南亚地区热点问题的治理中发挥积极作用。中国在地区治理能力和机制建设上的贡献成为提升中国的国际形象和地区影响力的重要抓手。

阿富汗和中亚南亚地区的根本症结在于社会经济发展的困境。事实已经证明，阿富汗问题以及中亚南亚地区的有效治理不能完全靠军事和安全手段。而且，美国对中亚南亚地区的新战略注重社会经济发展的政策取向符合中国的利益，在一定程度上也为中国参与地区经济治理提供了重要契机。因此，中国在中亚南亚地区治理上的重心应该放在经济领域，中国应该抓住美国战略调整的机遇，充分发挥经济上的优势，尽可能推动中亚南亚地区经济治理的多边合作态势。当然，中国要避免经济援助的简单思路，应该致力于推动地区经济治理和经济转型，以便在多边合作治理框架中形成有利的地缘政治经济结构。

中国在中亚南亚地区治理上必须依托上海合作组织这一多边平台与合作机制。上海合作组织在安全领域尤其是反恐和反毒品上取得了积极成果，地区治理成为上海合作组织提升影响力的重要路径和抓手。上海合作组织在中亚南亚地区治理上具有独特优势，它几乎囊括了阿富汗的所有邻近国家，具有地缘上的便利条件。2012年6月，阿富汗成为上海合作组织的观察员国，进一步在机制上扫清了上海合作组织深度参与阿富汗问题的障碍。相对而言，周边地区国家在地区治理上具有较多的共同利益诉求，这是上海合作组织能够在阿富汗问题和中亚南亚地区治理上形成有效共识，实现地区有效治理的坚实基础。

三
全球性问题与全球共同利益：
主要挑战与应对思路

全球化背景下的国家与社会：
兼论中国发展模式选择

朱铁城[*]

摘　要：全球化是资本主义自我调节市场的万物商品化逻辑在全球范围内的扩张，并已造成全球规模的生态危机、频发的金融危机和各国的社会危机。鉴于 19 世纪后期至 20 世纪初期国际经济一体化最终带来的灾难性后果，重申波拉尼的经济社会学思想对当代具有重要的现实意义，唯有将全球化的市场逻辑重新"嵌入"社会整体的组织原则之中，才有可能避免重蹈覆辙。为此，必须"找回国家"，重建国内社会并在国际体系以及区域层面加强国家间公正和开放性的合作以建立稳定的政治经济秩序。而对于在全球化背景下寻求"崛起"的中国来说，外部区域合作以及内部制度型福利国家建设的社会民主主义方向应当成为未来发展模式的理性选择。

关键词：全球化　市场逻辑　社会逻辑　发展模式

"全球化"无疑已经成为当代国际体系最大的现实背景。它推动了资本在全球范围内的自由流动，极大地提高了资本积累的规模与效率，但同时也深刻地冲击和侵蚀人的生存环境、身处其中的民族国家及其国内社会。"全

---

[*] 朱铁城，北京大学国际关系学院国际关系专业国际政治经济学博士研究生。

球化究竟是什么""如何应对全球化"已经成为这个时代不得不认真思考的问题。而对民族国家而言,至关重要的是如何在这一背景下寻求正确的国家方向或者说发展模式,以获得外部的安全、内部的经济发展与社会安定。本文旨在阐释全球化的真正内涵,并在此基础上指明波拉尼(Karl Polanyi)思想对当代所具有的启示作用和现实意义,最后兼论全球化背景下中国发展模式的选择。

一 全球化的实质:市场逻辑的全球扩张

全球化是一个体系现象,因此,要真正理解全球化首先要理解世界体系的性质。"世界体系论"为此提供了很好的认知框架。沃勒斯坦(Immanuel Wallerstein)将现代世界体系的实质恰当地定义为资本主义经济体系。既然这个体系究其根本是经济的且是资本主义的,它就必然遵循资本积累的逻辑,换言之,就是"万物商品化"和"利润至上"的市场逻辑,这也是推动体系不断向外扩张的根本动力。"积累啊,积累,这就是摩西和先知们!"表达的即是马克思当年对资本主义这种本性的讽刺。

沃勒斯坦认为,这一体系起源于15世纪后期的欧洲,它在空间上不断扩张,到19世纪后期囊括了整个地球。① 西蒙·克拉克(Simon Clarke)亦指出,从重商资本主义以来,资本主义就是一个全球性现象,它依靠从中国和印度至大西洋沿岸的欧洲国家的贸易网络,突破了国家和地方政权的限制,不断发展壮大。资本向生产的渗透进一步加强了资本在各个王国内部的统治,但资本主义发展仍然需要向世界市场不断渗透。17世纪和18世纪的商业扩张,为英国的工业革命铺平了道路。工业革命的动力来自英国资本对世界市场的控制,英国把世界市场作为不断扩大的产品销售地点,并通过国际贸易和国际支付的自由化,把资本积累扩大到世界范围内。②

---

① 〔美〕伊曼努尔·华勒斯坦:《历史资本主义》,路爱国、丁浩金译,社会科学文献出版社,1999,第5页。
② 〔加〕罗伯特·阿尔布里坦等主编《资本主义的发展阶段》,张余文等译,经济科学出版社,2003,第87~88页。

19世纪成为资本主义自由扩张的时代，并在那个世纪末将地理范围扩大至整个地球——通过掠夺殖民地的帝国主义手段。列宁论断说：帝国主义是资本主义的最高阶段，而对身处当今全球化时代的人来说，19世纪末的帝国主义却并非资本主义的最高阶段。

虽然资本主义体系生来就带有国际性的胎记，但它从广度和深度上真正成为全球性的体系经过了漫长的历史演变，因此，沃勒斯坦称其为一个"历史体系"。实际上，只有在这样的历史视野之中，才可以真正理解作为体系，资本积累最新阶段的全球化的实质及其所带来的影响。"万物商品化"和"无休止的利润追逐"是资本主义体系扩张的原动力只是一个静态的概念式表述，若要分析其具体的动态的扩张过程，就必须谈到资本主义的固有矛盾。简言之，资本主义经济会出现周期性的生产过剩、利润率下降危机——马克思认为这是资本主义的先天痼疾，危机导致的停滞与萧条阻碍着资本通过增殖来实现其自身，因此，资本主义必然要求采取各种方法来化解危机。正是这种内部张力推动着资本积累逐步扩张至全球规模。所以，全球化虽然不是自动的，却是资本积累动力机制不可避免的表现。① 沃勒斯坦用"等级式商品链的经常性调整"来解说这一过程。他认为，资本主义体系解决生产过剩的方向来是调整生产体系，由于周期性出现的这一危机，使资本主义有机体必须吸进新鲜氧气以实现自我维系。新鲜氧气是更有效的资源配置，它通过商品链的经常性调整而实现。具体说来就是："下放"商品链等级结构中的一部分业务，从而把资金和劳力集中到商品链的创造性环节上去。这些环节由于最早提供了较为稀缺的投入，利润率较高。把等级中某些特定过程"下放"，会导致生产在地理位置上的重新配置。地区再配置的一个主要吸引力，是生产转移到劳动力成本较低的地区②。这种解说是和沃勒斯坦的体系经济空间三区域划分（中心—半边缘—边缘）相对应的，也就是说，国家和地区之间发展的不平衡为资本的这种积累创造了条件。如此，资本主义体系在克服生产过剩危机的过程中，逐

---

① 〔加〕罗伯特·阿尔布里坦等主编《资本主义的发展阶段》，张余文等译，经济科学出版社，2003，第99页。
② 〔美〕伊曼努尔·华勒斯坦：《历史资本主义》，路爱国、丁浩金译，社会科学文献出版社，1999，第17~18页。

步形成了中心—半边缘—边缘结构的全球性商品生产链和市场。另外，经济停滞也势必导致过剩资本通过向欠发达地区借款和各种金融投资（包括投机）的形式来实现其自身。可以说，扫除一切障碍实现最大程度的自由流动是资本积累的内在需求。而这一过程同时也是一个逐步扩大的将自然、货币和人不断"商品化"的过程，是一个市场逻辑不断伸张的过程。我们时代的全球化即是迄今为止资本主义这一过程所达到的最高阶段。

二　全球化的出现及其特征

通常认为全球化肇始于 20 世纪 70 年代初期。二战后的资本主义经济以重化工制造业为主导，维持了 20 余年的高速发展，创造了资本主义历史上一个资本积累的"黄金时代"。但是，在 1973~1974 年第一次石油危机期间，西方发达资本主义国家纷纷陷入了滞胀（stagflation）危机。依照罗伯特·布伦纳（Robert Brenner）的分析，实际上自 1965 年开始，西方国家制造业的实际利润率已经由于生产过剩而大幅下降（美国下降 43.5%；七国集团下降 25%）[1]，利润率显著下降时，制造商的第一反应便是通过削减直接和间接劳动成本来弥补[2]。同时，技术革新开始出现，石油危机加快了产业采用高技术的步伐，特别是在微电子、新材料方面。而这必然导致各国国内的产业结构调整，也必然出现沃勒斯坦所说的"生产的地理位置的重新配置"。此外，随着 1971 年美元可直接兑换黄金的结束及浮动汇率制在全球范围内的实行，美国政府也终结了其盟国和竞争对手试图加强资本管制的计划。尼克松政府在 1974 年取消了对资本流动的临时性管制并帮助纽约大银行开展业务，……这些银行开始把上千亿美元借贷给诸如巴西、墨西哥等一些为数不多的重要的欠发达国家，这些国家的政府借此加速了工业化进程。[3] 但

---

[1] 〔美〕罗伯特·布伦纳：《繁荣与泡沫——全球视角中的美国经济》，王生升译，经济科学出版社，2003，第 12 页。
[2] 〔美〕罗伯特·布伦纳：《繁荣与泡沫——全球视角中的美国经济》，王生升译，经济科学出版社，2003，第 19 页。
[3] 〔美〕罗伯特·布伦纳：《繁荣与泡沫——全球视角中的美国经济》，王生升译，经济科学出版社，2003，第 23 页。

总的来讲，由于世界各地的制造商们非但没有减产，相反，已有产品的产出水平变得更高，全球生产过剩问题并未得到有效缓解，反而愈加严重，① 从1979 到 1990 年，借用罗伯特·布伦纳的话说，"绞索开始拉紧"。当制造业的生产性投资越来越难以获利时，自 20 世纪 80 年代初期开始，资本开始大量转向服务业和金融业。各发达资本主义国家逐步放松金融管制，对金融机构跨市场经营的各种限制也相应废止。最终，资本管制在整个资本主义世界几乎不复存在②。浮动汇率的实施（更加）刺激了离岸金融的发展，加速了资本跨国交易的速度③。

自 20 世纪 70 年代以来，资本主义通过各种手段试图摆脱危机，它们扩大了资本输出，从而将世界上更多的地区和国家纳入了"商品生产链"，在客观上促进了一些秉承"发展主义"意识形态国家的工业化进程。但是，冷战结构的存在还是限制了资本输出的范围。最终，冷战的终结大大缓解了 20 世纪70 年代以来的资本积累危机。随着苏联解体、东欧剧变和中国经济改革的展开，20 世纪 90 年代全球（过剩）资本找到了新的发展空间，扭转了其被限制在"亚洲四小龙"和拉丁美洲国家发展的局面。从 1914 年以来，资本第一次找到了在全球追求利润的投资机会。④ 所以，冷战的终结使困兽般的资本得以摆脱空间束缚，而借助交通和通信技术的进步，它又在很大程度上摆脱了时间的束缚，经济全球化在广度和深度上得到了空前的发展。

具体言之，就是全球性商品生产链和全球金融资本市场的形成。全球性生产链的形成主要以跨国公司为主体。当然，技术和组织上的创新也很重要，譬如信息技术革命、计算机化和电信化的结合以及互联网的出现；新的组织形式包括新管理技术、垂直非一体化、"准时化"和小批量生产、转包和外包以及正

---

① 〔美〕罗伯特·布伦纳：《繁荣与泡沫——全球视角中的美国经济》，王生升译，经济科学出版社，2003，第 26 页。
② 〔美〕罗伯特·布伦纳：《繁荣与泡沫——全球视角中的美国经济》，王生升译，经济科学出版社，2003，第 36 页。
③ 〔加〕罗伯特·阿尔布里坦等主编《资本主义的发展阶段》，张余文译，经济科学出版社，2003，第 99 页。
④ 〔加〕罗伯特·阿尔布里坦等主编《资本主义的发展阶段》，张余文译，经济科学出版社，2003，第 99 页。

式和非正式的跨国商业联盟等。① 但正如威廉·罗宾逊（William I. Robinson）所言，全球化并不受"技术决定论"左右，技术并非导致社会变化的根本原因，它只是一个因变量。经济全球化的动力来源于资本主义本身，是由竞争和阶级斗争、降低劳动和其他要素成本使利润最大化的趋势推动的。② 这些创新导致了生产进程的"碎片化"和"分散化"，生产的不同阶段被分解成可分离的工序，被分散到整个世界。在资本主义早期，企业在自身内部组织整套的生产、分配和服务的流程（垂直一体化），而如今旧的垂直结构变成了水平网络结构。到20世纪90年代后期，这种"离岸生产"（off-shore production）已经从纺织、玩具等劳动力密集型产业扩散到一些高技术经济活动中，例如，半导体生产、航天制造和网络信息处理。③ 在这一过程中，众多第三世界国家从"进口替代"工业化模式（拉美国家）或者从谋求独立自主发展的"不结盟"模式（亚非国家）——萨米尔·阿明（Samir Amin）称其为"万隆计划"④——转向"出口导向"的外向型发展，从而被整合进全球商品生产链，20世纪80年代末90年代初苏联解体、东欧剧变以及中国向市场经济转型之后也逐步被整合进来。这样，资本主义在历史上第一次将地球上几乎所有国家整合进资本积累的链条之中，沃勒斯坦所说的商品生产链实现了全球性地理配置。然而，国家与地区发展的不平衡使其中的等级属性并未得到改变，中心国家的跨国资本集团（及某些非中心国家的跨国阶级）垄断着积累霸权。萨米尔·阿明认为这种霸权主要体现在五大垄断之中：技术垄断，对全球自然资源开发的垄断，媒体和通信垄断，对大规模杀伤性武器的垄断，金融控制。⑤ 如今的美国、欧洲和日本构成了中心国家集团，俄罗斯、中国、巴西、印度和南

---

① 〔美〕威廉·罗宾逊：《全球资本主义论——跨国世界中的生产、阶级与国家》，高明秀译，社会科学文献出版社，2009，第21页。
② 〔美〕威廉·罗宾逊：《全球资本主义论——跨国世界中的生产、阶级与国家》，高明秀译，社会科学文献出版社，2009，第26页。
③ 〔美〕威廉·罗宾逊：《全球资本主义论——跨国世界中的生产、阶级与国家》，高明秀译，社会科学文献出版社，2009，第23页。
④ 〔埃〕萨米尔·阿明：《全球化时代的资本主义——对当代社会的管理》，丁开杰等译，中国人民大学出版社，2005，第16页。
⑤ 〔埃〕萨米尔·阿明：《全球化时代的资本主义——对当代社会的管理》，丁开杰等译，中国人民大学出版社，2005，第5页。

非等国家构成了半边缘国家集团,而除去南非的非洲国家及中东地区国家逐渐沦为边缘,成为原料供应地。

相形之下,如今的世界贸易变得更像生产全球化的一种商业表现。在20世纪末,跨国公司推动的贸易和跨国公司内部贸易约占世界贸易总量的2/3,而且根据世界银行的说法,其中大多数都是跨国公司内部贸易。①

全球化的另一个显著特征就是全球性资本市场的形成,其主体是大型跨国银行、证券公司以及各种基金公司;其操作形式纷繁复杂,非普通人所能理解和掌握。金融管制的解除和信息技术的发展使20世纪70年代开始的金融全球化在80年代和90年代得到极大发展,全球24小时实时金融交易成为现实,全球经济与一个走向一体化的金融体系以及疯狂的金融投机密切结合在一起,以至于英国学者苏珊·斯特兰奇(Susan Strange)将当代的这种全球资本主义讽刺地称作"赌场资本主义"。

全球化是20世纪70年代初资本主义经济在美国主导下克服生产过剩、利润率下降危机的产物,20世纪90年代初冷战的终结加快了其发展速度、扩大了其规模,实现了资本近乎不受任何管制的全球自由流动,并形成几乎涵盖全球的等级式商品生产链和全球市场。

三 全球化的后果

威廉·格雷德(William Greider)在《资本主义全球化的疯狂逻辑》一书中,形象地将全球化比作一部强壮、庞大而可怕的机器。它"穿过开阔的地带,置熟悉的边界于不顾……在向前挪动中,这部机器抛出大量的财富和施舍物,而与此同时,却留下巨大的灾难的沟壑"。的确,全球化代表着市场逻辑的全球性扩张,它创造了前所未有的巨大的物质财富,但同时也将自然环境、货币与人抛进了由买与卖的逻辑所主宰的市场之中。一方面,市场的经济逻辑以资本积累为最高原则,要求资本畅通无阻地自由流动,全球性资本积累

---

① 〔美〕威廉·罗宾逊:《全球资本主义论——跨国世界中的生产、阶级与国家》,高明秀译,社会科学文献出版社,2009,第35页。

则要求资本跨越民族国家的疆界流动,要求自然、货币以及人的完全商品化,而这必然会给自然生态环境和民族国家的国内社会带来巨大的破坏性冲击;另一方面,跨国资本集团主导的商品生产链的全球再配置所形成的中心—半边缘—边缘结构使处于商品链下游的国家或变成粮食、原料和能源的供应地,或变成廉价劳动力的供应地,财富却大量流向上游国家,在体系层面造成"贫者愈贫,富者愈富"的严重失衡,并大大激化了国家之间为力争上游而进行的竞争。

跨国公司为逃避母国的各种工业规制而将重污染生产向边缘和半边缘国家的转移造成全球范围内的环境恶化;为获取廉价原料而进行的过度开发导致自然资源的快速耗竭(自然生态环境的"商品化");为获取廉价劳动力而采取的转包、外包生产在边缘和半边缘乃至中心国家内部复活了19世纪的"血汗工厂"。这些国家既有的社会结构在市场的冲击下逐步解体,大量失去旧有生存根基的人被抛入市场的洪流,无非是在复制如今的中心国家曾经走的"野蛮"道路,也就是将人彻底变成可以自由买卖的商品(人的"商品化")。另外,虽说大量财富流入中心国家,但并不意味着财富向中心国家的所有阶层均等扩散,准确地说,是更多地流向了少数的所谓精英阶层和食利者,普通劳动者阶层面对的却是愈来愈严峻的失业危机。全球化在非中心国家造成了人的"商品化",同时亦在中心国家社会内部导致了人的"再商品化"。

二战后的欧美国家在社会民主主义原则下建设福利国家,将劳工工资水平与资本利润挂钩并积极扩大和完善公共福利,致力于通过社会政策实现人的"非商品化",从而形成中产阶级占多数的"热气球"型社会。[①] 20世纪70年代以来,伴随跨国公司为突破资本积累危机而实施的生产跨国化以及在国内采取"弹性积累"方式,中心国家普遍出现了"产业空洞化"现象并引发国内劳动市场的一次大重构。据许多美国和英国公司的报告,到20世纪90年代中期,其生产率和利润的提高主要是通过降低(劳动)成本和加大劳动强度来

---

① 〔加〕罗伯特·阿尔布里坦等主编《资本主义的发展阶段》,张余文译,经济科学出版社,2003,第21~24页。

实现的，而不是通过革新、研究和开发来实现的。① 戴维·哈维（David Harvey）认为，这次重构将劳动力划分为"核心"与"外围"。"核心"指"具有全日工作时间、永久身份"且"对于机构的长久未来而言是主要的"雇员。这个群体享有更好的工作保障、良好的晋级与技能再培训的前景，相对丰厚的养老金、保险和其他附加权益。"外围"包含了两个不同的边缘群体。第一个边缘群体由"具有技艺的全日工作的雇员"构成，"他们很容易在劳动力市场上找到工作，如办事员、秘书、日常的和次要的熟练手工工作"，这个群体大多以极高的劳动力周转为特征。第二个边缘群体包括"全日的、不定期的、固定条件的合同工作人员，临时的、转包合同的和公共津贴资助的受训人员，它比第一个边缘群体的工作保障更少"，而后一种边缘群体的数量在近些年显著增加②。换言之，越来越多的劳动者变成了马克思所说的"劳动力储备大军"中的一员。虽然有人鼓吹服务业将会代替制造业吸收"剩余劳动力"，但正如菲利普·布朗（Phillip Brown）和休·劳德（Hugh Lauder）的研究所发现的那样，大部分"剩余劳动力"只能被低端服务业所吸收，其职业模式的特点就是无法保证收入不断增加，同时缺乏内在的安全保障。③ 毕竟，诸如会计、审计、律师和金融等高薪服务业只属于少数精英而已。如此一来，中产阶级受到挤压逐步缩小，少数人向上流动，收入显著增加，而绝大多数人却向下沉沦，收入急剧降低，社会的收入分配从"热气球"型变为"沙漏"型④。曾以收入分配平等而著称的日本，自 20 世纪 90 年代初以来，社会结构也出现了相同性质的巨变。2005 年，在日本，一本名为《下流社会》的书出版，其作者三浦展在书中用翔实的调查数据表明了日本社会的中产阶级正在全面地向下流动，曾经的"一亿中产阶级"的平等社会正在慢慢变成贫富两极分化的社

---

① 〔英〕菲利普·布朗、休·劳德：《资本主义与社会进步——经济全球化及人类社会未来》，刘榜离、张潮译，中国社会科学出版社，2006，第 240 页。
② 〔美〕戴维·哈维：《后现代的状况——对文化变迁之缘起的探究》，阎嘉译，商务印书馆，2003，第 193～196 页。
③ 〔英〕菲利普·布朗、休·劳德：《资本主义与社会进步——经济全球化及人类社会未来》，刘榜离、张潮译，中国社会科学出版社，2006，第 236 页。
④ 〔加〕罗伯特·阿尔布里坦等主编《资本主义的发展阶段》，张余文译，经济科学出版社，2003，第 28～33 页。

会。更严重的是,贫富的两极分化(量变)正慢慢演变为心理的两极分化(质变),威胁着社会安定。有识之士指出,长此以往,坠入社会底层的弱势群体的绝望感将撕裂日本社会①。此外,金融化同时是"沙漏"型社会的结果和加速器,(而)金融市场的全球化(则)加剧了金融化的进程。② 而我们这个被称为"赌场资本主义"的全球化时代,金融性资本的全球流动达到了耸人听闻的规模,跨国金融集团和金融投机家们操纵着货币经济,达到一定程度时,赌博式经济就会跌落并从根本上造成实体经济的不稳定,使整个世界陷入恐慌(货币的"商品化")。

一句话,全球化是市场逻辑在全球范围内的空前扩张,它在全球范围内形成了美国政治学家谢尔登·S. 沃林(Sheldon S. Wolin)所说的"颠倒的极权主义",即经济力量——市场逻辑——成为支配性的力量,③ 它加剧了在体系层面国家和地区之间财富分配的巨大失衡,同时在全球范围导致自然、货币以及人的"商品化"。当代所面临的深重的生态危机、国家及民族或种族之间的冲突、各国的国内社会危机,以及频发的金融危机就是其外在表征。关于市场逻辑肆虐将会带来的社会恶果,波拉尼早在60多年前就曾深刻地认识到自我调节市场是一个"撒旦的磨坊",是一个"乌托邦"。他指出:劳动力、土地(人的自然环境)和货币三者之中没有一个是为了出售而生产出来的,他(它)们的商品形象完全是虚构的。将他(它)们囊括进市场机制,就意味着社会生存本身屈从于市场的法则。如果允许市场机制成为人的命运,人的自然环境,乃至他的购买力的数量和用途的唯一主宰,那么它就会导致社会的毁灭。④ 面对全球化已经带来的种种危机,波拉尼警示性的语句不能不让人深思。当代学者罗伯特·阿尔布里坦(Robert

---

① 山田昌弘『希望格差社会:負け組の絶望感が日本を引き裂く』筑摩書房、2004、12 - 16 頁。

② 〔加〕罗伯特·阿尔布里坦等主编《资本主义的发展阶段》,张余文译,经济科学出版社,2003,第35页。

③ 〔美〕谢尔登·S. 沃林:《政治与构想:西方政治思想的延续和创新》,辛亨复译,上海人民出版社,2009,第728~732页。

④ 〔英〕卡尔·波拉尼:《大转型——我们时代的政治与经济起源》,冯钢、刘阳译,浙江人民出版社,2007,第62~65页。

Albritton)对于全球化亦评价道：资本主义的利润如果主要建立在对劳动力和土地的过度使用之上，还要借助金融的推动作用，这种资本主义就在走下坡路了①。

四 历史教训：波拉尼的启示

如果说我们时代的全球化在广度与深度上达到了空前的规模，这无疑是正确的，但如果把它作为当代所特有的新鲜事物来看待，就不免显得缺乏历史意识。实际上，19世纪最后30年以及20世纪前30年的资本主义经济国际一体化的尝试构成了今天经济全球化的"前史"。金本位制乃是核心机制。在英国霸权主导下，到1879年大多数工业国都加入了金本位制。② 波拉尼指出：金本位制的源泉和基体是自我调节的市场，正是这个创新制度开创了一种特殊的文明，金本位制仅仅是把国内市场体系扩大到国际领域的一种尝试。从工业革命开始，直至1834年，英国在国内实现了土地、货币以及人的商品化，建立起自我调节的市场，③ 其后在资本积累动力的作用下，逐步将这种市场的商品化逻辑向世界范围扩张。到1913年资本主义自由市场涵盖了地球上大部分国家和地区。从全球的角度来看，金本位制促进了资本不受阻碍地流动，推动了国际贸易、国际投资以及国际分工，加速了财富创造。然而，它一方面在体系层面形成了中心—半边缘—边缘的等级式商品生产链，加剧了国家和地区之间发展的失衡；另一方面，它也时时冲击着各国的国内社会。金本位制的运行规则在于：当一国的国内价格结构与国际价格水平不符时，该国应对黄金储备枯竭的唯一合法手段在于货币贬值。这意味着，允许其经济不断收缩，直到下跌的工资把消费削减到外贸平衡的水平。这意味着工资和农业收入大幅下降、失业增加、企业和银行大量破产。换言之，在金本位制下，社会逻辑必须从属于市

---

① 〔加〕罗伯特·阿尔布里坦等主编《资本主义的发展阶段》，张余文译，经济科学出版社，2003，第156页。
② Jeffry Frieden, *Global Capitalism: Its Fall and Rise in the Twentieth Century*, W. W Norton & Co. Inc, 2007, p. 6.
③ 〔英〕卡尔·波拉尼:《大转型——我们时代的政治与经济起源》，冯刚、刘阳译，浙江人民出版社，2007，第58~88页。

场逻辑。另外，如杰弗里·弗里登（Jeffry A. Frieden）所言：即使在经济增长的国家，也还存在着围绕本国生存的必要条件和经济一体化特权问题发生的社会和政治冲突后遗症[1]，即金本位制主导的自由市场逻辑必然与社会的组织逻辑发生对抗，在国内社会激化阶级对立，并在国际体系层面引发各国之间的帝国主义竞争。因为从殖民地流入的资源可能会把一国从突然的黄金外流所造成的绞痛中拯救出来，对海外人口的剥削可能避免国内阶级关系的继续恶化。当金本位制随着第一次世界大战的到来而崩溃时，政治家们依然将其视为当然而致力于恢复它。1929～1939 年大萧条期间，各国被迫在保护汇率和保护自己的社会之间做出抉择。正是在这个僵局中，法西斯主义浮出水面。[2] 19 世纪70 年代以后国际经济一体化的最终结局是催生了给世界带来巨大灾难的法西斯主义。究其原因，波拉尼认为是自由市场逻辑的全球扩张致使各国面临社会遭到毁灭的危险，而社会自我保护的反向运动则催生了这种变异的形式。

　　简单的类比无疑是危险的，然而想要更透彻地理解现时代的状况以避免悲剧的重演，重温先哲们深刻的思想理念并从历史中汲取教训，也许是最好的办法。今天，经济全球化还在不断深化并已在全球范围内造成巨大危机。市场化向社会公共领域的入侵在各国造成的社会团结瓦解、财富分配不均所引起的民众抗议、一些国家和地区的饥荒与内战、种族与民族冲突、右翼势力的兴起、恐怖主义等，实际上都是社会失序的外在反映。弗雷德·布洛克（Fred Block）的批判可谓准确，他写道，新自由主义者们所信奉的乌托邦与激发了金本位制的信念如出一辙，那就是：只要个人和企业有了追求自己经济利益的最大自由，全球市场就会给每个人带来好处，所有国家必须做的不过是信任自发调节市场的功效，因此，必须拆除资本流动的障碍，消除政府对经济生活的干预[3]。而如此一来，最终只能是社会的毁灭。

---

[1] Jeffry Frieden, *Global Capitalism: Its Fall and Rise in the Twentieth Century*, W. W Norton & Co. Inc., 2007, p. 26.
[2] 〔英〕卡尔·波拉尼：《大转型——我们时代的政治与经济起源》，冯刚、刘阳译，浙江人民出版社，2007，导言，第 22 页。
[3] 〔英〕卡尔·波拉尼：《大转型——我们时代的政治与经济起源》，冯刚、刘阳译，浙江人民出版社，2007，导言，第 23 页。

因此，波拉尼思想对于全球化的当代具有重要的启示意义，即重申对市场加以规制使其从属于整体社会逻辑的原则。市场可以有效创造财富，但它只是社会整体的一部分而不能凌驾于社会的组织原则之上，否则会招致社会灾难。所以，必须将市场重新"嵌入"社会。① 也许波拉尼带给我们的最大启示就在于社会逻辑的发现，这也是波拉尼一直自称为社会主义者的原因——尽管不同于马克思所主张的社会主义。事实上，早在 19 世纪，马克思就已经洞察到资本主义经济原则凌驾于其他原则之上将会带来的"异化"灾难，并看到那个时代的自由资本主义国家不过是"资产阶级的管理委员会"而已，因此他主张用社会取代市场和国家，实现彻底的社会主义。波拉尼同样批判 19 世纪的自由主义国家，认为它不过是自我调节市场的产物，同时自由主义国家之间的势力均衡体系也只是建立在金本位基础上的上层建筑，并且部分地通过金本位制运转。但不同于马克思的是，波拉尼并没有否定自由市场的经济价值以及权力和强制力，而是主张用权力去规制自由市场②，换言之，就是在利用市场的同时，通过国家政治权力将其"嵌入"整体社会的组织原则之中。笔者认为，对于现时代而言，或许波拉尼的主张更具有现实意义，因为今天能够在全球自由市场与国内社会之间充当调节者和保护者的只有国家。

重申波拉尼思想亦是在重申国家间政治经济合作的必要性。对国内社会的有效保护有赖于体系或区域层面规制结构的形成，这种结构将对市场力量的肆意发挥施加限制。③ 这种要求在全球化时代显得尤为迫切。原因正如威廉·罗宾逊的分析所表明的，19 世纪后期的经济一体化建立在各国国内生产的基础之上，通过贸易和金融将各个国家联系在一起，而当代的全球化不仅是贸易和

---

① 约翰·杰勒德·鲁吉认为经济全球化带来了三个问题：全球利益分配的高度不平均、全球规则制定中的越来越大的不平衡、经济不稳定和社会解体。因此，他呼吁在全球层面建立"嵌入式自由主义"，参见〔英〕戴维·赫尔德等编《驯服全球化》，童新耕译，上海世纪出版集团，2005。

② 〔英〕卡尔·波拉尼：《大转型——我们时代的政治与经济起源》，冯钢、刘阳译，浙江人民出版社，2007，第 218~219 页。

③ 〔英〕卡尔·波拉尼：《大转型——我们时代的政治与经济起源》，冯钢、刘阳译，浙江人民出版社，2007，导言，第 25 页。

金融的一体化，甚至生产环节也跨出了国家疆界（跨国生产、转包、外包）形成一体化，国家间的"相互依存"（interdependence）前所未有地加深了。如果20世纪70年代一些学者所说的"相互依存"更多的是指涉发达国家之间关系的事实的话，那么，尽管存在着巨大的不平衡，如今跨国生产的深化已经将中心国家和非中心国家前所未有地绑在一起，"相互依存"也几乎成为全球性的。其所蕴含的意义在于，如果说19世纪末和20世纪早期各个国家在面临危机时可以关起门来保护自身的话，当代的全球化已经极大地降低了这种可能，即使可能，也将是灾难性的后果。[1]

面对19世纪自由市场逻辑肆虐所带来的社会破坏，作为国家解决社会矛盾的途径，波拉尼指出了三种不同模式，并认为以市场经济的观点来看，这些通常看起来根本不同的变体，其实只不过代表了被给定的几种选择罢了。其一是德国的法西斯主义，它以极端的方式暂时冻结了市场经济所引发的阶级矛盾，并试图通过民族主义、种族主义和军事扩张来解决之。波拉尼认为，这是一种逃脱制度死结的办法，然而其在本质上是"退化的"，将导致文明的消亡。其二是苏维埃俄国代表的社会主义，它选择脱离资本主义世界体系，否定自由市场，转而走上自给自足的道路。其三是美国的"新政"模式，它并不否定市场的功能，而是通过国家权力将市场"嵌入"社会之中。[2] 在经济全球化已经带来巨大社会危机的今天，面对市场经济"给定"的这样几种选择，各国又该如何抉择呢？如前所述，全球化已经极大地加深了国家间的相互依存，发生于一个国家的事件对其他国家可能造成深刻影响。[3] 应该说，脱离体系的自给自足模式已不再成为一种理性的选择。除此之外，如果我们不想重蹈覆辙的话，余下的选择看来只有一条，即社会民主主义的改良之路，这也正是波拉尼所主张的道路。波拉尼在书的结尾处这样写道："顺应，一直都是人类的力量和新希望的泉源……在我们的时代，人类让自己顺应了社会的现实，这意味着

---

[1] 〔美〕威廉·罗宾逊：《全球资本主义论——跨国世界中的生产、阶级与国家》，高明秀译，社会科学文献出版社，2009，第18~19页。
[2] 〔英〕卡尔·波拉尼：《大转型——我们时代的政治与经济起源》，冯刚、刘阳译，浙江人民出版社，2007，第218~219页。
[3] 约瑟夫·斯蒂格利茨及联合国金融专家委员会成员：《斯蒂格利茨报告——后危机时代的国际货币与金融体系改革》，江舒译，新华出版社，2011，第10页。

以往那种自由的终结。但是,再一次地,生命从这种终极的顺应中生发出来。"① 言下之意,社会逻辑虽然会对市场自由施加某种程度的限制,但得到的将是整个社会生活的重生。正是对这种社会逻辑的发现和尊重,战后的西方国家开始普遍重视国家对社会的保护作用,把社会权利视为社会政策的核心,将福利国家的建设和市场经济的发展调和起来,开创了长期的繁荣时代。政治学家约翰·鲁杰(John G. Ruggie)将这种自由主义称为"嵌入式自由主义"(embedded liberalism)。在经济全球化已经给各国(包括中心国家和非中心国家)社会带来失序危机的今天,重申社会原则以重建福利型社会的要求更加凸显。

而当代的难题在于,在金融、贸易尤其是生产环节已经全球化,国家间相互依存的关系极大深化的情形下,一国中心主义式的社会保护已经很难获得令人满意的效果,有必要将国内问题与区域甚至体系层面的问题连接起来,综合地加以解决。国家必须在国际体系层面或区域层面进行协作以建立稳定的经济秩序,尤其是货币秩序,减少经济成果分配的严重失衡;经济合作又必然要求政治层面的合作,而现今时代的状况是"经济全球化超过了政治全球化"②。国家间政治合作的滞后导致在体系或区域层次上无法形成对跨国资本的有效规制。其实,这也表明了单一的资本主义经济体系和分散的民族国家体系并存之间的固有矛盾,资本主义经济体系的扩张史也是一部民族国家之间的斗争史。但是,经济全球化的今天,要避免历史悲剧的重演,国家之间必须在体系和区域层面竭力建构"国际机制"(international regime)以实现冲突之下的合作,③除此恐怕别无他途。此外,资本的跨国自由流动,尤其是跨国生产的深化使得单个国家很难对资本加以有效规制。因此,国家间的合作与协调已愈来愈有必要涵盖各国国内宏观经济政策与社会政策的内容。唯有如此,才有可能对资本实施有效规制并对各国国内社会施以有效保护。

---

① 〔英〕卡尔·波拉尼:《大转型——我们时代的政治与经济起源》,冯刚、刘阳译,浙江人民出版社,2007,第220页。
② 约瑟夫·斯蒂格利茨及联合国金融专家委员会成员:《斯蒂格利茨报告——后危机时代的国际货币与金融体系改革》,江舒译,新华出版社,2011,第10页。
③ 构建"国际机制"以实现"冲突之下的合作"是罗伯特·基欧汉(Robert Keohane)基于"国际体系无政府状态"和"国家间相互依存"不断加深的事实,在其著作《霸权之后:世界政治经济中的合作与纷争》中提出的基本命题。

鉴于国际体系中世界政府的缺失，萨米尔·阿明以及大卫·M.科兹（David M. Kotz）等学者认为在全球层面开展政治合作以建立稳定的经济秩序以及协调各国国内政策的可能性很小，因此主张作为替代方案的区域合作。虽然针对区域的合作方案亦有担忧的声音出现，即认为区域化可能导致类似20世纪30年代的区域性集团之间的纷争。但笔者认为，20世纪30年代的所谓"区域性集团"是西方各"宗主国"统领其附属殖民地形成的各立山头式的封闭性国家集团，其对内存在着"宗主国"与殖民地之间政治经济的高度不平等，对外则因其封闭性而导致各国家集团之间的对立。因此，这种担忧，其价值在于告诫当代的区域合作有必要吸取历史教训，对内对外都需秉持平等与开放的理念，却并不能因此否定区域合作本身的可行性。如果能够贯彻平等与开放的理念，区域化就不啻为一种全球合作的替代性方案或者辅助性方案。总之，如果全球化是这个时代不可逆转的事实的话，我们能做的也许就是学会驯服它和驾驭它，而这其中最重要的就是要重建民族国家已经被侵蚀的政治权威，因为只有"找回国家"① 并实现国家间的有效合作才可以重建社会——国际社会与国内社会。

五　兼论全球化背景下中国发展模式的选择

前文阐释了全球化是资本主义世界经济体系为克服资本积累危机而产生的必然结果，它推动了资本在全球范围内的自由流动，极大地提高了资本积累的规模与效率，同时亦给人的生存环境带来严重的破坏、激化了民族国家之间为争夺资源与市场而进行的竞争（譬如目前发生在中东地区、亚洲地区以及非洲地区的诸种纷争与冲突），并深刻地冲击和侵蚀了各民族国家的政治权威以及国内社会。基于这种全球化的体系背景，前文亦强调了波拉尼思想对于当代世界的启示作用，以及在应对目前内外危机中国家层面的政治运营，也就是国家政治层面对于国家整体发展方向或者说发展模式的设定与把握的重要性。单

---

① 针对全球化时代许多人认为民族国家已经过时或重要性已经降低的论调，彼得·埃文斯（Peter B. Evans）、迪特里希·鲁施迈耶（Dietrich Rueschemeyer）、西达·斯考克波（Theda Skocpol）等学者坚持强调民族国家的重要性，主张"找回国家"。

就中国而言，来自国际体系的全球化冲击自不待言，而经过30余年高速的工业化发展后所产生的来自社会内部的转型需求亦开始大量喷发。可以说，中国正站在一个国家发展的历史转折点上，内外的冲击都要求国家在政治层面审时度势，完成国家与社会转型。如何转型？这便涉及国家整体发展方向或者说发展模式的选择问题。幸运的是，在此方面，笔者认为欧洲国家为我们提供了诸多可资借鉴的经验与模式，而同时作为邻国的日本则提供了更多的教训，对二者的深入研究对中国的未来发展将大有裨益。

二战后的欧洲国家遵循波拉尼的理念，对外推动区域合作，对内则致力于制度主义式的福利国家建设，从而获得了相对和平的外部环境、经济的繁荣以及国内社会整体的安定团结。虽然20世纪70年代末以英国首相撒切尔为代表的新自由主义经济旨在"拆散福利国家"，但正如英国学者保罗·皮尔逊（Paul Pierson）的研究所表明的，福利国家的制度框架依然坚固，[①] 自20世纪90年代中后期开始，福利国家纷纷回归，并开始探索全球化背景下的"第三条道路"。同时，欧盟的建设虽困难重重（譬如债务危机），但方向坚定，其进程亦是步步深入。比照欧洲，日本则展现出令人唏嘘的另一番景象。日本在20世纪60年代末70年代初完成工业化赶超成为第二经济大国之后，资本主义世界经济体系进入下行区间，民族国家间的资本积累竞争日益加剧；而国内大规模革新自治体运动和市民运动的相继爆发，亦体现出国内社会对修正GDP至上的经济发展主义、转向"以人为本"的欧洲制度型福利国家建设的自然要求。然而在这一历史转折点上，日本却未能正确设定国家的未来发展模式并及时实施转型，而是延续了经济赶超时期的做法，即一方面对外坚持并扩大出口攻势（日本学者称之为"疾风暴雨式出口"），从而在体系经济下行、资本积累竞争加剧时期进一步激化了与美国及欧洲之间的经济冲突与摩擦，最终招致霸权国美国的金融打击以及1990年《美日结构性障碍协定Ⅱ》中美国对其国内社会结构的进一步干涉（日本学者坂井昭夫称之为"日本国家主权的动摇"）；另一方面，对内延续了高速经济发展时期以来以田中角荣"列岛改造

[①] 〔英〕保罗·皮尔逊：《拆散福利国家：里根、撒切尔和紧缩政治学》，舒绍福译，吉林出版集团有限责任公司，2007，第227~228页。

论"为代表的大搞公共工程的"土建国家"路线,最终在金融自由化的催化作用下,导致巨大的经济泡沫滋生,而泡沫的崩溃给日本带来沉重打击,其经济与社会遗患至今仍无法消除。

  20世纪90年代以来面对冷战结束、全球化加速发展的体系变迁以及国内经济泡沫的崩溃,日本选择的道路与欧洲国家截然相反。尽管程度稍有差异,但从小泽一郎到小泉纯一郎再到后来的野田佳彦,其对外政策均可归结为日本政治学家山口二郎所称的"美国依附(寄生)式的民族主义"①(另一些诸如渡边治、后藤道夫等学者称日本的这种对外政策方向为"军事大国化"或者"帝国主义化"),这种方向选择恶化了日本与包括中国在内的亚洲周边国家的关系,不仅招致自身在亚洲地区的孤立,更严重影响了亚洲区域合作的发展。在国内社会统合层面,学者渡边治认为日本在中曾根时代已经开始滑向新自由主义,但还只是"早熟的新自由主义",其在日本社会的全面展开是在90年代初经济泡沫崩溃之后,而顶峰便是小泉纯一郎时代的"结构改革"。主张"小政府"、"放松管制"和"自我责任"的新自由主义市场化社会统合路线的全面实施,导致曾经以平等著称的"一亿中产阶级"的日本社会向贫富差距不断拉大的"沙漏型"社会转变(日本学者橘木俊诏的研究表明,90年代以来日本的基尼系数在不断加大②),而物质层面不断扩大的贫富差距又慢慢演化成精神层面差距的扩大,即社会弱势群体对个人生活和整个社会前景的绝望感与日俱增,社会整体陷入了停滞与低迷。从曾经"失去的十年"论再到今天的"平成萧条"论,无须赘言,用市场逻辑统合国内社会的新自由主义路线难辞其咎。

  如果说欧洲经验为我们提供了较好的范例或马克斯·韦伯(Max Weber)所谓的"理想型"(ideal type)的模式,那么,同为后发展国家的日本的历史教训对于今天的中国则更显意义重大。笔者认为,总结日本教训需要分两个时期。其一是20世纪60年代末70年代初在其完成赶超成为经济大国之后。此时的日本未能及时调整出口导向的对外依存,尤其是对美依存,而这种经济上

---

① 山口二郎「戦後政治の崩壊」岩波新書、2004、167-168頁。
② 〔日〕橘木俊诏:《日本的贫富差距:从收入与资产进行分析》,丁红卫译,商务印书馆,2005,第5~20页。

的依存又与日本对美国的政治军事依附息息相关,从而招致激烈的经济冲突与摩擦,用学者内桥克人的话来说,日本对出口导向的偏执是在"自己勒自己的脖颈"①;对内则未能从 GDP 至上的经济发展主义转向"以人为本"的经济与社会保持均衡的内生式发展方向,利用高速发展时期积累起来的雄厚经济实力在国家制度层面构筑坚实的社会保障与福利安全网(关于此点,日本研究福利问题的专家二宫厚美对比欧洲,将日本定义为"未成熟的半福利国家"②),而是坚持"土建国家"式的非制度型利益诱导路线。学者山口二郎就认为,这是以自民党族议员和各省厅官僚为主体的"官僚裁量"型体制,它不仅滋生了大量的腐败,亦最终导致经济泡沫的生成。其二是 20 世纪 90 年代初经济泡沫崩溃以来。在冷战终结、全球化加速发展的体系背景下,日本对外政策逐步滑向民族主义—军事大国化方向,对内政策则全面倒向以市场逻辑统合社会的新自由主义。由此可见,曾经的经济大国日本之所以能够催生巨大的经济泡沫以及泡沫崩溃之后至今无法取得实质性复苏,反而逐步演化成如今的"平成萧条",而且社会危机也在悄然累积和深化,都与其在历史节点上对国家内外方向或者说发展模式的错误选择紧密相关。外部区域合作和内部制度型福利国家这一社会民主主义发展模式在日本的国家发展史上始终是缺失的。回过头来,审视今天中国所面临的国际体系以及国内社会情势,不禁会为其与 20 世纪 60 年代末 70 年代初日本处境的相似性感到惊讶。

因此,汲取欧洲经验,同时吸取日本教训对中国有益无害。在目前的历史转折点上,以长期的结构性视野审视内外环境,设定国家的转型方向至关重要。未来虽无法预知,但毫无疑问的是,今天的不同选择将导致未来不同的内外结果。具体而言,调整自身出口导向型的经济结构,减少外部经济摩擦,同时抑制自我膨胀式的极端民族主义,竭力改善与周边国家的关系并积极推动亚洲区域合作应该成为中国对外政策的基本理念;对内则需要避免日本式的依靠大搞土建工程创造虚假内需的发展路线及其 20 世纪 90 年代以来的新自由主义市场化路线,而是应当着力于创造以民生为本的真正内需,在

---

① 内桥克人「同時代への発言 7:九〇年代不況の帰結」岩波書店、1999、62 頁。
② 二宮厚美「日本経済の危機と新福祉国家への道」新日本出版社、2002、17-21 頁。

国家及地方层面构筑完善的社会安全网，建设制度型福利国家，实现经济与社会的均衡发展。这其实也就是波拉尼所主张的社会民主主义的国家发展模式。正如罗伯特·考克斯（Robert W. Cox）所言，国家体制或者说国家性质将最终取决于能够获得政治霸权的"历史集团"的性质[①]，因此，国家政治中社会民主主义力量及其理念能否得到有力的伸张将是决定中国能否走上正确国家方向的关键性变量。

---

① 〔加〕罗伯特·W. 考克斯：《生产、权力和世界秩序：社会力量在缔造历史中的作用》，林华译，世界知识出版社，2004，第12页。

北极变迁视角下中国北极利益共同体的构建

孙 凯[*]

摘 要: 北极地区在全球气候变化与经济全球化的驱动下,正在经历着一种"态势变迁",旧有的北极治理模式无法有效应对北极地区的变化,北极地区新的治理模式正在形成。北极地区的变化与中国息息相关,中国作为"负责任的大国",应当积极参与北极治理机制的构建,加强中国北极利益共同体在政治、经济、学术、贸易等方面的构建,在实现北极地区有效治理的基础上进一步实现和拓展中国在北极的国家利益。

关键词: 北极 中国 利益共同体 北极治理

北极地区正经历着一种"态势变迁"(state change),[①] 这种变迁不仅体现在由于气候变化导致的北极地区的自然环境变化,也体现在北极地区国际治理方面的变迁。近年来国际社会也似乎"重新发现北极",北极地区在北极国家的国内政治中以及在国际政治中的重要性日益剧增,北极周边各国2008年以来纷纷出台或更新北极战略与北极政策。北极地区的变化以及形成中的北极治

---

[*] 孙凯,博士,中国海洋大学法政学院副教授。
[①] Arctic Governance Project, *Arctic Governance in an Era of Transformative Change: Critical Questions, Governance Principles, Ways Forward*, p. 3, http://www.Arcticgovernance.org/.

理机制与中国的利益息息相关,中国在北极地区应秉承"负责任的大国"的理念,积极参与北极治理机制的构建,基于中国的国家利益,与包括北极周边各国在内的对北极事务感兴趣的国家建立互利共赢的"利益共同体",进而最大限度地实现中国在北极的国家利益。

一 变化中的北极对北极治理的挑战

在全球气候变化和经济全球化的推动下,以及由此引发的北极地区政治、经济和社会等方面的变化,都使北极地区正在经历着一种"态势变迁"。北极地区的这种变化、这种变迁对北极国家内部、北极国家之间的政治、经济和社会结构,乃至对全球的政治、经济格局都产生着深刻的影响,为有效应对变化中的北极所带来的挑战,新的北极治理机制正在形成与构建之中。

(一)变化的北极对北极国家国内政治的挑战

在相当长的一段时间内,"遥远的"北极在北极国家的国内政治中处于被边缘化的状态,北极国家对北极地区的政策以及对北极区域事务的管理都从属于对"南方经济、政治核心地带"的关注。[①]气候变化以及经济全球化给北极地区带来的变化,极大地改变了北极国家国内政策中有关北极地区的重要性。近年来,北极国家发布的北极战略中,无不将北极地区作为国家中长期战略的重要组成部分。[②]北极地区的变化也在改变着长期生活于此的原住民传统的生产、生活方式,由于北极航道的开通、北极地区资源的开采等可能对北极地区脆弱的生态环境所带来的不利影响,原住民也在传统性的维持与现代性的发展之间进行着抗争,这也给北极国家的国内治理带来了新的挑战。

(二)变化的北极对北极地区国家间关系的挑战

北极地区的变化也在改变着北极国家的地缘政治结构,为北极国家之间的

---

① 孙凯、郭培清:《北极治理机制变迁及中国的参与战略研究》,《世界经济与政治论坛》2012年第2期,第121页。
② 郭培清:《大国战略指北极》,《瞭望》2009年第27期,第49页。

国际关系增添了新的内容与挑战，北极地区新的政治秩序也在形成之中。全球气候变化对北极地区的影响，将北极地区推向了地缘政治的中心。北极地区的冰融和由此带来的商机，使国际社会对北极的兴趣由原来的科学考察逐渐转向对北极地区商业机会、国家安全和环境保护等方面的关注，这给北极国家之间的关系带来了机遇和挑战。① 北极地区的能源资源的可利用性增强，加剧了北冰洋沿岸国家之间在大陆架延伸问题上的争夺。俄罗斯早在 2001 年就向大陆架界限委员会提交了申请，要求将北极地区 120 万平方公里的海地区域（约为北冰洋公海 280 万平方公里面积的一半）纳入俄罗斯，但因为证据不足被驳回，随后俄罗斯加紧搜集更多的证据，计划适时再次提出申请。挪威在 2006 年就向大陆架界限委员会提交了延伸专属经济区的申请，加拿大也于 2013 年提交了有关申请。尽管美国不是《联合国海洋法公约》的签字国，但也要求获得阿拉斯加沿岸地区向北冰洋延伸 600 海里的大片海域。②

在加强争夺的同时，冷战在北极地区并未上演，北极地区的国际合作在一些领域中有加强的趋势。如俄罗斯进一步加强了对北极地区的开发，这促使俄罗斯与挪威之间在 2010 年针对两国的海洋边界问题达成了协议，结束了长达 40 多年的边界争端，也为两国合作开发北极大陆架油气资源打开了大门。北极国家之间以北极理事会为平台的合作也有进一步加强的趋势，2011 年 5 月在格陵兰岛首府努克召开的北极理事会部长级会议上，通过了自北极理事会成立以来的第一个有约束力的文件——《北极搜救协定》，随后北极国家之间以此为基础，展开了一系列的搜救演习活动。努克会议还决定在挪威的特罗姆瑟设立北极理事会秘书处，并在 2013 年投入运行，这都推动了北极国家之间合作的制度化进程。总之，北极地区的变化，使北极国家之间的国际关系呈现竞争与合作并存的态势。

（三）变化的北极对全球治理的挑战

北极地区的变化所产生的一些影响不局限于北极地区，而具有全球性，因

---

① Charles K. Ebinger & Evie Zambetakis, "The Geopolitics of Arctic Melt," *International Affairs*, Vol. 85, No. 6, 2009, p. 1251.
② 朱瑛、李金蓉：《北冰洋大陆架划界形势分析》，《中南大学学报》（自然科学版）2011 年第 42 卷，第 25~33 页。

此快速变化的北极也给全球治理带来了一系列挑战。北极地区的冰融所导致的北极航道开通的问题，亟须包括国际海事组织在内的国际社会对在北极地区船只的航行制定统一的准则，以有效管理北极地区的航运以及由此可能发生的船舶漏油、船舶温室气体排放、外来物种入侵等方面的不良后果。北极地区的快速变化以及由此所带来的各种发展机遇，极大地诱发了一批域外国家对北极事务的兴趣，这些域外国家基于不同的原因和目的，积极要求参与北极事务以及与北极相关的全球事务的治理，但北极国家之间就北极地区所形成的相对"排他性"的治理模式排斥了域外国家的参与。因此，北极旧有的"排他性"治理模式与北极事务治理的"全球性"内在要求之间的矛盾，给北极事务的治理带来了挑战。另外，上文提到的北极地区一些国家在海域边界的确定方面还存在争端，部分北极国家对北极地区大陆架的主张甚至延伸到北极点，这与北极点周围的海域属于"国际公域"的相关规定是不符的，这也必然给国际社会对此区域的治理带来挑战。

二 变化的北极与中国

面对变化中的北极，中国近年来加大了关注与参与的力度。中国在北极地区的参与，引发了部分国外学者的猜测与担忧。比较有代表性的观点包括"恐慌论"和"机会论"。持"恐慌论"观点的代表人物如加拿大加尔格里大学历史学教授大卫·赖特，他在2011年发表了题为《中国龙直击世界之巅：中国北极政策论争》的研究报告。他认为"尽管中国不是一个北极国家，但中国看到北极冰融所带来的经济机遇，力图抢先开发北极地区的自然资源及航道资源"，"力图'插手'北极事务"[1]。务实派的代表如加拿大不列颠哥伦比亚大学政治和法律教授迈克尔·拜尔斯，他认为中国人不太可能在北约成员国聚集的地区僭越而为。"尽管我对中国在其他地区的外交政策感到担心，但中

---

[1] David Wright, The Dragon Eyes the Top of the World: Arctic Policy Debate and Discussion in China, China Maritime Study (No. 8 Newport), RI: U.S. Naval War College, Aug. 2011, http://www.usnwc.edu/Research - Gaming/China - Maritime - Studies - Institute/Publications/documents/China - Maritime - Study - 8_ The - Dragon - Eyes - the - Top - of - . pdf, p. 1.

国在北极地区正按规矩行事","他们只是想赚钱"①。

国外学者的观点就北极对于中国意蕴的描述存在偏颇是在所难免的,实际上北极之于中国不仅仅是基于经济利益的"赚钱",也绝非力图"插手"北极事务,而是由于北极变化可能给中国所带来的潜在影响以及中国履行负责任大国的国际责任,从而中国积极参与北极事务。具体而言,变化中的北极对中国的利益主要包括以下三个方面的内容。

(一) 北极地区的气候变化会直接影响中国

北极地区气候变化的影响是全球性的,但受北极气候变化负面影响最大的是北半球的中纬度地区,而中国恰好位于这一地区。北极气候变化会直接影响中国的自然生态系统、沿海地区、森林、水资源、农业生产、牧业、旅游业等经济活动和社会生活的各个层面。② 北极地区的环境变化不仅可能会给中国的经济生活带来负面影响,北极地区的气候变化也会使中国极端气候事件增多,导致更多的自然灾害,影响中国的生态安全和粮食安全。北极冰融所导致的海平面上升,也会直接威胁中国沿海城市的安全。③

(二) 北极航道的开通将对中国的经济发展布局产生直接的影响

由于北极地区的迅速变化,北极航道的开通和常规化运行已经指日可待。近年来,北极地区夏季冰融的程度屡破历史纪录。由于气候变化的加速以及北极气候负反馈机制的影响,北极地区受气候变化影响较之世界其他地区更大。根据2009年的计算和预测,北冰洋夏季无冰的状况将在10年内出现,比原先估计的早30年。④ 一旦北极地区出现夏季无冰期,意味着坚硬的冰盖在北极地区将不复存在,北极航道的常年通航与常规化运行将变为现实。中国的海运贸易通过北极航道不仅可以节省大量的物流成本,还可以免受马六甲海峡海盗的困扰以及打破海上

---

① 《美媒:中国探索北极无政治目的 按规矩行事》,《环球时报》2009年9月21日。
② 陆俊元:《北极地缘政治与中国应对》,时事出版社,2010,第297页。
③ 夏立平:《北极环境变化对全球安全和中国国家安全的影响》,《世界经济与政治》2011年第1期,第122~123页。
④ Co – Chair's Summary, Melting Ice: Regional Dramas, Global Wake – up Call, Tromso, April 28, 2009.

通道单一性局面,实现中国国际航运多元化,节省大量的经济成本和政治成本。

(三) 北极地区的资源开发与供应将直接影响中国

受益于北极航道的开通与常规化运行,北极地区丰富的自然资源的开发和利用将更加便利。根据美国地质勘探局的估计,北极地区包含了全球30%未被发现的天然气储量和10%的石油储量。① 处于经济高速增长期的中国,对能源和原料有巨大的需求,北极地区已经探明的资源丰富,而且具有巨大的资源供应潜力,是世界油气资源增量部分的主要分布区域,将对未来世界能源供给产生重大的影响,因此,高度依赖能源和资源进口的中国,可以将北极地区作为中国能源进口的一个新的选择方向。北冰洋油气资源增量加上运输通道的便利性,将丰富中国能源采购多元化战略的内容。②

三 构建中国北极利益共同体的路径选择

鉴于北极事务的全球性影响,中国对北极事务的参与是中国和平发展道路上在全球范围内作为负责任大国必须担当的责任,其最佳路径是依照《中国的和平发展》白皮书中所设计的路线,即"把中国人民的利益同世界各国人民的共同利益结合起来,扩大同各方利益的汇合点,同各国各地区建立并发展不同领域不同层次的利益共同体,推动实现全人类共同利益,共享人类文明进步成果"。③ 具体到北极事务,也就是使中国在北极地区的国家利益与北极国家的利益相契合,寻求最佳的结合点,建构中国北极利益共同体,从而最大限度地实现与拓展中国北极利益与权益,促进北极地区的有效治理。具体而言,主要包括以下四个方面的内容。

(一) 进一步推进与拓展中国与北极国家之间的国际合作

尽管中国与北极国家之间的国际合作由来已久,但近年来在"变化的北

---

① United States Geological Society, Circum – Arctic Resource Appraisal: Estimates of Undiscovered Oil and Gas North of the Arctic Circle, http://pubs.usgs.gov/fs/2008/3049/fs2008 – 3049.pdf.
② 张侠:《北极油气资源潜力的全球战略意义》,《北极战略》2010年第2期,第11~17页。
③ 中华人民共和国国务院新闻办公室:《中国的和平发展》,2011年9月6日。

极"这一背景下,中国与北极国家之间的合作被赋予新的内容,其国际合作与交流的主要内容集中在北极航运、北极科考、北极文化交流,以及中国以观察员地位参与北极理事会等方面的内容。在北极八国中,北欧国家对中国等域外国家参与北极事务的态度更加开放,所以中国与这些国家的交流起步早、障碍少、进展快,很有希望形成互尊、互信、互动、互利的伙伴关系。① 2012年5月10日,中国第五次北极科考队赴北极科考前夕,当代世界研究中心与瑞典斯德哥尔摩国际和平研究所在北京联合举办"北极问题:中国与北欧国家对话"研讨会,就中国参与北极事务的必然性以及中国与北欧国家在北极的合作机遇进行研讨。在中国第五次北极考察队赴北极考察期间,举办了第二届中冰北极研讨会,冰岛总统奥拉维尔·格里姆松参加研讨会并就全球北极合作问题发表讲话,讲话中他提到"中国科学家参与了对北极海冰变化的研究,我相信全世界其他国家的领导人和民众都将意识到北极变化对地球及全人类的影响。中冰合作不仅对科学研究,对全球政治而言都是至关重要的"。② 研讨会上,中冰双方就在上海建立中国—北欧北极研究合作中心和在冰岛建立联合极光观测台签署了谅解备忘录。借此合作的基础,中国—北欧北极合作研究中心在位于上海的中国极地研究中心建立,这是中国首个以北极问题社会科学研究为主的国际合作研究中心。③ 中美之间在北极事务上的对话与合作也连续三年纳入中美战略与经济对话的清单之中,必将促进中美就北极事务的合作与立场协调。海洋与极地事务纳入中美战略与经济对话中,双方就国际海事组织和南极条约协商会议等各种多边论坛正在审议的海洋法、海洋和极地问题进行了广泛、深入和建设性的交流,取得丰富成果。④

(二) 加强与对北极有共同兴趣的域外国家立场的协调与合作

除中国外,其他域外国家,如日本、韩国以及南亚地区的印度、新加坡甚

---

① 杨剑:《北极事务离不开中国》,《环球时报》2012年4月20日。
② 奥拉维尔·格里姆松:《中国在北极事务中起积极作用是非常重要的》,《中国海洋报》2012年8月22日。
③ 《中国北欧北极合作研究中心将落户上海》,新华网,http://news.xinhuanet.com/tech/2012-08/18/c_123599688.htm。
④ 《中美举行第三轮海洋法和极地事务对话》,http://www.fmprc.gov.cn/chn/pds/wjdt/sjxw/t934717.htm。

至包括北美洲的巴西等都表达了对北极问题的兴趣。中国北极利益共同体的构建，不应该忽视与这些域外国家之间的信息沟通与政策协调。以北极理事会为主导的北极地区治理模式尤其在努克会议之后，变得更加"排他"，就域外国家申请成为北极理事会的观察员的条件更为苛刻。但鉴于北极事务的全球性影响以及北极部分区域作为全球公域的特点，域外国家参与北极事务于情于理都是必然的。因此，中国需要加强与域外国家之间的立场协调与合作，协调"非北极国家在北极的权益"并在国际社会中将这种声音扩大，以促使任何北极政策制定的过程中考虑到"域外国家"的权益。在不同的国际场合与这些域外国家一同提出共同的诉求，从而提高对这些诉求的关注度。通过行动向国际社会表明中国在北极事务中的立场，从而在北极问题上实现国际社会的共赢。

（三）通过北极学术共同体建设，推进中国北极利益共同体的构建

增强中国在北极事务中的话语权，不仅需要研究北极与中国的相关问题，也"必须关心并且公开讨论别人的问题"。① 因此，中国学者在北极问题的研究方面，不应该局限于"对中国有用"的问题，而要放眼世界，加强对共适性问题的研究，从而提供解决具体问题的可行方案。只有加强对北极事务自然科学及人文社会科学等共适性问题的研究，才能提高中国在北极事务中的话语权与加大对北极事务相关研究的有效参与力度。中国近年来积极参加了一些与北极事务相关的科学研究委员会，如加入了北极国际科学委员会，承办了北极科学高峰周会议，建立起北极科学考察站——"黄河站"，并已成功举行了四次北极海洋科学考察活动，与多国科研同行密切合作。② 在科研活动如火如荼开展的同时，中国还积极参与了北极理事会的工作，与加拿大、挪威、美国、芬兰、丹麦等开展双边交流与对话，沟通对北极问题的看法、探讨加强北极科研合作等问题。中国应进一步加强对北极地区的科学研究，参与大型的国际北

---

① 唐世平：《多关心别人，中国才有话语权》，《环球时报》2011年11月21日。
② 杨剑：《北极事务离不开中国》，《环球时报》2012年4月20日。

极科研项目,并在其中做出实质性的贡献,研究领域力图与国际研究项目有交叉、互补但不重复,在若干方向达到国际前沿研究水平,[①] 为北极事务的治理提供更多的智力支持,在国际北极研究共同体的国际科研合作中占据更为有利的地位,使中国成为北极重要的、不可或缺的研究力量之一。

(四) 推动企业界参与北极事务,构建中国北极经济共同体

在全球化的时代,在海外经营和参与商业活动的企业的利益成为国家利益的有效延伸。由于企业参与国际经济活动的灵活性,企业可以在国家不便或者不能参与的一些领域开展活动,而企业之间的互利合作本身就是双赢。2011年,中坤集团主席黄怒波拟以890万美元购买地处冰岛东北部的一块土地用来开发建设生态旅游度假村,后来却被冰岛内政部长以"法律不允许"为由拒绝。即使中坤集团愿意以600多万美元的价格租下300平方公里土地,租期为99年,但租地计划依旧受到冰岛政府的阻挠。最后,他不得不斥资8000万欧元购买挪威土地。

这项企业行为的投资机会,充分反映了中国企业家向北极发展的积极性与商业敏锐性,国家应该从各个方面对这种企业家精神给予外交、政治、信息、法律、宣传上的支持。在全球化时代,国家利益与企业的海外利益是相通互补的,中国石油企业、矿产开采企业以及造船业、物流运输业等相关行业,都应该以灵活的方式与北极地区的企业进行合作,在促进北极地区发展的同时,促进北极经济利益共同体的构建。

四 余论

中国参与北极事务,虽然最终目的是维护中国在北极地区的国家利益,但在这个过程中,并不是挤占北极国家已有的资源,而是为北极提供促进北极治理的一种公共物品。中国作为一个新兴的发展中大国和"和谐世界"理念的倡导者,理应立足于平衡本国利益和各国共同利益,形成整体移植的中长期北

---

① 北极问题研究编写组:《北极问题研究》,海洋出版社,2011,第187页。

极战略规划。①

中国目前尚未出台北极战略或北极政策文件,这在一定程度上引发了海外对中国在北极参与活动的目的的揣摩与猜测,也给中国同北极或北极之外的国家开展合作造成了一定障碍。因此,中国应及早出台官方的北极政策文件,向世界明示中国在北极地区的政策与诉求。由于北极事务的特殊性,在这一过程中,应充分发挥学术团体的"二轨外交"在中国"北极外交"中的作用,加强北极学术共同体的建设,通过这一平台促进北极国家对中国参与北极的认知与接受。企业界以及国家的经贸政策等应当适时进行调整,以确保和促进中国北极经济利益共同体的构建。

---

① 程保志:《北极治理机制的构建与完善:法律与政策层面的思考》,《国际观察》2011年第4期,第7页。

北极治理评估体系构建思路探析

吴雪明[*]

摘 要：随着北极战略地位不断提升，本文认为有必要全面评估与分析北极地区的安全态势、发展水平、生态环境、合作空间，以及主要国家、国际组织和其他行为体在北极地区的存在与活动。文中提出，应立足于全人类共同利益，以北极地区的和平稳定、适度发展、生态环保、合作共赢等为基本目标，从北极圈、环北极、近北极、外北极等多个层次，从北极圈内部变化、自内向外的影响、外部动向以及由外而内的影响等多个视角，通过层次分析法构建一个较为系统的北极治理评估体系。

关键词：北极治理 评估框架 指标体系

随着全球气候变化加速，北极治理问题日益凸显，大规模融冰正深刻影响着原住民的生存条件，商业化的能源资源开发与航道利用可能会危及北极脆弱的生态系统和自然环境，北极地区错综复杂的权益主张需要更为有效的争端解决机制与更加完备的治理体系。为此，我们有必要全面了解、记录和评估北极地区的安全态势、发展水平、生态环境、合作空间，以及主要国家、国际组织

---

[*] 吴雪明，上海社会科学院国际合作处处长，世界经济研究所副研究员、博士。

和其他行为体在北极地区的存在与活动。本文提出从北极圈、环北极、近北极、外北极等多个层次，从北极圈内部变化、自内向外的影响、外部动向，以及由外而内的影响等多个视角，尝试构建一个较为系统的北极治理评估体系。

一 构建北极治理评估体系的必要性与重要性

进入21世纪以来，全球化进程呈现新的发展趋向，引发一系列新的结构和矛盾，全球性问题向各国蔓延并在各领域深化，从而对全球治理提出现实而紧迫的需求。特别是2008年国际金融危机爆发以来，无论是西方大国、新兴大国还是中小国家，都更加重视全球治理，将其作为争夺新一轮战略制高点的机会。而在新的国际政治经济形势下，北极以其区位独特的战略位置、储量惊人的能源资源、潜力无限的航运贸易、影响广泛的环境气候，在全球格局与国际体系中的战略地位进一步提升，引起全球各方的高度关注，也成为嵌入全球治理的重要领域。

第一，北极的资源状况、开发潜力与承载能力等都需要进行统计分析与综合评估。北极的化石能源、矿产资源、海洋生物资源和航道资源等是世界各国关注的重点与争夺的焦点，我们应根据相关统计资料和调查数据，从一个比较客观的视角分析与评估北极能源资源的储量规模、大规模开发的可能性以及总体承载能力。这是北极治理评估的重要基础。

第二，北极的气候变化、生态环境与可持续发展需要长期的跟踪监测。北极的气候变化速度相对较快，而生态环境系统又十分脆弱，北极地区环境变化的外部性很强，其可持续发展问题需要特别关注，这是北极治理的核心内容之一，需要全球主要大国和国际组织一起提供必要的公共品，共同保护北极。

第三，北极地区的人口状况、发展水平与人文环境等需要广泛的关注和评估。北极地区的生存与发展模式与世界其他地区大为不同，存在很多制约因素，需要对其发展条件、发展水平与发展潜力等进行综合分析与评估。

第四，北极的地缘竞争与大国博弈状况十分复杂，需要进行多层次、多角度的深入剖析。在北极，政治与经济、大国与国际组织、传统安全与非传统安全、合作与竞争等问题交织在一起，近年来环北极国家以及有关国际组织普遍提升北极的战略地位，非北极国家也希望以"观察员"等身份涉足北极事务，大国的竞争与博弈对全球政治经济格局的变化与长期走势都产生了深远影响，需要进行深入的分析与解构。

第五，北极争端争议问题复杂，而解决机制和治理体系尚未形成，需要从更宽广的视野、更长远的角度进行分析评估和提出建议。北极地区存在的争议包括领土主权、领海划界、航道所有权和通行权以及捕鱼权等。为此，有必要提高北极治理机制的能力，包括整合现有的多层面的北极治理机制，对北极理事会进行改革，以及加强其他国际机构在北极治理方面的效力等。有些国家也表示，根据《联合国海洋法公约》，北极具有人类共同财富的国际属性，认为北极国家必须采取更为开放的姿态吸纳所有的利益相关方的参与，方可实现北极事务的有效治理。

为了更好地应对北极地缘竞争态势、更全面地把握北极区域发展状况和更加积极主动地参与北极资源与航道的合作开发与利用，我们应该比较系统地对各主要国家在北极的战略动向做出评估、对北极地区发展的外部条件与周边环境进行分析、对包括中国在内的各主要国家在北极地区的活动，以及北极内部区域的经济、社会与可持续发展状况等进行全面评估，为建立系统而有效的北极治理机制提供参考和依据。

二 北极治理评估体系的构建思路

北极治理评估体系的构建充分借鉴与参考了国内外关于北极地区监测与评估相关研究中的基本理念、指标设计与评估方法。

（一）国内外关于北极地区监测与评估的相关研究

关于对北极地区的监测，最早可追溯到斯科尔斯拜根据他的捕鲸队于1807~1818年在斯匹兹卑尔根沿海得到的气象和冰情观测资料。[①] 此后世界主

---

① R.G. 巴里、章永伟：《北极海冰与气候：北极研究一百年的回顾》，《地理科学进展》1986年第2期。

要国家,特别是环北极国家及有关国际组织、科学研究机构,对北极地区都开展了大量专项或综合的跟踪监测研究。比较有影响的单项监测报告包括北极理事会(The Arctic Council)和国际北极科学委员会(IASC)发布的《北极气候影响评估报告》(ACIA)①,北极监测和评估工作组(AMAP)发布的《北极雪、水、冰和冻土监测(2012)》《炭黑对北极气候的影响(2011)》②等报告,以及北极动植物保护机构(CAFF)发布的《北极生物多样性科学评估报告(2010)》③等。比较有代表性的综合评估报告主要有联合国开发计划署(UNDP)发布的《北极地区人类发展报告(2004)》④、美国国家海洋和大气管理局(NOAA)发布的《北极年度报告(2011)》⑤等。

在对北极气候、冰层、环境、生物多样性等进行跟踪监测的同时,国内外有关研究机构和国际组织也在构建北极指标体系和评估方法等方面进行了深入研究。北欧部长理事会(Nordic Council of Ministers)于2010年发布了《北极社会指标》(Arctic Social Indicators),构建了一套北极的社会指标体系并进行了初步评估。⑥ 北极动植物保护机构(CAFF)在《北极生活多样性评估报告》中创建了"北极物种变化趋势指数"(Arctic Species Trend Index)。国际北极科学委员会、北极监测和评估工作组等机构在《北极海岸状况报告(2010)》构建了一个由物理视角、生态学视角、人类视角等多个维度表征的北极海岸线状况评估指标。⑦ 中国极地研究中心在构建中国极地科学数据库系统、极地生态环境监测指标、北极地区人口指标和区域经济发展指标等方面进行了一系列研

---

① The Arctic Council, The International Arctic Science Committee, *Arctic Climate Impact Assessment*, Cambridge University Press, 2004.
② The Arctic Monitoring and Assessment Working Group *Snow, Water, Ice, Permafrost in the Arctic*, 2012; *Report on the Impact of Black Carbon on Arctic Climate*, 2011, http://amap.no/swipa/.
③ The Conservation of Arctic Flora and Fauna, *Arctic Biodiversity Trends 2010——Selected indicators of change*, CAFF International Secretariat, Akureyri, Iceland, May 2010.
④ UNDP, *Arctic Human Development Report 2004*, Akureyri: Stefansson Arctic Institute.
⑤ NOAA, Richter-Menge, J., M. O. Jeffries and J. E. Overland, eds, *Arctic Report Card 2011*.
⑥ Nordic Council of Ministers, *Arctic Social Indicators: A follow-up to the Arctic Human Development Report*, Copenhagen 2010.
⑦ IASC, AMAP, etc, *State of the Arctic Coast 2010: Scientific Review and Outlook*, April 2011.

究。① 国内有关专家在北极航线地缘政治分析中也引进了定量分析方法，构建了"北极航线地缘政治安全指数"②。

这些国内外现有研究成果为北极治理评估体系的设计提供了重要参考，包括各类指标的选择与应用、综合评估与指数合成以及大量基础数据的搜集、整理与分析等。在此基础上，我们在评估理念、研究对象与分析视角等方面进行了完善与创新，提出了一个比较综合的北极治理评估体系。

（二）北极治理评估的理念与目标

构建北极治理评估体系，必须立足于全人类共同利益，要符合中国走和平发展道路和构建和谐世界的基本主张，积极倡导与推动国际社会共同构筑"和平的北极、发展的北极、绿色的北极、合作的北极"。

首先，要把维护北极的和平、稳定与和谐作为该评估体系的基本理念和首要目标。北极在政治与军事上具有极为重要的战略价值，一度是大国部署兵力与军事对抗的重要基地。冷战结束后，对抗的气氛大为减缓，环北极国家把重心转向对北极环境与生态等的关注。但随着北极环境的快速变化和全球力量格局的新调整，主要国家对北极航道、能源资源等的争夺变得越来越激烈，而且在各国的北极战略中不乏军事上的考虑。就全球共同利益而言，北极的任何国家间冲突都可能带来灾难性后果，和平开发利用北极应该成为各国的共同追求。

其次，要高度关注北极地区的经济、社会与人文发展。北极的发展条件比较特殊，一方面能源资源非常丰富，而人口比较稀少，具备较好的基础条件；另一方面，北极地区的气候条件比较恶劣，生态环境比较脆弱，经济发展形态相对比较单一，而且要充分考虑北极的环境承载能力及其对全球气候、生态与环境的影响。因此，北极地区的发展目标应当是适度发展与适当发展，可通过对北极地区的发展条件（气候、环境、生态等）、发展水平（经济、社会、文

---

① 朱建钢等：《中国极地科学数据库系统建设》，载《中国测绘学会 2006 年学术年会论文集》；张侠等：《北极地区区域经济特征研究》，《世界地理研究》2009 年第 1 期；程文芳等：《极地生态环境监测与研究信息平台的设计与实现》，《极地研究》2009 年第 4 期。

② 李振福：《北极航线地缘政治安全指数研究》，《计算机工程与应用》2011 年第 35 期。

化等)与发展潜力(人口结构、移民状况、科技研发等)进行长期的跟踪监测,总结其特殊性,提出符合当地实际、切实可行的发展建议。

再次,在北极治理评估体系中要更加重视可持续发展的理念与目标。全球环境气候是一个不可分割的整体,北极地区是全球大气环境监测的重要区域,对研究人类活动与全球气候环境变化的关系有重要意义。而且,北极环境和生态都十分脆弱,自我修复和调节能力都很弱。北极对全球气候环境变化极为敏感,所受影响可能要比人们预期的范围更大、速度更快。北极地区的气温上升幅度是全球气候变化值的两倍,有关气候模型表明,2100年北极的温度会上升到2℃~9℃。[①] 一旦北极地区环境进一步恶化,其影响对全人类来说将难以预测。因此,无论是当地的资源开发和冶炼,还是北半球国家的工业发展,都必须考虑到对北极环境的影响和破坏。北极治理评估体系的构建也将充分考虑可持续发展方面的指标,包括内部的变化与外部的影响。

最后,要大力提倡合作的理念,包括各个层面的双边与多边合作,这是实现北极和平与发展目标的重要基础。随着气候环境的变化,北极地区现在面临的很多问题,都不是一个国家甚至若干国家能独立解决的,包括北冰洋大陆架划界、北极航道通行、能源资源开采等。这些看似只是北极国家间的事务,但由于北极的特殊性,其实都关乎全人类的共同利益,将其放到一个多边平台上可能更有利于解决。

(三) 北极治理的评估对象

北极治理的评估对象,根据与北极点的远近不同,大致可分为北极圈、环北极、近北极和外北极等四个层次,根据每个层次的国家、地区或区域组织与北极事务的利益交汇程度不同,参与北极治理的内容、范围、程度也就不同。

第一层是北极圈(及其以北的广大区域),具体包括极区北冰洋、边缘陆地海岸带及岛屿、北极苔原和最外侧的泰加林带,总面积约2100万平方公里,其中陆地部分占800万平方公里,北冰洋面积1300多万平方公里。这个区域

[①] Duncan French and Karen Scott, "International Legal Implications of Climate Change for the Polar Regions: Too Much, Too Little, Too Late?" *Melbourne Journal of International Law*, Vol. 10, 2009.

包括了环北极八国的 30 个行政区。北极圈内各行政区的经济、社会、人文发展状况，以及生态系统、环境保护与可持续发展水平等是北极治理的重要内容，地方政府以及原住民自组织等是这个区域内参与北极治理的重要行为体。应重点评估北极圈内各个区域的发展条件、发展水平、发展阶段、发展瓶颈，以及跨区域合作与区域间人员流动等指标。

第二层是环北极，包括俄罗斯、加拿大、美国、丹麦和挪威等五个北冰洋沿岸国家，冰岛、芬兰和瑞典等三个国土进入北极圈的国家，以及部分环北极国家的区域组织（如欧盟等）。环北极八国正是北极理事会的八个成员国。这些国家或国际组织是北极治理的主要行为体，其在北极地区的战略规划、政策主张、军事存在、经济开发、争议解决、合作协商等是影响北极治理进程与目标的决定性因素。北极治理中的一些核心问题，包括能源资源开发、北极航道控制权、北冰洋大陆架划界等，环北极国家是起主导作用的。因此，要从多个方面对环北极国家进行长期监测与评估。

第三层是近北极，指受北极影响较大的非北冰洋沿岸国家，或者说是北极地区以外的北半球国家和区域组织，其中包括英国、法国、德国、荷兰、波兰和西班牙等北极理事会永久观察员国，也包括中国、意大利、日本、韩国等北极理事会的特殊观察员国，以及印度、墨西哥、土耳其、沙特阿拉伯等其他关注北极地区或受北极影响较大的国家。北半球国家受到北极气候、环境、生态等变化的影响是比较直接的，不少北半球国家在北极地区也有各种实际存在，包括科考、贸易、人员往来等，而北半球国家的工业化、城市化等问题也会通过大气污染等对北极地区产生影响，因此，近北极国家及其相关活动都是北极治理体系的重要内容和对象，也需要进行全方位的记录、监测与评估。

第四层是外北极，泛指所有其他国家、地区和国际组织，它们与北极的关联主要是气候、环境等治理主题，以及部分南半球国家在北极的科学考察和他们关于极地治理的相关倡议与活动等。对此，也可以进行相关分析与评估。

（四）北极治理评估体系的构建思路

关于北极治理评估体系的构建，针对上述多重治理目标与多层评估对象，还需要从多个视角进行全方位的评估。

一是内部变化评估,指要跟踪监测、评估分析北极内部的变化,主要包括北极地区内部的环境、气候、生态等自然条件的变化,拥有的能源、资源储量及被开采程度,航道开通与利用程度,以及各行政区的经济与社会发展水平等。

二是自内向外的影响评估,即研究与评估北极内部变化给全球和各国带来的各种影响,既有不利的影响,比如,北极气候与环境加速变化给世界各国与地区带来的影响,包括北半球大气物理状况改变、温室效应正反馈恶性循环和海平面上升等;也有有利的影响,比如,北极冰层大规模消融后,北极地区的能源资源将更容易开发、北极西北航道和东北航道可能实现商业化运作等。

三是外部动向评估,指要分析与评估北极以外地区的相关动向,主要包括环北极国家、相关国际组织、近北极国家、外北极国家等的国际地位、国际影响、发展前景的变化和遇到的突发事件,以及这些国家(国际组织)出台或形成的关乎北极地区和平与发展的规划、战略、政策、法律、机制等。

四是由外而内的影响评估,即分析与评估北极外部动向对北极地区的影响。这包括:①直接影响,主要指环北极国家、近北极国家、外北极国家以及相关国际组织直接到北极地区开展活动,包括科学考察、开采资源、人口迁移、贸易往来、军事存在等;②间接影响,有好的、创造性的影响,比如,在这些国家间形成对维护北极和平、稳定、发展有利的全球治理机制、合作平台、争端解决机制等;③消极影响,比如,北半球国家的工业污染,通过长距离传输到北极区内,形成"北极霾";④为了争夺北极利益,国与国之间形成恶性竞争、军备竞赛,破坏了北极地区和平、发展、合作原有的机制与平台等;⑤一些可能要视具体情况而定的影响,比如,多边框架内对北极事务的治理与裁定(如大陆架外部界线划定等问题)将直接影响北极地区的地缘格局、经济利益划分和区域平衡发展,有的区域可能得益,有的区域不一定。

综合起来,构建北极治理评估体系的总体思路可通过图1来表述:治理目标是立足于全人类共同利益,努力在北极地区实现和平稳定、适度发展、生态环保与合作共赢;评估对象由近及远包括北极圈、环北极、近北极和外北极;设计思路要综合考虑北极地区内部变化、自内而外的影响、外部动向和由外而内的影响等四个维度。

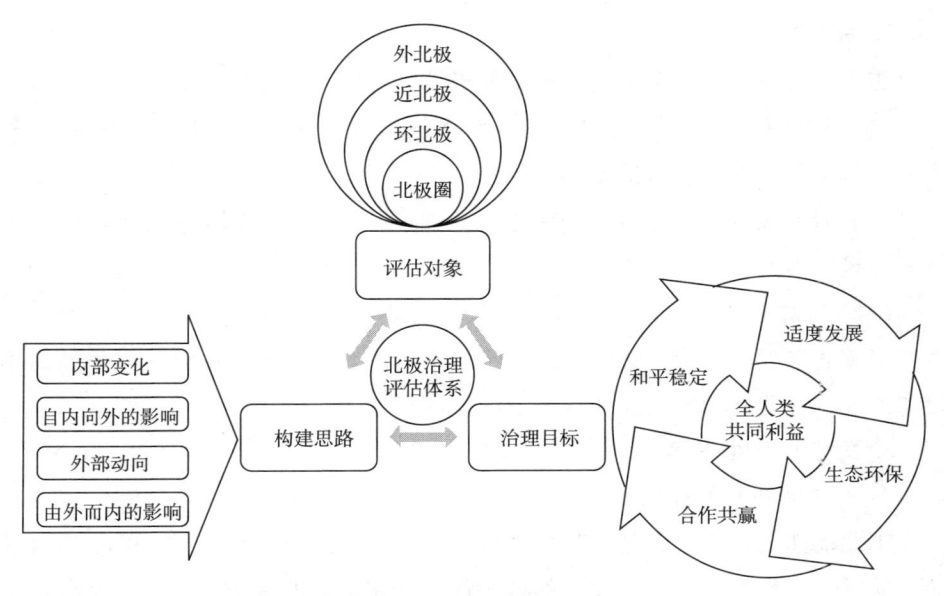

图 1　构建北极治理评估体系的总体思路

三　用层次分析法构建北极治理评估体系

根据以上总体思路，我们用层次分析法来设计北极治理评估体系，目标层包括和平稳定程度、适度发展水平、生态环保质量和合作共赢状态等四个大项，每个目标层可分解为若干准则，再根据前述不同层次的评估对象（北极圈、环北极、近北极、外北极）以及不同维度的影响（内部变化、自内向外的影响、外部动向、由外而内的影响），对每个准则设计若干评估方案，最后根据这些方案挑选一组有代表性的指标进行衡量。

（一）和平稳定程度

1. 基本目标

治理目标是维持北极地区的和平、稳定与和谐，拟在各种定量与定性指标的基础上进行综合评估，用"很危险""有风险""较稳定""很太平"等表示每个特定时间段北极地区的和平稳定程度。

2. 准则层

初步考虑用以下三个准则来衡量北极地区的和平稳定程度。

（1）地区和平。主要指传统安全层面的状况，比如，该地区是否存在战争风险、军备竞赛、军事威慑等。

（2）社会安定。主要指非传统安全层面的状况，包含战争风险以外的其他各种风险因素，比如，恐怖主义、跨国犯罪、走私贩毒、流行疾病等。

（3）和谐相处。主要指各相关行为体之间竞争与博弈的总体状况，比如，主要国家北极战略的竞争态势，环北极国家解决北极领土、领海主权争端的手段与方式，环北极国家对非北极国家的排斥程度等。

3. 方案层与指标层

（1）地区和平的评估方案与指标

①北极圈内。第一，诱发战争的因素，比如，能源资源开采、领土领海争端、航道通行权等；第二，北极的地缘优势及其可能的变化，比如，冰层融化后更有利于军事部署和作战安排等；第三，本地区警察和军事力量的发展，是否严重超越本行政区的治安与边防需要。

②环北极国家。第一，北极战略中的军力部署计划；第二，关于北极事务的军费支出；第三，其在北极圈所辖区域的军事存在；第四，在北极地区的军事演习。

③近北极国家与外北极国家。第一，因北极事务与环北极国家产生军事冲突的可能性；第二，作为环北极国家的盟友或战略性合作伙伴在北极发生军事冲突后是否会被卷入；第三，其他地区发生的战争会否影响到或蔓延到北极地区。

（2）社会安定的评估方案与指标

①北极圈内。第一，本地区恐怖主义组织的存在与分布；第二，本地区海盗以及其他跨地区的有组织犯罪；第三，走私贩毒是否存在；第四，本地区的流行疾病。

②由外而内（从外北极、近北极、环北极国家到北极圈内）的直接影响。第一，外部恐怖主义组织的渗透；第二，报复性恐怖活动延伸至北极圈内，比如，在部分环北极国家遇到的恐怖活动，延伸到该国家在北极的所管辖区域；

第三，其他地区的海盗活动是否会因为北极航道商业化运作后流窜到北极地区；第四，外部的走私贩毒集团有没有可能在北极设立据点开展非法活动；第五，外部流行疾病传播到北极地区的可能性。

③外部动向对北极地区的间接影响。第一，国际金融危机等爆发后引起的低增长、高失业的总体外部环境对北极地区的负面影响；第二，因局部战争或突发事件造成的全球能源供需状况突变对北极地区的间接影响；第三，重大自然灾害和次生灾害引发的恐慌效应，比如，大地震引发的核泄漏导致的各种心理恐慌。

（3）和谐相处的评估方案与指标

①北极圈内。第一，各行政区间的和谐相处；第二，移民与原住民之间的和谐相处。

②环北极国家。第一，各国制定的北极战略的竞争态势是相互理解，还是针锋相对、竞相拔高；第二，对于北极圈内所辖区域的领土、领海等争端争议的解决所采取的手段、路径与方法，是否保持公正、合理的立场。

③北极国家与非北极国家间。第一，北极国家对近北极国家、外北极国家在某些领域加强合作的善意和提出的合理诉求（如成为观察员）是完全排斥还是适度接受；第二，非北极国家是否采取不适当的方式过度干预北极事务。

（二）适度发展水平

1. 基本目标

治理目标是推动实现北极地区的适度发展，包括经济增长与民生改善、科技进步与教育发展以及实现一定程度的开放。通过各种定量与定性指标的综合评估，可用"发展过快""发展适度""发展不足""发展缓慢"等表示每个特定时间段北极地区的发展水平。

2. 准则层

初步考虑用以下三个准则来衡量北极地区的适度发展水平。

（1）民生改善。指通过适度的经济增长实现北极地区人民生活水平的逐步改善。

（2）科教发展。指北极地区能够实现一定程度的科技进步，北极地区人民能获得较好的受教育机会。

（3）适度开放。指北极地区可以实现一定程度的开放，贸易、投资、金融与旅游等有一定程度的发展，实现北极圈内、圈外各种资源适度、有效的配置。

3. 方案层与指标层

（1）民生改善的评估方案与指标

①北极圈内。第一，经济社会发展现状评估，包括民生改善的程度；第二，现有的发展条件与经济增长的制约因素评估；第三，各行政区域制定的经济增长与民生改善目标是否适度。

②环北极国家。第一，对北极圈内所辖区域经济增长、社会发展是否高度关注、大力支持，如本国财政收入的转移支付等；第二，对北极圈内各区域发展规划的制订与实施的指引、指导；第三，环北极国家间对于各自所辖区域的发展是否有沟通、协调机制，以保持各区域发展的相对平衡。

（2）科教发展的评估方案与指标

①北极圈内。第一，科学技术水平的现状评估，包括基础设施、经费投入、产出水平等；第二，教育发展水平的现状评估，包括教育经费投入、平均受教育年限、成人识字率等。

②环北极国家。第一，北极战略中的科技与教育投入与举措；第二，对北极圈内的所辖行政区的科教专项投入和其他支持力度。

③近北极国家和外北极国家。第一，在北极地区的科学考察活动，包括与当地联合开展科考与技术攻关；第二，对北极地区科教发展的资金与技术支持；第三，将国内先进技术或教育资源引入北极地区。

（3）适度开放的评估方案与指标

①北极圈内。第一，对外开放意愿与政策；第二，开放条件，比如，开展贸易、吸引投资的便利化措施，开发旅游的配套设施等。

②环北极国家。第一，到北极圈内定居的移民数量是否适度；第二，商品与服务贸易往来；第三，在北极的投资；第四，到北极地区的旅游。

③近北极国家与外北极国家。第一，贸易与投资；第二，到北极地区的旅游；第三，开放限制，有的来自北极圈内，有的来自环北极国家。

（三）生态环保质量

1. 基本目标

治理目标是实现北极地区的可持续发展，包括有节制地开发能源资源、保持生态平衡以及保护环境等。通过各种定量与定性指标的跟踪监测与综合评估，可用"不可持续""风险较大""总体可控""可持续"等标出每个特定时间段的生态环保质量和可持续发展水平。

2. 准则层

初步考虑用以下三个准则来衡量北极地区的生态环保质量。

（1）开采有度。指对于北极地区的石油与天然气、矿产资源、森林资源、渔业资源等的开发要节制，即使主权已明确的部分，也不能由这些国家单独做主，而要着眼于整个北极地区可持续发展的需要，制定大家要共同遵守的开发规则。

（2）生态平衡。指要共同保护北极地区脆弱的自然生态，尽可能减少人为的破坏，同时还要联合应对气候变化等可能对北极生态造成的严重破坏。

（3）环境保护。指要保护北极圈的生存与发展环境，在内部尽可能实现低消耗、少污染的绿色发展，同时也要尽可能减少北极圈外的工业化、城市化等的过度发展造成对北极圈环境的间接影响。

3. 方案层与指标层

（1）开采有度的评估方案与指标

①北极圈内。第一，能源资源储量的综合评估与单项评估；第二，航道资源可利用程度评估；第三，对于有节制开发利用是否已形成共识和相应的规则。

②环北极国家。第一，北极战略中的能源资源开发规划是否适当；第二，已开采现状和影响评估，是否出现了无节制开采或者不顾后果的乱开采；第三，在开采规则上是否在多边层面上进行协调。

③近北极国家和外北极国家：第一，在有机会参与共同开发时是否注重适度开采、有效使用；第二，是否有机会参与制定适度开采的相应规则。

（2）生态平衡的评估方案与指标

①北极圈内。第一，生物物种的监测、统计与评估；第二，本地保护生态

平衡的法律、条例和规章及其执行情况评估;第三,气候变化等客观环境变化对生态平衡产生的影响评估;第四,区域经济社会发展以及其他人类活动造成生态平衡破坏的状况评估。

②由外而内的影响。第一,圈外对圈内直接的负面影响,圈外国家和其他行为体在北极圈的存在与活动对其生态平衡造成的影响;第二,圈外对圈内间接的负面影响,比如,圈外过度工业化造成的污染通过大气回流等传递到北极圈内,然后对北极圈内的生态平衡造成破坏;第三,圈外对圈内的积极影响:共同保护北极圈的生态平衡,包括宏观上共同商讨与应对全球气候变化等带来的负面影响,以及微观上各国组建专家小组赴北极考察生物物种、进行直接保护,并提出保护生态平衡的建议和方案等。

(3) 环境保护的评估方案与指标

①北极圈内。第一,本地居民生产、生活方式的环保效应评估;第二,居民生产、生活方式变化的趋势及可能对环境产生的影响;第三,当代环境保护的意识、规范与标准等;第四,对当地的气候与环境变化进行长期跟踪监测,获取基础数据。

②由外而内的影响。第一,消极方面:北极圈外的工业化、城市化等过度发展给北极圈环境造成的间接影响;第二,积极方面:一是各国将积累的先进的环保理念与有效的环保措施等应用到北极圈内的环境保护;二是全球的环保专家和环保组织积极呼吁保护北极圈的自然环境,并直接采取一系列行动。

(四) 合作共赢状态

1. 基本目标

治理目标是实现各相关主体在北极地区的合作共赢,包括优势互补、合作开发利用北极地区的能源、资源和航道,共同提供公共物品、联合保护北极地区的生态环境,以及广泛参与、协商建立比较有效、合理的北极治理机制等。通过各种定量与定性指标的深入分析与综合评估,可用"空间极小""难以合作""少量合作""广泛合作"等标出每个特定时间段北极地区的合作共赢状态。

2. 准则层

初步考虑用以下三个准则来衡量北极地区的合作共赢状态。

（1）利益共享。指通过各相关国家发挥在资金、技术、人员等方面的不同优势，合作开发利用北极地区的能源资源，扩大共同利益，减少相互间的分歧。

（2）责任共担。指北极治理相关主体共同为北极地区的和平与发展提供必要的公共品，包括当地发展所需要的基础设施、技术、资金等，以及保护北极地区生态环境、实现可持续发展所需要的科学考察和联合攻关等。

（3）机制共建。指在现有北极相关治理机制的基础上，通过与北极治理密切相关的各个国家和国际组织以及其他非国家行为体的广泛参与讨论，不断完善、拓展与创制，形成一套更为合理、有效、公平的北极治理机制。

3. 方案层与指标层

（1）利益共享的评估方案与指标

①北极圈和环北极国家。第一，哪些是共同财富和共同利益；第二，北极圈内和环北极国家对于与外部共享一部分能源资源开发利益的意愿评测；第三，对部分资源进行共同开发的必要性评估。

②近北极国家和外北极国家。第一，各国所具备的资源与优势评估，如资金优势、技术优势、人才优势；第二，合作开发的可能性以及合作对象的选择等。

（2）责任共担的评估方案与指标

①北极圈和环北极国家。第一，北极地区生存与可持续发展面临的危机与挑战，以及内部问题外溢的可能性；第二，环北极国家与北极圈内各区域自身可提供的公共品评估，包括有效性、充足性等。

②内外互动。第一，北极圈内外共同面临的全球性问题，如气候变化、环境污染与生态平衡破坏的变化；第二，近北极国家、外北极国家与国际组织和其他行为体对北极圈内各种挑战与问题的关注与解决方案；第三，北极圈外国家与地区的条件与优势，以及提供各类公共品的能力与意愿评估。

（3）机制共建的评估方案与指标

①北极圈内。第一，区域内经济、社会发展的协调机制；第二，区域间的

协作与治理机制。

②环北极国家。第一，国内治理方略的拓展与延伸；第二，对北极地区治理的主张与异同；第三，现有北极治理机制的成效与改革，如北极理事会等。

③近北极国家和外北极国家以及其他国际组织和各类行为体。第一，北极治理的特殊性评估；第二，全球各主要国家、国际组织和非国家行为体对北极治理的主张与建议，包括现有机制的改革与完善，以及创建新的治理机制；第三，北极圈外一些行之有效的全球治理机制和工具在北极圈的应用评估。

综合起来，北极治理评估体系的基本框架如图2所示。

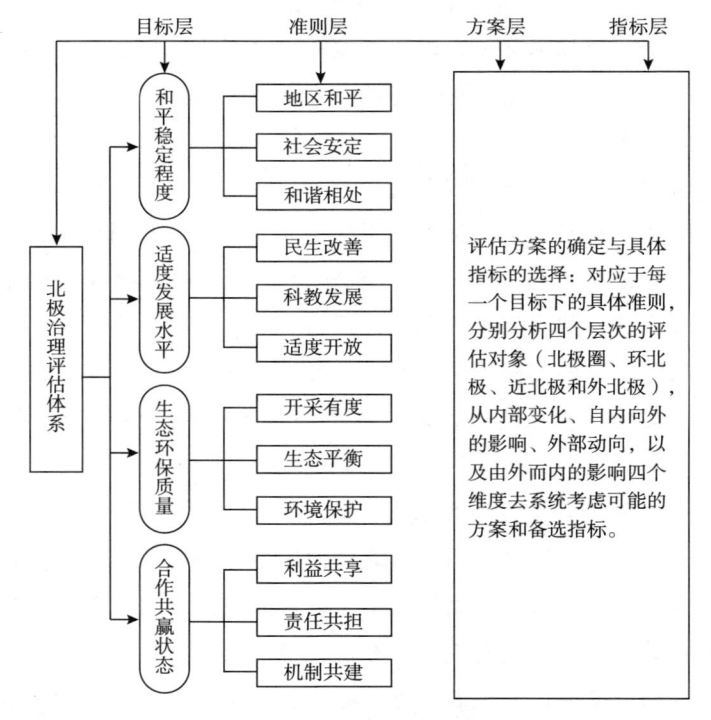

```
目标层        准则层         方案层    指标层

              ┌─地区和平
        和平稳定程度─社会安定
              └─和谐相处
                              ┌──────────────────┐
              ┌─民生改善     │评估方案的确定与具体│
        适度发展水平─科教发展 │指标的选择：对应于每│
              └─适度开放     │一个目标下的具体准则│
北极治理                      │，分别分析四个层次的│
评估体系      ┌─开采有度     │评估对象（北极圈、环│
        生态环保质量─生态平衡 │北极、近北极和外北极│
              └─环境保护     │），从内部变化、自内│
                              │向外的影响、外部动向│
              ┌─利益共享     │，以及由外而内的影响│
        合作共赢状态─责任共担 │四个维度去系统考虑可│
              └─机制共建     │能的方案和备选指标。│
                              └──────────────────┘
```

图2　北极治理评估体系的基本框架

综合来看，随着全球气候加速变化，北极治理问题日益凸显，亟待建立更为有效的争端解决机制与更加完备的治理体系。由于能源、资源、航道、安全等各方面的现实利益和战略价值，北极八国特别是北冰洋五国，近年来对北极主权和能源资源的争夺空前激烈，对于北极治理体系与争端则比较倾向于通过内部机制解决，力图不让域外国家过多地介入北极事务。然而北极地区的很多问题具有明显的外溢效应，对于全球气候、环境、生态等都有直接或间接的影响，在很多问题上都需要与北极地区外的有关国家和国际组织加强协调与合作。而且，北极地区除环北极八国的陆地领土、领海、专属经济区和大陆架外，还包括公海和国际海底区域，根据《联合国海洋法公约》，这部分区域属于全人类的共同财富。因此，传统国际体系思维下仅限于几个主要利益攸关方的北极国际治理机制可能无法适应北极地区事务的未来发展需要，应以全球体系的思维来构建北极治理体系并组建和完善相应的治理机制和机构。这样一个北极全球治理体系应由国家行为体（环北极八国以及北极圈外的有关国家）、非国家行为体（如跨国公司、原住民组织）和超国家行为体（如欧盟）共同构成力量基础，以人类在北极地区的共同安全、共同威胁、共同挑战、共同发展为治理对象，以北极地区的和平稳定、区域发展、生态保护、合作共赢为治理目标。

中国应积极倡导和参与构建这样一个符合全人类共同利益的北极全球治理体系，在这个过程中，中国也可以有多重身份（或依据）：一是作为《斯瓦尔巴群岛条约》的缔约国，有权进入地处北极的斯瓦尔巴群岛地区从事科研及工业、商业等活动；二是作为《联合国海洋法公约》的缔约国，有权进入北极公海地区进行航行、科研、开发海底资源等活动；三是作为近北极国家，北极地区内部变化与中国发展有着许多动态关联，中国应予积极关注并加强与有关各方的沟通与合作；四是作为联合国常任理事国和新兴的发展中大国，中国也有责任和义务与国际社会一起积极倡导建立更为合理、有效的北极全球治理体系与机制，推动北极地区实现和平稳定、适度发展、合作共赢以及可持续发展等符合人类共同利益的总体目标。

我们认为，中国在继续做好北极科学考察并推动有关合作外，还有必要加大对北极问题软科学研究的支持力度，包括对北极地区的动态监测以及北极治理的综合评估等，这些都可以为中国未来参与北极全球治理体系、形成中国的北极战略框架提供理论与数据的支撑。本文尝试构建一个比较系统的北极治理评估体系，并提出指标选取和数据合成的初步方法，也是希望能够为北极地区的动态监测与综合分析提供一个可资参考的框架与思路。

加拿大主导的"北极共同体"构想的效能分析[*]

赵雅丹[**]

摘　要：从利益共同体到基于价值的认同、对民主协商方式的尊重的"北极共同体"构想，加拿大期望建立的"北极共同体"走了一条不同寻常之路。它的内涵及其实现路径都为中国思考中的"利益共同体"构建提供了一个新的指向和维度。通过对北极共同体的政策目标、执行手段及其效果的分析，加拿大政府意图在北极圈内部建立起基于生态安全、可持续发展的"北极共识"，推动北极理事会成为低政治性的协商机制，并且使协商方式带来的合法性优先于效率，同时注重区域组织与次国家行为体之间的信息分享。

关键词：北极共同体　加拿大　政策分析

北极，包括加拿大、俄罗斯、美国、北欧国家的北方领土，以及广阔的冰封海域。这里曾经是冷战的前线，而现在，它依旧是抗击全球持久性有机污染物、气候变化、核废料污染的前线。这些危险严重威胁着人类和动物的健康、北极土壤和水域的生命力。冷战带给北极各国的是排斥和对抗，但如今北极各

---

[*] 中国海洋发展研究会重大项目"中国在推进海洋战略过程中的法制完善研究"（CAMAZDA 201501）的阶段性研究成果；上海政法学院"大周边外交创新性学科团队建设"。

[**] 赵雅丹，博士，上海政法学院国际事务与公共管理学院讲师。

国面临的问题都是全球化的，不管是边界问题还是环境保护，仅凭一国之力是无法解决的，处理手段必须是全球化和进行合作。于是，北极圈内八个国家相继制定了各自的北极政策。与美国和俄罗斯相比，实力偏弱的加拿大正在努力提高其在北极事务上的领导能力。这与其地理位置、资源分布、战略序列、政治制度密不可分。首先，加拿大是北极圈内领土面积最大的国家之一，它有漫长的北部边界，有相当多的原住民，它受北极气候变化影响的范围也比他国更广。其次，别的国家，比如，美国的北极战略或政策只是其全球战略的一部分，但是对于加拿大，北极战略是它的首要战略，它比其他国家向北极地区倾注了更多的关注和心血。再次，加拿大的北方地区和北冰洋内大陆架经济专属区中蕴藏着丰富的石油，现已探明的石油储量居世界第二，成为第二个"中东"。这里还蕴藏着丰富的矿产。这必然会引起构建能源战略的其他国家的关注。最后，也是最重要的一点，加拿大期望建立的"北极共同体"将走不同寻常之路，它的内涵及其实现路径都为中国准备构建的"利益共同体"提供了一个新的指向和维度。

一 加拿大的北极政策及其主导的"北极共同体"构想

2009年7月，《加拿大的北方战略：我们的北极，我们的遗产，我们的未来》（简称"北方战略"）出版。该文件详细阐述了加拿大政府对其北方地区的未来发展蓝图，以及政府即将在该地区进行的重要行动，并把在北方地区引入投资促进北方经济稳固增长作为加拿大经济整体发展战略的重要组成部分。[①] 2010年8月，加拿大政府又发布了《加拿大北极外交政策宣言》（Statement on Canada's Arctic Foreign Policy: Exercising Sovereignty and Promoting Canada's Northern Strategy Abroad，简称"外交政策宣言"），更为详细地归纳了政府的目标，并指出了促进加拿大的北方利益实现的政策手段。[②]

---

① 《加拿大的北方战略：我们的北极，我们的遗产，我们的未来》，中国极地中心，2009，内部翻译版。
② Statement on Canada's Arctic Foreign Policy: Exercising Sovereignty and Promoting Canada's Northern Strategy Abroad.

加拿大在这两份主要的战略文件中，主张从其北方地区的经济、社会、政治和军事四方面入手，在经济发展、公共物品提供、善治治理、环境保护、执行主权、科学研究等领域发挥更大的作用，全面提高其处理事务的合法性和能力；在国际上，在尊重国际法和双边、多边外交合作的基础上，尽量将国家利益和价值观外部化，争取成为处理北极事务的领导者，提高北极理事会在处理北极事务上的权威，主动扩大北极理事会议程的深度和范围。

（一）加拿大主导的"北极共识"

在《加拿大北极外交政策宣言》中，加拿大期望北极各国边界明确、没有争议，经济和贸易稳步增长，人民生活的社区充满活力，生态系统健康、稳定。加拿大政府正在北极圈内推动这一愿景的实现，期望北极八国能够共同追求这一愿景、达成共识。

这一共识，分为国内、国外两个部分。在国内，加拿大政府要通过经济和社会发展、保护原住民生活方式和自治来巩固北方居民的国家认同，维护国家向心力。在国外，加拿大政府要求任何在北极地区追求一定利益的北极圈国家和北极圈外国家必须认同共识以及达成共识的方法。加拿大将重点放在以下几个方面：①与邻国解决边界争议；②根据《联合国海洋法公约》的规定，确保国际承认其大陆架划界主张；③促进北极治理，面对并解决公共安全、救援等新问题；④创造可持续发展的国际条件；⑤寻求贸易和投资机会，使北方人和所有加拿大人受益；⑥鼓励世界各国人民更深入地了解北极；⑦促进与北极邻国的生态系统管理；⑧在国际上促进解决北极气候变化问题；⑨吸纳北方居民特别是北极原住民参与制定加拿大北极地区的外交政策；⑩支持土著居民的常设组织参与北极治理；⑪为加拿大青年提供机会参与北极圈对话。

从这些努力的重点领域可以看出，加拿大的北极共识更加注重对可持续发展价值的理解和认同，而不是追求效率至上。因此，在加拿大的利益序列中，把可持续发展放在了首位，它在北极圈反复强调别国及其人民对可持续发展的认同，同时不会为了本国经济发展的效率而牺牲可持续发展。

加拿大对北极共识的塑造也秉持着先易后难的原则，即先从争议最少的层次，如从经济、环境、文化、救援方面入手，然后开展涉及国际法层次的问题，如大陆架、边界问题，进而回避了争议较多的高政治性问题。不同的议题加拿大所持的开放性是不同的。加拿大对北极问题总体上持保守态度，不希望北极争议较多层次上的问题国际化，而对于经济、环境领域，加拿大还是比较看重发达国家以及新兴市场的关注和参与。

（二）"北极共识"基础上的利益共同体规划

加拿大政府并未一味强硬地追求自身利益，而是依据加拿大一贯秉持的民主、参与、自治的价值观，从价值观上大力推进"北极共识"，追求北极地区的善治和共赢。共赢与共识是形成利益共同体的基本条件。共赢实现的是帕累托改进，指利益共同体中每个利益主体的收益增量都大于零，各利益主体加入共同体后在追求自身利益的同时也要兼顾共同体中其他成员的收益，而不能损害其他成员的利益。同时通过改变资源的配置，还可以使其中至少一个成员得到更好的利益。共识是利益共同体在相互博弈中达到的纳什均衡，指利益共同体中的各利益主体对共同体运作的预期收益以及利益分享的模式和规则取得一致认可，并且不存在偏离这种一致认可的积极性。

首先，加拿大期望在北极圈国家中建立一个利益共同体，在同样的价值认同上相互尊重，实现共赢。然后，加拿大政府希望任何想参与北极事务的国家和组织都必须具备或承认"北极共识"，即别国特别是位于北极圈之外的国家或国际组织对北极国家的主权和北方居民生活的尊重，并在此基础上开展对话和协商，形成利益共同体。

近几年，加拿大遇到了一系列与北极权益有关的争端，如俄罗斯咄咄逼人的插国旗和驻军行为；加拿大与美国有关加拿大北部地区海冰消融后的水域定性问题——是内水还是国际航道？以及其余北极国家频繁的军事动作和盗猎行为。为此，加拿大开始逐渐调整其北极战略，希望借助和巩固北极圈内现有的协调机制进行国家间的沟通和协作，维护本国与北极圈国家普遍的利益。为了减少协调的成本，避免问题扩大化和复杂化，加拿大不希望在北极圈内尚未达成共识的情况下，就引入外来的相关利益者。因此，加拿大不接受中国、欧盟对北极事务积极参与的立场，它更希望由北极八国来主导推进北极共同体的构建。加拿大也不接受北极需要一个新的治理架构或合法框架的提议，更不同意北极国家需要改变现行治理架构才能有效管理北极的看法。

(三) 北极共同体的平台构建

2010年出台的《加拿大北极外交政策宣言》，着重强调了通过制度建设和务实的态度解决问题，以外交为手段解决争议。加拿大要在国际合作上寻求领导权和主动权，增强其在国际合作中的桥梁作用，以保护加拿大北极利益。[①] 加拿大设想由其主导的"北极共同体"，需要双边和多边两条路径来达成。

双边路径就是加拿大和北极圈内国家建立良好的双边关系，通过沟通来达成北极共识。其中最为重要的是加一美和加一俄关系。美加是北美洲最重要的伙伴和盟友。两国建立了北美自由贸易区，促进了加拿大的经济发展；两者政治价值相近，都建立了民主政治制度，还拥有长期合作的历史。加拿大在冷战时期就一直搭美国的"便车"，通过北美防务合作维持了较低的军事支出。目前，加一美在北极合作的领域主要是安全和防卫、空间监视、环境保护和资源的可持续开发利用。加拿大和美国通过北美防空司令部、北美航空航天防务司令部的合作，更好地监测和控制北部领空。美国还为加拿大该领域提供了大量的现金和技术支持。美加双边关系总体良好，只是在北部边界上存在一些争议。两国政府本着友好互信的合作精神以及对国际法、国际规则的尊重，争议并不会影响双边关系的正常发展。

加拿大与俄罗斯合作的基础是加拿大曾经帮助苏联开展环境保护与推动社会经济发展的项目。苏联解体后，俄罗斯的北方地区经历了严重的经济衰退、财政不足和社会管理的退步，其北方居民的生活质量大幅下降。俄罗斯北极地区金属和采矿企业的二氧化硫排放已对科拉半岛环境产生危害。据国际原子能机构报告，150艘退役潜艇的核反应堆正在摩尔曼斯克和阿尔汉格尔斯克等待拆除，还有超过8500吨高浓缩铀燃料和500万立方米的低放射性废物正在巴伦支海等待处理和妥存。[②] 这些核材料对北极环境构成重大威胁。

[①] Statement on Canada's Arctic Foreign Policy: Exercising Sovereignty and Promoting Canada's Northern Strategy Abroad, p. 24.

[②] Prepared by The Communications Bureau Department of Foreign Affairs and International Trade, The Northern Dimension of Canada's Foreign Policy, p. 14.

加拿大"北极意识"的输出和塑造也需要俄罗斯的大力支持,因为俄罗斯约有200万土著人居住在俄罗斯远东的北极区域,其位于北极圈内的人口数量占北极总人口的80%,是迄今为止北极人口最多的国家。因此,加拿大和俄罗斯要首先解决社会经济、环境保护和资源可持续开发的问题。加拿大是唯一在北极地区与俄罗斯建立战略伙伴关系的国家,它在北极自然资源开发、放射性废物的清理和环境整治上具有技术、资金和管理技术上的优势。由于环境的相似性,双方的商业往来非常密切,两国之间合作空间的潜力很大。加拿大还通过国际开发署的技术援助计划,在俄罗斯北部经营着促进善治、经济改革和环境保护等领域的20个项目,促进了俄罗斯的民主发展和经济自由化。

加拿大的多边路径主要依靠现有的国际组织,特别是北极理事会。加拿大认为北极理事会是在北极问题上合作的主要平台,也是深化"北极共识"的重要场所。加拿大政府确保北极理事会成为处理北极事务的核心;而北极理事会则为加拿大与北极邻国提供了应对共同挑战的平台,并在某些特定领域发挥了强有力的作用,如科学研究、监测、评估和石油天然气行业。加拿大还力图扩展北极理事会政策对话的深度和范围,以及促进其关注新兴的经济和环境问题,如气候变化的影响、西北航道的商业用途、北极居民的教育,[①] 目前进行的区域搜索和救援协议谈判也是一个重要的尝试。加拿大通过北极理事会,构建了一个北极圈内部沟通和协调的平台,各国将自身利益以及价值观投射到这个平台上,有了相互了解和磨合的机会。

加拿大还推动北极理事会建立新的治理结构,维护和强化其在北极事务上的有效领导和合法性,并运用民主、协商手段达成共赢。加拿大期望北极理事会能够形成一个强有力的体制框架,并在其中充当桥梁,鼓励北极各国政府、土著居民、企业、非政府组织、国际非政府组织之间的更大合作,建立北极圈内利益相关者的伙伴关系。正如加拿大国内原住民充分获得授权和自治一样,加拿大也一直在推动原住民积极参与北极理事会的协商和谈判。这是一种新的治理结构,改变了国家代议国际问题的模式,形成了本国民众、政府和国际组

---

① Statement on Canada's Arctic Foreign Policy: Exercising Sovereignty and Promoting Canada's Northern Strategy Abroad, p. 25.

织三个层次的治理结构,这一治理结构改变了国际组织政治反应弱的现状。因努伊特人北极圈会议、萨米理事会、俄罗斯北方土著人民协会和阿留申人国际协会的直接参与,使北极理事会拥有更广泛的论坛基础,获得了更多、更好的合法性,也成为加拿大主导的"北极共同体"利用"群众路线"避免成员单边行动而损害共同利益的重要手段。

二 加拿大主导的"北极共同体"的限度及制约因素分析

加拿大主张的尊重国际法、注重外交和合作、减少军事冲突的政策手段在一个日益相互依存和全球化的国际社会中,符合国际社会的价值观和能效考量。比个别国家的单边行动更容易获得国际的认同和支持。但是它主导的"北极共同体"还存在一定的限度,影响了效率和效能的发挥。

(一)国内的政治因素导致的低效率

首先,多元决策体制影响工作效率。加拿大是议会制国家,其政府包括联邦和地方政府两个等级。联邦政府包括总督、枢密院、总理和内阁。加拿大总督是名义上的国家元首。枢密院向总督负责,其成员由总理推荐、总督任命,包括总理和内阁成员、前任总理和内阁成员、前任与现任的大法官等。枢密院是一个向总督提供"政策协助"和"咨询"的名誉机构,其政策咨询并不影响政府的决策,而是直接作为总督做独立评判政策的依据。总理是执政党领袖。内阁部长通常都是众议院议员,少数来自参议院,他们只对众议院负责。内阁的主要责任是确定政府各项任务并制定相应的政策、就每项立法内容进行充分的讨论、修改后进行批准。

根据宪法,联邦政府和省政府拥有各自的职责范围,并在职责范围内独立决策。联邦政府负责全国性事务,包括外交、国家防务、贸易和商业、刑法、社会福利等。省政府负责教育、健康、社会服务、市政管理等方面的工作。联邦政府和省政府对移民、农业及其他一些事务有共同管辖权。省政府依据宪政和自治传统,在权力范围内可自行制订本省的发展计划。比如,魁北克省,制订了自己的《北方计划》,提出发展清洁能源,并为该省吸引投资提供了规则明确的投资环境。

这种拥有多个决策主体的体系，要求加拿大的合作方必须能够了解每个决策主体的负责领域、职责分工，才能有的放矢。对于习惯集权体制、指令性结构的合作方也许难以适应这种决策机制，客观上将降低两者合作的效率。

其次，加拿大严格的环境评估制约了资源、矿产的开发效率。加拿大政府对环境保护非常重视，制定了非常严格的环保法律，目的是尽量避免开采资源、矿产带来的环境污染，特别是威胁北极地区脆弱的生态环境。因此在开发前，开发商必须经过严格的环境评估，还要获得当地居民的支持，以确保不会破坏当地居民的生活方式。这样的程序无疑会加大技术投入和时间成本，对开发商来说不是一个利好的消息。因此，只有拥有良好技术的企业在完成环境评估等各项手续后，才会开采；而技术欠佳的企业只能购买已开采过的矿进行二次开采。中国在加拿大的矿山投资，均以二次开采为主。

最后，在决策、投资等领域体现出的低效率，同样也表现在海洋安全领域。海洋安全同国防一样也是政府提供的公共产品。2005年竞选期间，加拿大保守党曾承诺购买3个大型武装破冰船，计划斥资70亿美元建造8艘巡逻舰和3艘补给船，建成后用于北极海域全年巡逻和打击在加拿大经济专属区中的盗捕行为；还计划建立一个深水港，并建立北极作战训练中心，以满足加拿大军队全年都能在北极进行训练之需。① 哈珀成为总理后便开始兑现该项竞选承诺。但是由于税收政策、金融环境和财政拨款的诸多限制，除港口和培训中心正在组建外，破冰船建造预算不得不缩减，以较小的巡逻舰进行代替。

加拿大政府为了民主、可持续发展的价值，牺牲了决策与执行政策的效率，却获得了更强大的合法性和更广泛的价值认同。因此，加拿大主导的利益共同体，不仅仅指经济利益共同体，而是包括可持续发展价值的利益共同体。

（二）北极理事会的低政治性和排外性

首先，由于加拿大本着先易后难的原则处理北极事务，北极理事会为了获

---

① http：//www.alaskadispatch.com/article/arctic – sovereignty – non – negotiable – canadas – pm.

得更大的认同,自设立之初就只涉及低政治性的议题,回避了高政治的议题,以至于有些问题无法在北极理事会内部进行沟通。比如,各国有争议的大陆架划界,依据《联合国海洋法公约》,只能在大陆架界限委员会中讨论。对于俄罗斯等国的驻军、军演等行为,北极理事会既无权发表看法和意见,也无权进行谴责。这使得北极理事会在某些领域无法发出声音,限制了北极理事会处理北极事务的深度。

其次,加拿大期望北极理事会成为一个内部讨论、协商问题的场所。北极圈内国家对于北极圈外国家对北极的关注感到忧虑和压力,这也形成了一定的共识。加拿大政府认为任何不在北极圈内的国家、与北极圈没有接壤的国家,对于北极事务特别是主权事务没有发言权。这种对非北极圈国家的排斥,使八个北极圈国家降低了沟通成本,有助于它们形成共识。对于北极水域的公域问题、北极气候变化等影响全球的问题,北极理事会则仅仅希望与国际组织进行合作,不希望与主权国家单独合作。

三 加拿大主导的"北极共同体"和中加合作前景展望

加拿大没有强大的军事实力,因此在处理北极事务中,一贯秉持可持续发展、民主、协商等价值观念,以及尊重国际规则。合理利用北极资源,这在北极圈内已经达成共识,无论是小国还是大国都没有公开反对。在这方面加拿大无疑占据了"道德高地",拥有强大的软实力。其对可持续发展的坚持体现了对人和地球的尊重,这些都是其他国家"效率优先"价值观所无法比拟的。

加拿大为了限制区域内大国的单边行动,并没有依靠圈外国家来制衡,而是用新的治理结构对大国形成压力。在北极理事会的平台上,原住民自治组织可以发挥重要作用,它可以以民间的立场监督本国政府在各种议题上的立场和行为是否保护它们的利益,这样的制度设计对民主国家政府形成了很大的制衡,以"群众路线"来限制国家的"单边主义"行动。这样"北极共同体"就能够避免一个国家为了政府的利益而牺牲北极居民的共同利益,从而保障了北极圈内其他居民的共同利益。可见,加拿大主导的"北极共同体"由于其治理结构拥有了强大合法性，未来的发展前景良好。

虽然加拿大主导的"北极共同体"未将中国纳入其中，但是随着中国以观察员身份参与"北极理事会"的工作，加拿大势必需要与中国在北极问题上进行一定程度的合作。从双边关系看，中加的经贸合作越来越重要，2012年初哈珀总理访华，双方讨论了两国的能源、矿产合作的发展空间。

通过对加拿大北极共识、北极共同体的解读，我们必须明白中国与加拿大在价值序列、实现途径上的差异，并在承认差异的基础上相互理解、开展合作。国内不少学者都提出中加合作应该在低政治层面展开，定位于"远方的生意人"，主要开展经贸合作。笔者认为在开展经贸合作的同时，也要尊重加拿大可持续发展的价值观念，并与社会各阶层建立良好的公私伙伴关系，为当地居民提供良好的公共物品，以改变目前稍显封闭，未能很好地融入当地社区的发展模式的状况。

中国在世界各地的经济合作，存在不少争议，这种争议源自中国与其他发达国家在追求发展速度和可持续发展的价值目标排序的不同，源自勤劳的中国人与当地发展速度的不适应，源自中国巨大的能源需求和世界不同发展模式的不协调，源自集权体制和分权体制的不兼容。中国企业不应仅仅要求别人理解我们，我们也要反思如何可以做得更好，双方应该相互理解和尊重。中国的企业走出国门，应该注重合作的本土化，尊重当地人的观念和生活方式，积极参与当地的治理，而不应该只追求利润的最大化，还要追求企业社会价值的最大化。

同样，加拿大主导的"北极共同体"也为中国构建利益共同体提供了另一种思路。建立利益共同体，不应该把利益简单等同于经济利益、政治利益，还应该注重社会效益，以及其他共有价值观的塑造；不应该把"利益共同体"当成中国崛起的策略和手段，而是应该把它当成目标。不应一味地追求话语权和力量，对于北极事务与各种潜在的发展利益，中国应该以更加宽容的态度，合理运用国际法、国际规则来追求自己的利益。在处理国际事务时应该秉持相对稳定的规则，注重保持行为的一致性和连贯性，不应前后矛盾。

日印海上安全合作转向及前景探析

赵朝龙[*]

摘 要：近年来，日印海上安全合作有了长足的进展，机制化程度不断提升。随着中国海上实力的增长，日本集体自卫权的解禁，印太海上安全竞争进一步加剧，亚太地区海洋传统安全因素更加凸显。在这种背景之下，自2008年《日印安全保障合作宣言》签署到2012年6月两国海军首次海上联合军事演习举行，日印两国海上安全合作开始从非传统安全领域转向传统安全领域。

关键词：日本 印度 海上安全合作 调整 趋势

日印海上安全合作由来已久，但长期以来，两国海上安全合作主要集中在非传统安全领域，在传统安全领域内的合作则未能有重大进展。2008年，日印两国签署了《日印安全保障合作宣言》，奏响了两国海上安全合作转向传统安全领域的前奏。2012年6月，日印海军在日本神奈川县附近海域举行了两国首次海上联合军事演习，标志着日印海上安全合作从非传统安全领域转向传统安全领域，两国海上安全合作至此进入新的阶段。本文将对这种关系转向的背景、原因进行详细分析，并在此基础上，探析转向后的日印海上安全合作的

---

* 赵朝龙，上海社会科学院世界经济研究所博士研究生。

前景。

一　日印海上安全合作转向

　　日印海上安全合作的雏形源自1995年和1996年印度海军护卫舰和日本海上自卫队训练舰的互访。但由于印度在1998年进行核试验，这导致两国海上安全合作在一定程度上出现了退步。次年，印度海军在印度洋成功营救了一艘被海盗劫持的日本船只，进而推动印度海军与日本海上自卫队之间举行了一系列打击海盗和海洋恐怖主义的联合演习，自此又拉开了两国海上安全合作的帷幕。

　　然而，在很长一段时间内，两国海上安全合作主要停留在非传统安全合作层面。在这一层面上，两国合作的内容主要包括情报信息共享、海上通道安全、打击海盗与海洋恐怖主义、加强海洋环境保护、海上灾难联合救援、海洋通信线路保护等。

　　一方面，确保海上通道的畅通与安全是日印海上安全合作的主要目标。两国间的海上安全合作在地缘范围上主要集中在印度洋海域与东南亚海域，这些海域关乎印度的国家安全与日本海上通道的安全。另一方面，打击海盗与海洋恐怖主义是日印海上安全合作最为重要的内容。长期以来海盗与海洋恐怖主义一直是两国海上通道安全的主要威胁，它给两国国家安全与经济发展均带来了严重危害。因此，两国海上安全合作首先开始于打击海盗行为和海洋恐怖主义，自2000年起，日本海上保安厅和印度海岸警卫队每年都会在印度洋与日本附近海域举行打击海盗与海洋恐怖主义的联合军事演习。通过联合演习，两国不断加强在打击海盗和海洋恐怖主义方面的合作。除此之外，两国还成立联合反恐小组，在情报共享、政策协调等方面加强合作。并在海上灾难管理与联合救援、海洋环境保护与污染治理等方面达成共识，推进双方合作。

　　近年来，在有效推进海洋非传统安全合作的基础上，两国间不断加强全面的海洋安全对话，推动双方海洋防务政策的协调、两国海军间的交流与合作、海军人员的海洋安全技术的交流等海洋传统安全领域内的合作。2008年两国签署了《日印安全保障合作宣言》，宣言指出日印两国在海洋安全领域有众多共同利益，两国应加强包括海军、海岸警卫队与海上自卫队等多层面的安全对话、交流与合作，保障海洋运输安全，共同打击恐怖主义和跨国犯罪等。① 印度也成为日本继与美国、澳大利亚的第三个在安全领域签署类似声明的国家。② 宣言凸显了日印海上安全合作的重要性，奠定了日印两国未来在安全领域合作的基本方针，也极大地推动了两国间的进一步合作。《日印安全保障合作宣言》的签订也意味着两国海上安全合作步入新的阶段，这一阶段内，两国合作开始从非传统安全领域的合作转向传统安全领域的合作。

日印海上安全合作从非传统安全领域转向传统安全领域，使两国海上安全合作进入新阶段。这种转向体现在海上安全合作的多个方面，如海洋安全联合军事演习、海洋安全政策协调、防务技术合作等方面（见表1）。

表1 日印海上安全合作转向

日印海上安全合作转向的内容	转向前	转向后
海洋安全联合军事演习	以反海盗与海洋恐怖主义的联合演习与训练为主，旨在打击海洋非传统安全威胁	包括火炮射击、海对空战斗、直升机甲板降落行动和反潜战等内容在内的联合军事演习，旨在维护海洋安全与秩序
海洋安全政策协调	仅仅强调推动两国海岸警卫队等海洋巡逻机构之间的合作，旨在打击海盗等非传统安全威胁	突出推进两国海军之间的联合演习和对话机制；推动联合军事演习常规化，强化两国应对海洋安全挑战的能力等共识
防务技术合作	—	召开相关工作会议商讨"US-2"水上救援飞机向印度出口协议；印度还提出该技术在印度进行共同生产的可能性探讨

首先，在海洋联合军事演习方面，从先前的以反海盗为主的联合演习与联合训练向火炮射击、海对空战斗、直升机甲板降落行动和反潜战等内容在内的联合军事演习转向。2009年12月，两国首脑达成旨在举行两国海上联合军演

---

① Joint Declaration on Security Cooperation between India and Japan，http：//pib. nic. in/newsite/erelease. aspx？ relid = 44047，2013 - 12 - 11.
② Ministry of Defense，*Defense of Japan 2012*，http：//www. mod. go. jp/e/publ/w_ paper/e - book/2012/files/assets/basic - html/page306. html，2013 - 12 - 11.

的《联合行动计划》，但随后因多方原因未能实现，直至 2012 年才举行了两国海军的首次联合军事演习。日印之间海洋联合军事演习合作主要包括三种形式：日印海岸警卫队"打击海盗与海洋恐怖主义"联合演习；日本参与印美"马拉巴尔"联合军演；日印海上联合军事演习。前者是日印非传统安全合作的典范，后两者都突出在传统安全领域的合作，其演习内容均强调反潜战、海空战等传统安全内容。日印海岸警卫队"打击海盗与海洋恐怖主义"联合演习是两国海上安全合作的雏形。自 2000 年第一次反海盗演习伊始，到目前为止，日本海上保卫厅和印度海岸警卫队已进行多达 13 次的联合演习，这一系列的联合演习均以打击海盗与海洋恐怖主义等非传统安全威胁为主，旨在提高反海盗战术行动中的协同能力，打击日益猖獗的海盗活动，维护海洋通道安全。

日印海上联合军事演习是两国海上安全合作的深化。2012 年 6 月，日印海军在日本神奈川县附近海域举行了两国首次海上联合军事演习，这次演习旨在提高两国战略合作能力。次年 12 月两国在印度洋举行了第二次联合军演，这一次的军演着重于实战，主要针对潜水艇和水面舰艇的联合作战演练。两国海军联合军事演习与先前以打击海盗与海洋恐怖主义为目标的反海盗联合军事演习不同，不仅在演习规模上远大于后者，在演习科目上也大为不同，除历来的反海盗作战外，还包括火炮射击、直升机甲板降落行动和反潜战等多项内容，旨在促进未来两国共同完成海上安全行动的能力。2014 年年初安倍晋三访印时，双方力促两国海上联合军事演习机制化和常规化。9 月，两国首脑签订的《日印特别战略与全球伙伴关系东京宣言》对此也提出相关要求。

日本参加印美"马拉巴尔"联合军事演习是对两国海上安全合作的补充。2014 年 7 月，日本时隔五年之后再次参加了美印在日本附近的太平洋海域举行的"马拉巴尔"海上联合军事演习。该联合军事演习主要加强三国海对空战斗、搜索和救援训练，演练反潜作战，旨在加强三国在海上安全领域的合作，强化美、印、日三国的协作能力，以共同对抗海洋活动日益活跃的中国。此前日本曾在 2007 年、2009 年两次参加印美"马拉巴尔"联合军事演习。

其次，在海洋安全政策协调方面的转向，始于 2008 年签署的《日印安全保障合作宣言》（见表 2）。自 2001 年两国首脑签订《日印联合宣言》以来，两国间针对海上安全合作签订了多份相关协议和联合声明。但是，在《日印安全保障合作宣言》签订之前，两国的相关协定和联合声明均仅强调推动两国海岸警卫队等海洋巡逻机构之间的合作，旨在打击海盗等非传统安全威胁。《日印安全保障合作宣言》签订后，多份协定和联合声明均突出两国海军之间的合作，以推动联合军事演习常规化，强化两国应对海洋安全挑战的能力。2014年8月30日～9月3日，印度总理莫迪访问日本，双方就有关海上安全合作取得新的进展，发表了《日印特别战略与全球伙伴关系东京宣言》。宣言指出，两国首脑重申在海洋安全保障、航空飞行自由、民用航空安全，以及依据国际法和平解决纠纷等方面的共同利益；一致同意加强两国海上安全合作，将双边海洋军事联合演习常规化，日本也将继续参与印美"海上安全合作"联合军事演习；继续推进两国海岸警卫队之间的联合演习和对话机制等。①

表2 日印海上安全合作中的重要协议

时间	声明或协议	有关非传统安全的内容	有关传统安全的内容
2006年	《日印走向全球伙伴与战略关系联合声明》	1. 重申两国海洋专属经济区与海洋利益，两国领导人同意在反海盗行动中就能力建设、技术援助、信息共享等方面扩大合作 2. 双方一致认为两国必须加强海上安全合作以确保国际海洋运输安全 3. 同意通过海岸警卫队首脑会议、两国海岸警卫队互访与联合演习等方式扩大双方海岸警卫队的交流 4. 签署双方海岸警卫队合作备忘录 5. 共同参与《亚洲打击海盗和武装劫持船只地区合作协议》（ReCAAP）行动 6. 通过双方联合反恐小组加强反恐合作	—

---

① Tokyo Declaration for India – Japan Special Strategic and Global Partnership，http：//www.mea.gov.in/bilateral－documents.htm？dtl/23965/Tokyo＋Declaration＋for＋India＋＋Japan＋Special＋Strategic＋and＋Global＋Partnership.

续表

时间	声明或协议	有关非传统安全的内容	有关传统安全的内容
2006 年	《日印海岸警卫队合作备忘录》	1. 两国在打击和应对海洋犯罪方面（如海盗、海洋暴力、毒品走私等）信息共享 2. 在海洋搜救行动方面加强合作 3. 在保护海洋环境方面加强信息交流与技术援助 4. 合作应对海洋自然灾害	—
2007 年	《日印战略与全球伙伴关系新维度路线图的联合声明》	1. 两国一致认为在维护亚太地区与印度洋地区的海洋航道安全与打击海盗方面享有共同利益，两国应加强在这一领域包括情报信息共享、技术交流、联合军事演习等多方面的合作 2. 促进海岸卫队之间的合作 3. 双方重申通过联合演习，加强两个海岸卫队首脑定期会晤，并根据两国海岸警卫队合作谅解备忘录，加强海上安全和保护海洋环境的合作	—
2008 年	《日印安全保障合作联合声明》	1. 持续的国防对话 2. 推进两国海岸警卫队的合作 3. 致力于维护海洋运输安全 4. 灾难管理（强调海洋自然灾害危机管理）	1. 构建一个亚洲安全秩序 2. 在多边地区框架下加强双边合作
2009 年	《联合行动计划》	1. 建立年度非正式顾问团、高层官员的"2+2"会议 2. 推进年度海洋安全对话机制化 3. 加强双方反海盗合作 4. 推进海洋灾难管理合作具体化	年度双边海军演习机制化
2010 年	《面向未来十来年日印全球战略伙伴关系的构想》	1. 扩大双方在海洋安全领域的合作，提升应对海洋安全挑战的能力：确保航行自由与安全；打击海盗；提供人道主义援助；加强灾难救援与应对等 2. 建立日印航运政策论坛 3. 加强印度海军与日本海上自卫队在阿曼湾的联合巡航活动	双边与多边演习、情报共享、培训与对话等方式

续表

时间	声明或协议	有关非传统安全的内容	有关传统安全的内容
2013 年	《日印联合声明》	—	1. 双方决定日本海上自卫队与印度海军举行联合军演 2. 就日本水上救援飞机出口印度事宜成立联合小组 3. 加强双方海洋安全保障合作对话
2014 年	《日印特别战略与全球伙伴关系东京宣言》	重申在海洋安全保障、航空飞行自由、民用航空安全以及依据国际法和平解决纠纷等方面的共同利益	1. 强调双边海洋军事联合演习常规化 2. 推动日本继续参加印美"马拉巴尔"联合演习 3. 强化两国海岸警卫队现有的联合训练与对话机制 4. 强化两国在防务技术方面的合作，进一步推进两国就"US-2"水上救援飞机及其技术出口工作小组的讨论

资料来源：印度外交部网站（Ministry of External Affairs, Government of India），http://www.mea.gov.in/。

最后，在防务技术合作方面，在两国海上安全合作的前期，因为大多以非传统安全领域内的合作为主，几乎未涉及防务技术相关的合作，但 2012 年两国首次海上联合军事演习之后，海洋安全防务技术方面的合作也逐渐成为两国海上安全合作的重要内容。而海洋安全军事技术方面的交流与合作也是决定日印海上安全合作未来走向的关键。

"US-2"水陆两栖飞机具有在海浪高 3 米的情况下降落在水面的性能，可广泛用于海上搜索和救援。2012 年 6 月，在日印首次海上联合军事演习中，印度便对"US-2"的高性能产生了极大兴趣，双方在 2013 年 5 月的首脑会谈上决定就推进"US-2"对印出口成立联合工作组，同年 12 月两国政府在印度召开了首次会议,就对印出口"US-2"举行联合工作磋商。2014年1月,日本首相安倍晋三访印时,双方确定召开相关工作会议商讨出口协议。同时,印度还提出该技术在印度进行共同生产的可能性,日本方面表示同意就此进行讨论。近期《日印特别战略与全球伙伴关系东京宣言》特别指出,同意就日本向印度出口用于救援的"US-2"水陆两栖飞机事宜加快谈判进程,并就防卫装备领域的合作启动事务性磋商。一旦达成协议,将成为日本将防卫武器转为民用产品后出口的第一单,这不仅是日本突破武器出口限制的重要一步,也进一步增强了日印两国的海上安全合作关系。

二 日印海上安全合作转向的原因

日印海上安全合作转向有其深刻的背景:中国崛起对亚太海洋地缘政治格局的改变、美国对中国崛起的战略平衡与盟国关系的加强以及日印各自国家战略目的的追求等因素,有力地推动了日印海上安全合作的转向。

首先,中国崛起以及随之带来的亚太地区海洋权力结构的新变化是日印海上安全合作转向的重要推力。东亚地区的地缘政治格局对日印海上安全合作有重要影响。中国崛起对传统的亚洲地缘政治格局带来了深刻影响,日印两国均认为中国的崛起会对本国国家安全与国家利益造成极大的威胁,并将本国与中国的关系视作一种零和博弈。[①]

在南海地区,冷战时期,驻越南的苏联海军与驻菲律宾的美国海军在该地区形成了一种稳定的权力均衡态势,而这种均衡在苏联解体之后便不复存在,中国填补了美俄撤离后的权力空间。[②] 中国海洋力量的发展虽不足以在该地区主导,却能阻止美国及其盟友对该地区海洋的绝对控制,[③] 这种发展通过提升在该地区海洋事务上的影响力与积极参与该地区海洋事务得到拓展。

[①] 黄红山:《论中日安全困境下日印关系升温问题》,《商业环境》2008年第11期,第147~148页。
[②] Eric Hyer, "The South China Sea Disputes: Implications of China's Earlier Territories Settlements," *Pacific Affairs*, Vol. 68, No. 4, Spring 1995.
[③] 毛吉康:《中国海权发展与印太两洋战略》,2013年1月9日,印度洋地区研究中心,http://www.cnriio.com/news/showit.asp?id=379。

在印度洋地区，中国逐渐成为继美印之后，对印度洋有重要影响力的国家。这两种权力结构的变化对日印均产生了重要影响，印度对中国在印度洋地区的崛起深感不安，认为中国在该地区构建的"珍珠链"会围堵印度海洋力量的拓展，并严重影响印度的海洋安全利益。

日本更看重与中国的海洋领土主权争端以及中国在东南亚影响力的提升。中国海洋力量的崛起使日本在与中国的海洋领土主权争端上更加被动，而中国在东南亚地区的影响力提升被视为对日本在该地区发挥传统影响力的空间的压缩。日本与中国之间的领土领海争端包括钓鱼岛之争与东海划界争端；印度与中国之间则主要是关于"三条线"的争端，双方几乎在所有边境地区存在争议，且由来已久。由于这些领土争端的复杂性、历史性，其解决之道更是虚无缥缈，因此日印希望能够通过两国间的合作平衡中国的影响，加大本国在与中国的领土争端问题中的筹码。

近些年来，中国一方面加强了海军现代化建设，海军武器平台与投射能力均得到长足发展；另一方面加强了在马六甲海峡、印度洋等海域的军事力量存在，以保障自身战略利益的安全。而这些活动被周边国家看作中国"威胁"在海洋的延伸，即"海洋的中国威胁论"。2004年，美国博思·艾伦·汉密尔顿咨询公司向时任国防部部长拉姆斯菲尔德提交的一份名为《亚洲能源未来》的决策咨询报告中，更是将中国在印度洋地区的力量存在看作中国在印度洋上打造的一条"珍珠链"，以其作为海上战略通道，并指出这体现了一种更高层面上的安全考虑，是中国进攻性姿态的具体表现。① "珍珠链"也成为其他国家对中国海洋"威胁"的新的代名词，印度认为中国在印度洋的事业举措以及与其他南亚国家发展各种关系，特别是与巴基斯坦加强军事合作蕴含着遏制印度的意图，对印度的能源安全和战略利益构成了极大的威胁。中国海军近年

---

① China builds up strategic sea lanes, *The Washington Times*, Jan. 17, 2005, http://www.washingtontimes.com/news/2005/jan/17/20050117-115550-1929r/2014-01-12. 所谓"珍珠链"战略，即中国正在与从中东到南海的海上通道沿线各国建立战略关系，包括巴基斯坦的瓜德尔港、孟加拉国的吉大港、中国参与建设的斯里兰卡的汉班托塔港、缅甸境内的海军基地、正在筹建的柬埔寨南部连通中国西南的铁路干线、中国在南海不断增强的军事力量存在，以及中方可能会投资修建连接印度洋与南海的泰国克拉地峡运河，这些海上布局组成了一条弧线优美的"珍珠链"。

来在东海的各种军事演练，也引起了日本的焦虑。安倍晋三在 2014 年年初访问印度时就指出亚太地区安全环境正变得越来越严峻，日本担心中国寻求对其辽阔的海岸线周围的关键性航道实行控制。① 日印两国对中国海军建设的不透明也存在不同角度的猜疑与误解，这种对中国海军力量发展的担忧成为日印海上安全合作的战略驱动力。

其次，日印海上安全合作的转向离不开美国因素的推动。奥巴马政府上台以来，积极推动外交与军事重心东移的战略②，随着"亚太再平衡"战略的提出，美国不断加强其对亚太地区事务特别是东北亚、东南亚地区的介入，扩大在该地区的影响力，力图制衡中国的崛起，这种制衡主要体现在对中国海洋力量的发展与延伸的遏制。"重返亚太"战略的核心是将"美国置身于亚太事务的中心"③。根据该战略美国需要维持在该地区的前沿军事存在，并主导该地区的秩序，前国务卿希拉里认为美国需要在外交、军事、经济、战略等方面加强对亚太的投入。

在许多亚洲事务上，美国不仅乐于日印走到一起，更希望两国的合作能够不断深化，以减轻其在亚太事务上的压力。在对中国海洋力量的关注上，美国的推动要比日印海上安全合作本身引起的关注更令人注目。④ 对美国而言，日印联合是最好的选择，两国与美国关系都极为密切，印度虽然算不上美国的盟友，但双方在不少问题上都有共同利益与相关合作。在"重返亚太"的战略之下，美国也在积极加强同印度的合作，日印的密切合作为美国分担了在亚太的责任。⑤ 日印海上安全合作与压缩中国海上活动的空间，完全与美国的"亚洲再平衡"战略目标一致。

美国期望能够发展美日印三边安全合作对话机制，但是，目前这种构想还

---

① "Japan Enters Where China is Barred – northeast India," *The Times of India*, Jan. 26, 2014, http://timesofindia.indiatimes.com/india/Japan-enters-where-China-is-barred-northeast-India/articleshow/29427619.cms.

② 部分学者认为美国战略东移实际上从克林顿时期就已开始。

③ Hillary Clinton, "America's Pacific Century," *Foreign Policy*, Nov. 2011.

④ Hayoun Ryou, *Japan–India Security Cooperation Chinese Perceptions*, Institute of Peace and Conflict Studies (India), Jan. 2009, http://www.ipcs.org/pdf_file/issue/7840897671B39-Ryou-Ind-Japan.pdf.

⑤ 武海：《日本在东印度在南——评日印结成海上战略伙伴》，《海事观察》2011 年第 7 期。

无法在战略上发挥重要的影响,其合作的程度与力度都远不足以与美日同盟相提并论。所以,日印之间的海洋安全关系将为今后美、日、印三边安全的发展奠定基础。

美国长期致力于在亚太地区维持与强化同盟体系,在这种体系下,美国居于核心领导地位,其盟国则以烘云托月姿态,接受美国的军事保护,形成一个"轮辐体系"(hub and spoke system)。[①] 但在这种体系中,盟友间的横向安全合作并不密切,日印海上安全合作恰好弥补了这种亚太同盟体系的缺陷。

最后,日印各自的战略追求也推动了两国海上安全合作的转向。日印两国海洋安全战略均强调海洋防御安全,力求强化自身海洋军事力量建设,突出海洋的远洋投射能力。两国在追求海洋安全战略利益也具有一致性,都致力于追求海上通道安全,寻求在印度洋和西太平洋获取更大的地区影响力。印度的海洋安全战略要求印度首先维系在印度洋的强大军事存在,保持对其他任何域外国家海洋力量的威慑,同时还希望将其海洋力量向更远的西太平洋地区拓展。日本的海洋安全战略则要求日本寻求与域外海洋大国的合作,确保海上通道的安全,牵制中国在东亚海洋的崛起,谋求在东亚地区海洋安全结构的主导权,同时日本希望加强在印度洋的军事力量,提升日本作为一个海洋大国的影响力。

在更大范围内获取地区影响力的抱负是日印海上安全合作从非传统安全领域转向传统安全领域的决定性条件之一。某种程度上讲,日印将其合作向传统安全领域倾斜,旨在强化两国海军在亚太及印度洋范围内的军事存在,提升海洋军事实力与地区影响力。2014年9月,印度总理莫迪访日时,安倍晋三拟提出日印"海上联防"机制,并以此作为日印海上安全合作的关键。[②] 虽然最后的联合声明未能就此有进一步的展现,但这很可能会成为两国海上安全合作的发展方向。

安倍晋三此次提出与印度开展海上联防,强调以南海经马六甲海峡至波斯湾的海上能源通道作为其防御基轴,以遏制中国在亚太地区以及印度洋的势力

---

① 孙茹:《美国亚太同盟体系的网络化及其前景》,《国际问题研究》2012年第4期。
② "Japan, India Joining Hands to Counter China's 'String of Pearls,'" *The Asahi Shimbun*, Sep. 01, 2014, http://ajw.asahi.com/article/asia/around_asia/AJ201409010049.

扩张。在日本解禁集体自卫权之际，安倍晋三提出与印度展开海上联防，也旨在谋取日本海上自卫队在印度洋的力量存在，为海上自卫队将来在这一海上通道部署做准备。①

三 日印海上安全合作前景展望

日印海上安全合作从非传统安全转向传统安全，看起来似乎潜力无限，近期的发展也是一帆风顺，但实际上，日印海上传统安全合作仍存在一系列难以突破的制约因素。

第一，日印海洋安全战略重心和战略思维上存在矛盾。日本希望通过与印度的海上安全合作获取印度在对华问题上保持强硬立场，力求印度能同日本一道对中国施压，以牵制中国海洋战略的拓展和延伸。同时日本也希望印度能在涉及中日海洋领土主权争端和南海问题上支持日本与部分东南亚国家的立场，孤立中国，提高日本在对华外交上的交涉地位与扩大回旋余地。在日印海上安全合作中，印度则更希望通过合作维护其在印度洋的海洋安全利益，提升印度在该地区的影响力。在中日争端中，印度并不希望与中国激化矛盾，与中国反目。例如，尽管中、美、日在参加2014年中国海军阅舰式上存在分歧，但印度仍表示愿意加入，并派出"什瓦利克"号军舰参加。此外，印度在与日本进行海洋对话的同时，也决定与中国启动海洋对话。2014年4月，由中国主导的"海上合作—2014"多国海上联合演习中，中国方面拒绝邀请日本参加，但印度欣然参与其中，足可以一窥在与中国关系上，日印不同的姿态。日印海上安全合作转向传统安全领域，势必以遏制中国海洋力量拓展为目的，这将考验印度如何平衡与中国、日本之间的关系。

日印两国上述分歧的根本在于两国各自的外交传统和战略取向的差异，且缺乏战略互信。与战后日本外交政策深受美国影响，且严重依附于日美同盟这一基轴不同，印度长期坚持独立自主的外交政策，并不愿被完全纳入美国的全

---

① "Japan, India Joining Hands to Counter China's 'String of Pearls'," *The Asahi Shimbun*, Sep. 01, 2014, http://ajw.asahi.com/article/asia/around_asia/AJ201409010049.

球战略部署之中。在日美安全同盟不断加深的情况下，印度似乎并不太情愿甘当美日的小伙伴，在围堵中国的棋盘上做马前卒。印度的战略自主性与日本的外交缺乏独立性之间的差异必然会影响日印海上安全合作的战略基础，进而对其合作产生影响。印度多次公开宣称，它不会加入任何旨在遏制中国的地区组织或同盟。正是日印在海洋战略利益上的不同，导致两国在海上安全合作方面缺乏实质性的安排。即使在最基本的合作层次，如在确保海洋运输通道安全方面，双方的相互承诺也不对称。① 日本期望印度能在印度洋提供海洋安全保障，但自身却拒绝在超出其直接范围的地区给印度提供海洋安全保障。同样，印度也拒绝在东北亚事务上做出承诺，包括朝鲜问题与中日钓鱼岛争端等。②

如果进一步考察可以发现，在日印双边合作中，日本似乎更加积极主动。因为在日本看来，印度加入美日合作体系，会淡化日本作为美国"附庸"的印象，提升日本相对于美国的更加平等的战略地位。以联合军演为例，印度更倾向于在美印、印日之间举行双边军事演习，并曾经拒绝澳大利亚和日本加入美印双边军事演习的要求。印度还曾于2009年5月决定退出拟定的美、日、印三国在太平洋关岛的联合海上军演，原因之一便是考虑到中国对美、日、印联合演习较为敏感。甚至有印度官员明确表示，"马拉巴尔"军演应该仅限于在印度洋，合作对象只能是美国。③ 在2014年9月莫迪访日时，安倍晋三原本希望将与印度的部长/副部长级外交与防卫"2+2"对话提升至内阁级，但最后没有实现，仅仅是确定了继续寻求加强协商框架的途径。④

第二，两国在海洋安全军事技术方面的合作同样存在困境。两国海上安全

---

① David Brewster, "The India – Japan Security Relationship: An Enduring Security Partnership?" *Asian Security*, Vol. 6, No. 2, 2010, pp. 95-120.
② David Brewster, "The India – Japan Security Relationship: An Enduring Security Partnership?" *Asian Security*. Vol. 6, No. 2, 2010, pp. 99 – 100.
③ "Fearing China, India pulls out of war games," *Hindustan Times*, May 13, 2013, http://www.hindustantimes.com/india – news/newdelhi/fearing – china – india – pulls – out – of – war – games/article1 – 1059327. aspx.
④ "Japan and India to Sign 'Two – Plus – Two' Dialogue Mechanism," *The Diplomat*, August 22, 2014, http://thediplomat.com/2014/08/japan – and – india – to – sign – two – plus – two – dialogue – mechanism/2014 – 09 – 06.

合作转向传统安全，势必对海洋安全军事技术的交流与合作提出更高的要求，两国在这方面也有较高的诉求，但日印在海洋安全军事技术方面的合作存在种种问题。

一方面，两国对军事技术合作的基础和意愿不一致，两国海军军力基础之间存在差距。日本长期受制于"和平宪法"和《日美安保条约》，实行"专守防卫"的安全战略，将军事力量严格限制在本土范围内。印度虽然多年大力发展海军，但其海军实力及其相关硬件设施仍远远落后于日本，实际上日印海上安全合作在技术上主要依靠日本。两者之间的技术鸿沟必然会给其合作的进程带来影响。

另一方面，两国对于海洋安全技术合作的意愿也不一致。印度希望借助日本的先进军备以及军队理念等来帮助其实现海军现代化，这也是印度愿意与日本加强海上安全合作的一个重要目的。但日本是否愿意没有保留地向印度进行技术转移，支持印度的海军现代化，这是有疑问的。另外，两国之间的海洋军事武器之间还存在一定的体系冲突，这种冲突对两国推进海上安全合作形成了掣肘。日本多以美式武器体系为主，而印度则多依靠俄式装备，两种武器体系之间的长期对立势必会影响基于这两种不同武器体系的日印两国之间的海上安全合作。

第三，域内其他国家的反应也会对日印海上安全合作形成挑战。日印海上安全合作对传统安全的关注势必影响到域内其他国家的海洋安全环境。日印海上安全合作的主要关注点莫过于包括南海与印度洋在内的印太地区海域，而作为这一地区两翼的国家之间的合作势必会对域内其他国家造成影响。同样，域内这些国家对其合作的反应自然也会极大地影响日印两国的海上安全合作。特别是对于包括南海在内的东南亚海域而言，日印算是两个域外国家，在近来比较热的南海领土主权争端中，双方均插手，尽管方式各异，但大有一呼一应之势。对此中国自然是极力反对，中国一贯坚持由相关国家协商解决，反对域外国家的干涉与将南海问题国际化和多边化。

目前，东盟内部对南海争端问题就存在三种态度，因而对于日印作为域外国家的涉入自然也会有不同的态度。菲律宾、越南等主张南海问题国际化的国家势必对日印的介入持欢迎态度，因而目前菲律宾和越南与日印保持着较好的关系。近年来日本与菲律宾的关系取得较大进展,日菲在海上安全领域的合作更是走在了前头,日本答应帮助菲律宾强化海上安全,并提出一系列的援助措施。① 该地区其他国家——特别是非争端国家——对日印介入则持反对态度,反对域外国家介入,使南海问题国际化。

另外,中国的反应同样尤为重要,作为该地区的主要大国,中国的态度自然会对日印这样的合作产生很大的影响。某种程度上而言,中国因素既是日印海上安全合作的动因,也是两国合作进一步加深的阻力。日印海上安全合作的潜在目标便是针对中国,旨在减弱中国在这一海域内的影响力,中国持警惕态度也势必使日印的合作有所顾忌。

第四,两国间的经济合作程度也影响其海上安全合作的程度。虽然近年来,日印双边经济关系已有长足进步,但与中日和中印双边贸易相比,日印的双边贸易关系程度极低。据统计,2011 年日印双边贸易额仅为 139 亿美元,占日中双边贸易的 4% 左右(同年度日中双边贸易额达 3461.1 亿美元,中国也是日本第一大贸易伙伴、第一大出口目的地和最大的进口来源地),在中印双边贸易额仅占 20%(2011 年中印双边贸易额达 687.9 亿美元)。② 日本对印度的直接投资在 2013 年仅为 21.5 亿美元,较 2012 年下降近 7 亿美元(见图1),近五年来呈持续下降趋势;而同期日本对华投资达到 91.4 亿美元,是日本对印度直接投资额的近 4 倍。③ 安全合作关系的深化往往是与高层次的经济合作相联系的,安全合作从非传统安全领域转向传统安全领域更是需要紧密的经济合作作为后盾,并通过经济上的相互依赖推动其在传统海洋安全领域合作的深化。日印之间这样低程度的经济合作关系势必会严重影响日印之间的安全合作关系,毕竟,缺乏经济合作基础,会使其安全合作转向的持续缺乏内在动力。

---

① 《日菲合作能走多远?》,人民网,2013 年 1 月 14 日,http://japan.people.com.cn/35469/8091820.html。
② 数据是作者根据中国商务部相关网站统计而来,http://countryreport.mofcom.gov.cn/indexType.asp?p_coun=%C8%D5%B1%BE,http://countryreport.mofcom.gov.cn/indexType.asp?p_coun=%D3%A1%B6%C8。
③ 数据主要来源于 The Japan External Trade Organization,http://www.jetro.go.jp/。

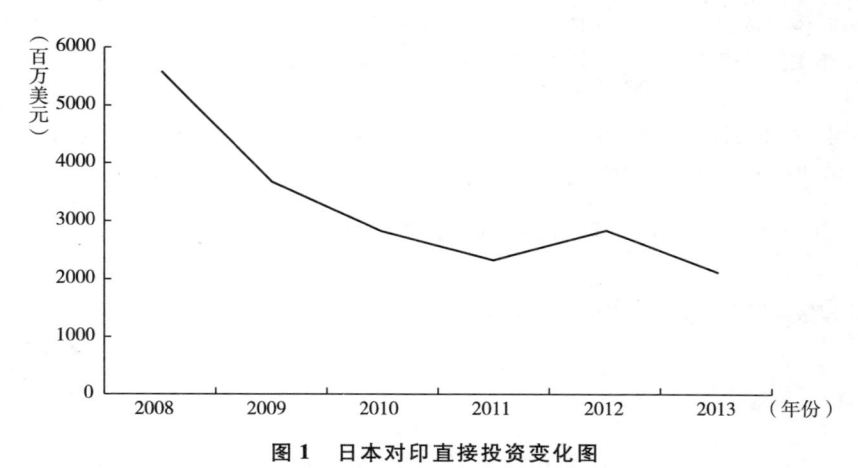

图 1　日本对印直接投资变化图

资料来源：The Japan External Trade Organization，http：//www.jetro.go.jp/。

四　结语

传统安全领域与非传统安全领域之间的界限并不如学理上所界定的这样明显，在很多层面上两者之间的界限相当模糊。两国海军联合演习可以出于海上救援等非传统安全领域目的，也可以通过打击海盗行为与海洋恐怖主义等非传统安全领域的合作进一步推动传统安全领域的合作，同时也有利于促进各自提升在该地区海洋事务的影响力，获取更大的地缘战略利益。

从长远来看，东亚地区的海洋权力结构必将发生变化，日印两国海上安全合作的转向肯定会对东亚地区的海洋安全环境带来新的挑战，也会对中国海洋安全带来重要影响。这种影响将主要反映在三个重要的地缘位置上：南海、印度洋和东海。未来，日印两国在关于南海问题上的合作将成为继美国之后影响中国解决南海问题的最重要因素，在东海中日钓鱼岛及其附属岛屿的争端势必会受到日印海上安全合作的影响，而中国在印度洋的利益将同样面临更加严峻的形势。

图书在版编目(CIP)数据

国际体系转型与利益共同体构建：理论、路径与政策/刘鸣主编. --北京：社会科学文献出版社，2017.4
（国际战略与国际关系理论青年论丛）
ISBN 978-7-5097-8189-0

Ⅰ.①国… Ⅱ.①刘… Ⅲ.①国际关系-研究 Ⅳ.①D81

中国版本图书馆CIP数据核字（2015）第238851号

·国际战略与国际关系理论青年论丛·
国际体系转型与利益共同体构建
——理论、路径与政策

主　　编／刘　鸣
副 主 编／吴雪明

出 版 人／谢寿光
项目统筹／高明秀
责任编辑／王晓卿　郭红婷　李秀梅

出　　版　／　社会科学文献出版社·当代世界出版分社（010）59367004
　　　　　　　地址：北京市北三环中路甲29号院华龙大厦　邮编：100029
　　　　　　　网址：www.ssap.com.cn
发　　行　／　市场营销中心（010）59367081　59367018
印　　装　／　北京季蜂印刷有限公司

规　　格　／　开　本：787mm×1092mm　1/16
　　　　　　　印　张：14.25　字　数：228千字
版　　次　／　2017年4月第1版　2017年4月第1次印刷
书　　号　／　ISBN 978-7-5097-8189-0
定　　价　／　69.00元

本书如有印装质量问题，请与读者服务中心（010-59367028）联系

▲版权所有 翻印必究